FRAGEN
die unser modernes Zeitalter
an den Islam stellt
1
M. Fethullah GÜLEN

FRAGEN

die unser modernes Zeitalter
an den Islam stellt

1

M. Fethullah Gülen

2. Auflage

KAYNAK Verlag
871 Sok. No: 45/4
Konak-IZMIR / TURKEI
Tel: (0232) 484 23 63

Publikations-Nr: 18

Satz: Nil A.S.

Druck: Çağlayan A.S.

Copyright ©
Alle Rechte vorbehalten

ISBN 975-7388-20-3

Inhaltsverzeichnis

Vorwort des Herausgebers 1

Teil I

1.1 Was sind das Wesen und die Eigenschaften Gottes? Können wir IHN beschreiben? Wie können wir denen antworten, die fragen: "Warum können wir Gott nicht sehen?" und "Angenommen, Gott hat alles erschaffen; wer erschuf dann Gott?" 7

1.2. Warum erschuf Gott das Universum? Musste ER es tun? Warum hat ER es nicht schon früher erschaffen? 18

1.3 Gott weiß genau, wie wir in dieser Welt handeln und leben, ob wir nun SEINEN Anforderungen folgen oder nicht. Was bedeutet es dann aber, in diese Welt geschickt zu sein, um geprüft zu werden? 26

1.4 Wenn Gott unserer Anbetung nicht bedarf, warum müssen wir IHN dann anbeten, und wenn wir es tun, warum können wir es nicht in einer Art und Weise tun, wie wir sie wünschen? 30

Teil II

2.1 Man sagt, die Religion sei ein von den Menschen ersonnenes Hilfsmittel, um Probleme, die der Mensch nicht lösen könne, zu verdrängen-Probleme, die aber bei weiteren Fortschritten der Zivilisierung eines Tages gelöst werden könnten; wird dann die Religion, so fragt man, nicht mehr benötigt werden? 41

2.2 Der Islam ist ein Weg des Lebens und des Glaubens - offenbart von Gott. Und dieser Weg macht es erforderlich, sich Gott zu unterwerfen. Wie kann dies im Einklang mit Geist und Verstand, von denen man ja ausgeht, stehen? 53

2.3 Kann sich der Islam aus sich selbst mit jedem Problem befassen? 58

2.4 Wie kommt es, dass der Islam als eine Religion, die Gott zum Wohl der Menschheit offenbart hat, Sklaverei erlaubt? 61

Teil III

3.1. Ist der Koran, wie einige Menschen sagen, das Werk des Propheten Muhammed? Wenn es nicht so ist, wie kann man dann beweisen, dass es nicht so ist? 77

3.2. Worin lag die Göttliche Weisheit, dass der Koran über einen Zeitraum von 23 Jahren in mehreren Abschnitten offenbart wurde? 92

3.3 Warum begann die Offenbarung des Koran mit dem Befehl *"Iqra"* bzw. "Lies!"? 100

3.4 Stimmt es, dass der Koran alles erwähnt, was den Menschen nützlich ist? Wenn es stimmt, erwähnt er dann einige der Fragen, an denen in der heutigen Zeit Wissenschaft und Technik arbeiten ? 113

3.5 Wie sollten wir reagieren, wenn moderne Wissenschaft und wissenschaftliche Fakten erwähnt werden, um zu zeigen, dass sie mit dem Koran übereinstimmen?.. 128

3.6 Welche Bedeutung hat der Satz: "Während die Zeit älter wird, wird der Koran jünger?"........................ 135

Teil IV

4.1 Was bedeutet Prophetenschaft? Was bedeutet sie für Menschen? Sind alle Propheten auf der Arabischen Halbinsel erschienen? Gab es irgendein Volk, aus dessen Reihen kein Prophet kam? Wenn dem so ist, können dann jene, zu denen keine Propheten gesandt wurden, für ihre Glaubensrichtungen und Handlungen zur Rechenschaft gezogen werden?...... 143

4.2 Wieviele Propheten sind der Menschheit gesandt worden? Und warum wurde kein Prophet aus den Reihen der Frauen erwählt?................................ 154

4.3 War der Prophet Muhammed der Prophet nur für die Araber? Oder für alle Völker und alle Zeiten?..... 164

4.4 Welche Gründe stehen hinter den verschiedenen Ehen des Propheten Muhammed ?............................ 171

Teil V

5.1 Der Koran sagt: "Und so lässt Allah in die Irre gehen, wen ER will, und leitet recht, wen ER will..." (Koran, 74: 31). Wir wissen aber auch aus dem Koran, dass Gott dem Menschen Vernunft, Denkvermögen und freien Willen geschenkt hat und es ihm überlässt, zwischen dem Weg des Guten und dem Weg des Schlechten zu wählen. Wie sind diese beiden Dinge miteinander vereinbar?.. 195

5.2 Was wird im Jenseits mit denen geschehen, die in nicht- islamischen Ländern geboren wurden und leben? 203

5.3 Gott hat manchen Menschen materiellen Reichtum und Komfort, Status und Prestige gewährt, für andere jedoch Armut, Not und Bedrängnis bestimmt. Bedeutet dies, dass Gott die Reichen bevorzugt hat oder dass die Armen wirklich schlechter und sündig sind? Welche Bedeutung liegt in derartigen Unterschieden? 220

5.4 Warum hat Gott SEINE Diener nicht gleichermaßen ausgestattet? Warum hat ER einige von ihnen blind oder behindert erschaffen oder in sonst irgendeiner Art und Weise heimgesucht? 225

5.5 Wenn die Art und Weise sowie der Zeitpunkt des Todes eines jeden Menschen vorherbestimmt ist, worin liegt dann die Schuld eines Mörders? 228

5.6 Die Leute von Sodom und Gomorrha sowie einige andere Zivilisationen wurden wegen ihrer abscheulichen Sünden zerstört. Heutzutage gibt es mehr Sünder und viel mehr beispielloses unsittliches Verhalten, das überall praktiziert wird. Warum verfügt Gott gegen diese Nationen keine Strafe, keine Geißel vom Himmel bzw. keine vollständige Zerstörung? 236

Teil VI

6.1 Reicht die Absicht eines Menschen, um sich zu retten? 243

6.2 Im Islam sind fünf Gebete am Tag Pflicht. In den

äußersten Polarregionen dauern ein Tag und eine Nacht jedoch jeweils sechs Monate, das heißt also, die Sonne ist entweder immer sichtbar oder immer unsichtbar. Wie soll nun dort jemand beten? 250

6.3 Ein Hadith sagt: "Für denjenigen, der an meiner *Sunna* festhält, wenn meine Umma verschandelt ist, gibt es einen Lohn, der einhundert Märtyrertoden entspricht." Worin liegt die Bedeutung des Verstehens der Sunna in der heutigen Zeit? Wie sollen wir sie in unserem Zeitalter anwenden? 255

6.4 Warum ist *Ilhad*, Atheismus, so weitverbreitet? 261

6.5 Wie sollte man auf einen Ungläubigen zugehen und ihn ansprechen, und was sollte man dieser Person als erstes sagen? 273

6.6 Was ist *Dschihad*? Und was sind seine größeren und kleineren Aspekte? 283

6.7 Es gibt Leute, die sagen, daß Muslime um der Eroberung und Ausbeutung willen in Territorien eingedrungen sind und sie diese besetzt haben wie es auch westliche imperialistische Mächte getan haben. War dies so? 310

6.8 Was bedeutet *Tanasukh* (Reinkarnation)? Steht dies in irgendeiner Art und Weise im Einklang mit den Lehren des Islam? 319

Abkürzungen

r : radiyallahu anh/anha (möge Allah an ihm/ihr Wohlgefallen haben!)

s : sallallahu aleyhi wa sallam (Friede und Segen seien mit ihm!)

ÜBER DEN AUTOR

Muhammed Fethullah GÜLEN, der jetzt allgemein als Hodschaefendi bekannt ist, wurde in einem Dorf namens Korucuk in der türkischen Provinz Erzurum geboren. Er stammt von ruhmreichen Vorfahren ab.

Er begann mit sieben Jahren seine Grundschulausbildung. Seine Mutter, die allen Frauen des Dorfes Koranunterricht gab, hatte ihm, als er vier Jahre alt war, beigebracht, wie der Koran zu rezitieren ist. Er lernte ihn innerhalb kürzester Zeit auswendig. Im Alter von fünf Jahren begann er die täglichen Pflichtgebete zu verrichten; seit jener Zeit hat er bis zum heutigen Tag nicht ein einziges von ihnen versäumt.

Nach seiner Grundschulausbildung setzte Hodschaefendi bei seinem Vater die Ausbildung in religiösen Wissenschaften fort; sein Vater lehrte ihn auch Arabisch und pflanzte in ihm die Liebe zum Propheten und zu dessen Gefährten ein. Diese tiefe und immer stärker werdende Liebe und Zuneigung sollte ein essenzieller und charakteristischer Wesenszug seiner Schriften und Reden sowie natürlich seiner eigenen Person werden.

Nach seinem Vater erhielt Hodschaefendi seine bedeutendsten Unterweisungen sowohl in religiösen Wissenschaften als auch im Sufismus von Scheich Muhammad Lutfi, dem Imam des Dorfes Alvar. Diese berühmte Person hinterließ auf Muhammad Fethullah, der dessen Lieblingsschüler war, einen unauslöschlichen

Eindruck. Nachdem Muhammad Fethullah sich durch eine stark ausgeprägte Intelligenz und ein starkes Erinnerungsvermögen ausgezeichnet hatte, begann er nach einer kurzen Zeit weiterer religiöser Ausbildung in Erzurum mit erst fünfzehn Jahren, den Islam öffentlich zu verkünden.

Im Jahre 1958 wurde er dazu berufen, in der Ucserefeli-Moschee, einer der Moscheen in Edirne, zu predigen. Während dieser Zeit beteiligte er sich neben dem Predigen auch an anderen islamischen Diensten. Nach Ableistung seines Militärdienstes, den er in Mamak, Ankara, begonnen und in Iskenderun zum Abschluss gebracht hatte, kehrte er an seine Wirkungsstätte in Edirne zurück und blieb dort, bis er nach Kirklareli geschickt wurde. In Kirklareli blieb er kurze Zeit, bis er 1966 erneut versetzt wurde - diesmal nach Izmir, der drittgrößten Provinz in der Türkei. Seine Berufung nach Izmir sollte einen Wendepunkt markieren. Seit seiner Kindheit hatte er sich ganz dem Islam verschrieben und war stark an der Lage nicht nur der Muslime, sondern auch der gesamten Menschheit interessiert. In Izmir beschränkte er sich nicht nur auf das Predigen in einer einzigen Moschee. Er begann von Stadt zu Stadt zu reisen und Orte wie große Cafés türkischen Stils, wo sich die Menschen zum größten Teil treffen, zu besuchen um ihnen die Botschaft des Islam zu vermitteln. Zur selben Zeit gab er den Studenten an der privaten Kestanepazari-Koranschule in religiösen Wissenschaften Unterricht.

Hodschaefendi hatte lange vor Ehrgeiz gebrannt, eine junge Generation hervorzubringen, die dem Islam dienen würde. In Izmir entwarf er nun einen endgültigen Plan, wie dies zu erreichen sei. Ein erfolgreiches Dienen im Islam in

Übereinstimmung mit dem Weg des Propheten ist nur durch eine Islamisierung des Lebens mit all seinen Institutionen möglich. Aus diesem Grund musste seine wieder auflebende junge Generation intellektuelle Erleuchtung mit reiner Spiritualität, Weisheit und ständigem Aktivismus verbinden. Da er in Religions- und Sozialwissenschaften außerordentlich bewandert und mit den Prinzipien der materiellen Wissenschaften bestens vertraut war, war er in der Lage, seinen Studenten, die von staatlichen Schulen kamen und jetzt zum größten Teil Hochschulabsolventen sind, in fast all diesen Wissenschaften Unterricht zu erteilen. Die ersten Studenten, die seine Kurse in der Kestanepazari-Koranschule besuchten, wurden zur Vorhut der wieder erwachten Generation, die willens war dem Islam zu dienen.

Als das türkische Militär im Jahre 1971 die Regierungsgewalt übernahm, wurde Hodschaefendi unter der falschen Anschuldigung, er habe das Regime in ein islamisches umwandeln wollen, ins Gefängnis geworfen. Nach Monaten der Haft wurde er auf freien Fuß gesetzt und später vom Vorwurf freigesprochen. Er setzte seine Aufgabe fort und gab im Jahre 1980 seine formale Stellung als Prediger auf.

Die kleine Gruppe, die Ende der 60er Jahre begonnen hatte sich um die Ansichten von Hodschaefendi zu bilden, ist seit jener Zeit enorm und ständig gewachsen. Die Generation, die er von da an durch seine Tränen, seine Aufrichtigkeit, seine Selbstlosigkeit und seine Liebe geformt hatte, hat islamische Dienste geleistet und leistet sie immer noch, ohne irgendeine materielle Entlohnung zu erwarten. Diese Dienste, die sich auf Aufrichtigkeit und unter Berücksichtigung des Menschen angeborener Unfähigkeit und Armseligkeit auf Gottvertrauen sowie auf eine sehr tiefreichende

Liebe und Begeisterung, auf Wissen und Weisheit und das ausgeprägte Bewusstsein, dass man Gott dient, gründen, schließen das Predigen, Errichten von privaten Lehranstalten, Veröffentlichen von Büchern, Zeitschriften und Tages- und Wochenzeitungen, Fernseh- und Radiosender und Stiften von Stipendien mit ein und haben mit Politik nichts zu tun.

Fethullah Gülen Hodschaefendi hat sein Leben der Erziehung, der Toleranz und den Lösungen der gegenwärtigen menschlichen Probleme gewidmet.

Er erläuterte immer die Bedeutung der Erziehung in seiner Umgebung, die sich über sein vorbildliches Leben wundert und großen Respekt vor seinen Reden über moralische Ratschläge und universale Werte hat.

Seine Vorschläge zu Lösungen der Probleme der zu einem Dorf schrumpfenden Welt tragen einen Charakter, der die ganze Menschheit umarmt. Mit der Botschaft "Es gibt keine Rückkehr von der Demokratie mehr" hat er auf das Vertrauen der Gruppierungen in den Gesellschaften, die unterschiedliche Einstellungen und Glauben besitzen, hingewiesen.

Er hat nie geheiratet und nie etwas Weltliches außer seiner Kleidung und seinen Büchern besessen. Er hat bis jetzt viele gelehrte Leute herangezogen und gibt immer noch privaten Unterricht. Er besitzt Tausende von Tonband- und Videokassetten, auf denen seine Reden und Diskurse aufgezeichnet sind, und viele Bücher, die in den meisten Fällen aus seinen Artikeln, Reden und Antworten, die er auf verschiedene Fragen bei verschiedenen Anlässen gegeben hat, zusammengesetzt sind. Einige seiner Bücher sind die folgenden:

Asrin Getirdigi Tereddütler, 4 Bände; Band 1 ist in deutscher Übersetzung unter dem Titel "Fragen, die unser modernes Zeitalter an den Islam stellt" erschienen.

Cag ve Nesil (5 Bände); ins Englische und ins Deutsche (Titel: "Diese Ära und die junge Generation") übersetzt. Hierbei handelt es sich um eine Sammlung seiner Leitartikel über verschiedene Themen.

Renkler Kusaginda Hakikat Tomurcuklari, 2 Bände; ins Englische und ins Deutsche (Titel: "Die Wahrheiten im Spektrum der Farben") übersetzt. Neben bildlichen Darstellungen mit Sinnsprüchen und Gedichten werden kurze Texte über verschiedene Themen vorgestellt.

Kirik Mizrap (Zerbrochenes Plektrum), eine Verssammlung.

Sonsuz Nur (3 Bände); ins Englische und ins Deutsche (Titel: "Der Prophet Muhammad - Das unendliche Licht") übersetzt. In diesem Werk wird das Leben des Propheten Muhammed hinsichtlich seiner verschiedenen Funktionen und Aufgaben dargestellt.

Fatiha Uzerine Mulahazalar (Die Interpretation der Sure Al-Fatiha).

Olcu Veya Yoldaki Isiklar (4 Bände); ins Englische und Deutsche (Titel: "Kriterien oder Lichter des Weges") übersetzt. Hier werden Texte über verschiedene Themen in einer prägnanten Art und Weise in sprachlich besonders gehobenem Stil zusammengefasst.

Kur`an ve Sünnet Perspektivinde Kader (Vorherbestimmung aus der Perspektive von Koran und Sunna).

Inancin Gölgesinde (2 Bände); ins Englische und Deutsche (Titel: "Grundlagen des Glaubens") übersetzt. In diesem

Werk stellt Fethullah Gülen einige grundlegenden Dinge des islamischen Glaubens vor.

Kalbin Zümrüt Tepeleri (2 Bände). Hierbei geht es um sufistische Begriffe, die in Aufsatzform erklärt werden.

Prizma (2 Bände). Eine Sammlung seiner Gedanken über aktuelle Themen.

Fasildan Fasila (3 Bände). Gedanken zu verschiedenen Themen in kurzen Kapiteln.

I'la-yi Kelimetullah veya Cihad (Das Bekanntmachen des Wortes Allah oder Dschihad).

Lehrbuch für Arabisch (5 Bände).

Einige Bücher wurden auch in weitere Sprachen (zum Beispiel ins Arabische, Französische, Albanische oder Russische) übersetzt.

Vorwort des Herausgebers

Zweifel und Fragen, die sich über mehrere Jahrhunderte hinweg zu einer Stimmung allgemeiner Skepsis aufgetürmt haben, haben den Glauben an die Religion allmählich untergraben und zerstört. In der christlichen Welt, in der diese Stimmung ihren Ausgang nahm und aus der sie hinaufgetragen wurde, herrschten eine weit verbreitete Ablehnung und Leugnung Gottes und der Religion: Das Christentum war nicht in der Lage, den Zweifeln und Fragen standzuhalten. Die muslimische Welt blieb gegen diesen unheilvollen Einfluss nicht immun. Besonders in den Anfangsjahren des modernen Zeitalters geriet eine ganze Anzahl von Muslimen ins Stolpern. Aus den hinterlassenen Aufzeichnungen einiger junger Selbstmörder ergab sich, dass ein Leben ohne Glauben bedeutungslos war. Die Zivilisation des Islams sah sich jedoch fast ein ganzes Jahrtausend lang kulturellen Angriffen ausgesetzt. Das Denken und Fühlen der Muslime waren die Ziele dieser Attacken; die Prinzipien, Werte und Symbole des Islams wurden sowohl falsch dargestellt als auch in ein schlechtes Licht gerückt. Neben dem Verlust wirtschaftlicher und militärischer Stärke in einem Umfang, der den Islam zwang, die Kontrolle über das öffentliche Leben mehr oder weniger aufzugeben, hat dieser lange Prozess letztendlich zu einem Verkümmern des Kontrollbewusstseins der Muslime geführt. Dies hat eine große, tiefe Wunde hinterlassen, die nur mit der Medizin des Koran und des Glaubens geheilt werden kann.

Islamische Gelehrte sind sich dessen bewusst geworden. Der verstorbene Omer Nasuhi Bilmen sagte: "Islamische Gelehrte unserer Zeit sollten die jüngsten Entwicklungen in der Philosophie erneut überprüfen, zumal sie Zweifel und Verunsicherungen im Denken vieler hervorrufen, und neue Werke des *"Kalam"* (Theologie) vorbereiteten, um auf diese Entwicklungen eine Antwort zu geben." *(Muwazzah `Ilm al-Kalam*, 21).

Auch Bediuzzaman sagte: "Da nun Kritik beliebt wurde und sich weit verbreitete, hatte der Materialismus die Chance des Ansteckens und die Möglichkeit, sich wie eine Seuche des Geistes zu verbreiten, und übernahm Ideen und Inspirationen aus Wissenschaft und schon vorhandenen Kenntnissen... Da er mit einem falschen Gefühl der Freiheit und des Stolzes verbunden war, fand er sogar mehr Verbreitung." Als einige Romane die materialistische Lebensweise als eine Traumwelt dargestellt hatten, die dazu bestimmt ist, nicht nur den Intellekt, sondern auch die ganze Vorstellungskraft anzusprechen, fand die Einstellung der Materialisten mehr Anklang als je zuvor. Sie infizierte diejenigen Jugendlichen, die nicht viel lesen oder über etwas nachdenken. Ob in kleinen Zirkeln oder auf riesigen Versammlungen - immer war der Hauptprogrammpunkt der Skeptizismus. Wo auch immer Glaube und Religion erwähnt wurden, erhoben sich immer dieselben Zweifel und Fragen. Selbst Menschen, die auf diese Zweifel und Fragen eine Antwort geben wollten, waren nicht dazu in der Lage. Im Wesentlichen verschlossen sie vor den Stimmen des Skeptizismus ihre Ohren. In ihrer Entrüstung über ihren eigenen, gesicherten Glauben verdrängten sie die Zweifel und Fragen in ihr Bewusstsein. Während sie keine Antwort geben konnten, waren ihr Glaube doch so gefestigt und ihre Freude an der Gottesverehrung so aufrichtig und tiefsitzend, dass die Zweifel keine Chance hatten in ihnen Wurzeln zu schlagen. Eine Reihe dieser Menschen reagierte mit übertriebener Empörung und beschuldigten jene, die im Zweifel waren, der Häresie - ohne sich aber ihrer Absichten wirklich klar zu werden. Solche Verhaltensweisen und Beschuldigungen verschlimmerten die Lage natürlich. Als diejenigen, die aufrichtig Antworten auf ihre Zweifel suchten, solche Anworten nicht bekommen konnten, waren sie enttäuscht und wurden für das Abstürzen in ein gefährliches, moralisches Vakuum noch anfälliger. Einige waren schon von der abwärts verlaufenden Spirale der Ablehnung und Leugnung, deren unteres Ende das bodenlose Fass der Hölle ist, erfasst worden. Die entschlossenen Materialisten fanden eine für ihren Zweck, zwischen dem Islam und dem "modernen" Skeptizismus einen ideologischen Konflikt heraufzubeschwören, sehr gut geeignete Situation vor - nämlich die, dass Gläubige diejenigen der Häresie beschuldigten, die in Zweifel geraten waren. Dieser Konflikt veranlasste viele, vom rechten Weg abzuweichen; zumindest hinterließ er tiefe Narben.

Unglaube war in der Vergangenheit das Ergebnis von Ignoranz. Als dann die Menschen die Wahrheit erfuhren, wurden sie erleuchtet und fanden Seelenfrieden. Aber seit kurzem sind Unglaube, Ablehnung und Leugnung Verhaltensweisen derer, die sich selbst für auf allen Gebieten bewandert halten und behaupten, sie akzeptierten und glaubten nur auf rationaler oder wissenschaftlicher Grundlage. Solche Leute meinen, sie brauchten kein weiteres Wissen und würden nur ihre eigenen Begriffe verstehen. Ihre Fähigkeiten, nach der Wahrheit zu suchen, war auf diese Weise abgestumpft, und kaum ein einziger unter Tausenden von ihnen hat zur Rechtleitung gefunden. Die Ungläubigen versuchten natürlich, andere dazu zu bewegen, zu ihrem Unglauben überzutreten. Aber da die Mehrheit dieser anderen aus Muslimen bestand, konnten die Ungläubigen keinen sehr lange währenden Schaden anrichten. Nichtsdestoweniger ist der Unglaube auch weiterhin in vielen Formen aktiv; mit dem Deckmantel der Wissenschaft und rationaler Philosophie bläst er wie ein unzuverlässiger Wind aus allen Richtungen. Unter konstanten Bedrohungen und Angriffen ist die religiöse Hingabe der Gläubigen beeinträchtigt. Darüber hinaus hat der Lebensstil, der mit dem modernen Skeptizismus entstanden ist, alle möglichen Arten von Lastern und Schlechtigkeiten überall in die muslimische Gesellschaft getragen. Es ist daher ganz normal, Leuten zu begegnen, die in Fragen taumeln und in Gefahr schweben, alles zu verlieren, was sie besitzen und sie ins ewige Leben bringen könnte.

Der Autor dieses Buches, der ein sehr feines Gespür für die Wirklichkeit und Fragen der Menschen hat, hat versucht, auf diese Zweifel und Fragen durch geduldiges Argumentieren Antworten zu finden. Wer mit dem aufrichtigen Streben nach Wissen Fragen stellt, wird keine Anschuldigungen hören, sondern statt dessen eine klare, begründete Analyse von Themen höchster Bedeutung finden, die seinem Verstand und seinem Herzen die Richtung hin zu Frieden weist.

TEIL I

1.1

Was sind das Wesen und die Eigenschaften Gottes? Können wir IHN beschreiben?

Wie können wir denen antworten, die fragen: "Warum können wir Gott nicht sehen?" und "Angenommen, Gott hat alles erschaffen; wer erschuf dann Gott?"

Gott ist vollkommen anders als SEINE Schöpfung. Der Schöpfer kann auf gar keinen Fall dieselbe Daseinsform haben wie die, die ER erschuf. Obwohl dies für den gesunden Menschenverstand und die Vernunft selbstverständlich ist, fragen dennoch einige Menschen immer wieder, warum wir Gott nicht unmittelbar sehen können.

Das direkte Sehvermögen ist sehr beschränkt und könnte niemals ein geeigneter Weg sein, das Unbegrenzte zu suchen. Wir wollen das wie folgt erklären:

Im menschlichen Körper gibt es unzählige Bakterien, wirklich so unzählige Bakterien auf so engem Raum wie in einem menschlichen Zahn. Diese Lebewesen sind sich des Zahnes, in dem sie leben, überhaupt nicht bewusst. Um sich dessen bewusst zu werden, müssten sie sich irgendwie außerhalb des Zahnes begeben und dann wäre es durchaus denkbar, dass sie unter Zuhilfenahme künstlicher Instrumente (Teleskope, Mikroskope u.ä.) eine auch nur annähernde Vorstellung über die Dimensionen des Zahnes und danach vielleicht des noch größeren Körpers, zu den der Zahn gehört, bekommen. Nur durch solch einen kaum vorstellbaren Versuch könnten sich die Bakterien des menschlichen Körpers bewusst werden, der ja den weiten Nährboden oder das Ernährungsmilieu ihres Lebens bildet. Und dieses kaum vorstellbare Bewusstwerden ist selbst noch unermesslich weit weg von dem, was wir ganz entfernt ähnlich mit Verstehen bezeichnen könnten.

Auf einer ganz anderen Ebene ist nun das menschliche Wahrnehmungsvermögen der Sinne ähnlich begrenzt. Es mag ja tatsächlich sein, dass wir mit Teleskopen und anderen Instrumenten durch Entfernungen von Millionen von Lichtjahren "hindurchsehen" können. Aber alles, was wir auf diese Weise "sehen", ist bedeutungslos verglichen mit den Dimensionen des Ganzen, von dem es nur ein winzig kleines Fragment ist. Auch unter Berücksichtigung der andersgearteten Ebene ist das, was Menschen "sehen" können, tatsächlich so unbedeutend wie das Bewusstsein der Bakterien bezüglich des lebenden Gewebes, innerhalb dessen sie existieren und auch untergehen, im Vergleich zu den Dimensionen des Körpers, von dem dieses Gewebe ja nur ein winziger Bestandteil ist.

Wenn wir uns mit dem Thema noch eingehender beschäftigen, werden wir sehr bald erkennen, dass unser "Sehen" (oder "Hören" oder irgendeine andere Sinneswahrnehmung) von unserer Auffassungsgabe abhängt. Wir benötigen allgemeine Vorstellungen von dem, was wir "sehen", um es unterscheiden und erkennen zu können. Wenn wir zum Beispiel überhaupt keine Vorstellung, und sei es zunächst auch nur eine sehr vage, davon hätten, was ein Baum ist, dann wären wir einfach nicht in der Lage, jenem Objekt vor unseren Augen, das wir als Baum kennen, "einen Sinn zu geben". Wenn unser "Sehen" so begrenzt ist wie es sich darstellt und wenn wir - sogar bei Objekten innerhalb der Schöpfung und innerhalb der Reichweite unseres "Sehens" oder unserer "Seh"-Instrumente - ein allgemeines Verständnis brauchen, um dem, was wir "sehen", "einen Sinn zu geben", wie anmaßend und absurd ist dann ein Begehren, danach zu fragen, warum wir den Schöpfer des Ganzen nicht direkt "sehen" oder "erkennen" können!

Wir sind erschaffene Lebewesen, was bedeutet, dass wir begrenzt und in unseren Möglichkeiten und Fähigkeiten eingeschränkt sind. Nur Gott, der Schöpfer, ist unendlich. Durch SEINE Gnade stehen uns der Boden und die Umwelt zur Verfügung, innerhalb der wir leben und sterben sowie nach Erkenntnissen und Tugend streben und unser Heil suchen. Der Prophet Muhammed (s) sagte: *"Verglichen mit Gottes Thron des Wissens ist das ganze Universum so gering wie ein Ring, der in eine Wüste geworfen wurde. Und ebenso ist Gottes Thron des Wissens verglichen mit SEINEM Thron der Macht und Herrlichkeit so gering wie ein Ring, der in eine Wüste geworfen wurde."* (Tabari, *Tafsir*, 3.77.)

Dieser Vergleich vermittelt uns Verständnis dafür, wie weit die Unendlichkeit des Schöpfers unser Vermögen übersteigt, sie zu begreifen. Wie können wir da anfangen, uns über den wirklichen Sachverhalt von Gottes Thron des Wissens und von Gottes Thron der Macht und Herrlichkeit, von denen aus der Allmächtige in SEINER Unendlichkeit SEINEN Willen und SEINE Anordnungen erteilt und SICH um SEINE Schöpfung kümmert, Gedanken zu machen, geschweige denn beginnen, von Gott SELBST Vorstellungen zu entwickeln?

Warum können wir Gott nicht sehen?

Der Koran lehrt:

> "IHN erreichen die Blicke nicht, und ER erreicht die Blicke." (Koran, 6:103)

Nach dem Aufstieg des Propheten Muhammed (s) in die Himmel fragten ihn seine Gefährten, ob er Gott gesehen habe. Nach Abu Dharr ist überliefert, dass er bei einer Gelegenheit geantwortet habe: *"Was ich sah, war Licht. Wie soll ich IHN sehen?"* (Muslim, *Iman*, 291; Ibn Hanbal, *"Musnad"*, 5,147). Und bei einer weiteren Gelegenheit habe er erwidert: *"Ich habe ein Licht gesehen."* (Muslim, *Iman*, 292). Diese Aussagen erläutern den wohlbekannten Ausspruch "Das Licht ist die Grenze bzw. der Schleier um Gott" (Muslim, *İman* ,293; Ibn Madscha, *Muqaddima*, 13; Ibn Hanbal, *Musnad*, 4, 13). Zwischen uns und Gott liegt das Licht, das ER erschuf. Alles, was wir sehen, sehen wir ob dieses Lichtes und innerhalb dieses Lichtes- das Licht ist die Grundlage, ist die Umwelt und ist die Grenze unseres Sehens, und dieses Licht schirmt uns vor Gott ab oder verbirgt uns vor IHM. In Wirklichkeit sehen wir nämlich lediglich einen Teil jenes Lichtes der Schöpfung, wir sehen nur einen Teil dessen, was IHN verhüllt.

Wir wollen dieses Thema noch von einer anderen Seite aus

betrachten. Ibrahim Haqqi sagt: *"Im gesamten Universum der Schöpfung gibt es nichts, was Gott gleich, ähnlich oder IHM entgegengesetzt wäre. Gott ist über alle Form erhaben, ja sogar immun gegenüber und frei von Form."*

Nur weil existierende Dinge etwas Gleiches, Ähnliches oder Gegenteiliges haben, sind wir in der Lage, sie zu unterscheiden und sie überhaupt wahrzunehmen. Wir wissen nur, was "lang" ist, wenn wir durch Vergleich oder Gegenteil wissen, was "kurz" ist; und ebenso wissen wir nur, was "Licht" ist, wenn wir wissen, was "Dunkelheit" ist. Wie sollen wir dann also den Einen, DER nichts Ähnliches, Gleiches oder Gegenteiliges hat, erkennen oder von etwas unterscheiden? Das ist die Bedeutung der Aussage, Gott sei über alle Form erhaben.

Der Leser wird natürlich schon verstanden haben, dass die Frage derjenigen, die nach dem direkten Erkennen Gottes fragen, nur ein Spiegelbild der Frage derjenigen ist, die SEIN Wesen direkt "hinterfragen" oder "kennen" wollen. Aber genauso wenig wie wir IHN "sehen" können, können wir SEIN Wesen auch nicht "hinterfragen" oder "kennen". So wie ER jenseits aller Maße hinsichtlich Form, Qualität oder Quantität steht, so befindet ER sich auch jenseits all unserer Macht des Erkennens oder Überlegens. So haben die Muslime in der islamischen Gotteslehre *(Kalam)* gelernt: "Welche Vorstellung auch immer wir in unseren Köpfen von Gott entwickeln, ER ist anders als diese Vorstellung". Und die Sufis sagen: *"Gott ist jenseits von allem; und auch jenseits anderer Vorstellungen; und wir sind von Tausenden von Schleiern umgeben."*

Weise Männer haben gesagt, dass Gott existiere und ER weder vom menschlichen Verstand noch durch menschliche

Sinne erfasst werden könne. Der einzige Weg, über IHN Wissen zu erlangen, besteht in den Propheten, d.h. den Menschen, die Gott zu Überbringern SEINER Offenbarung bestimmt hat. Wo Erkennen und Verstehen keinen Zugang gewähren, bleibt uns gar nichts anderes übrig als die Rechtleitung der Offenbarung anzunehmen.

Stellen wir uns einmal vor, wir wären in einem verschlossenen Raum und hörten an der Tür dieses Zimmers ein Klopfen. Wir mögen zwar eine vage Vorstellung vom Klopfenden haben, aber wir können seine Eigenschaften nur erahnen. Ganz sicher wissen wir nur, dass es an der Tür ein Klopfen gibt und wir die Freiheit haben, zur Tür zu gehen sowie beim Öffnen die Person zu bitten, sich erkenntlich zu machen, so dass wir auf diese Weise ein sicheres Wissen hinsichtlich ihrer wirklichen Eigenschaften erlangen.

Diese einfache Analogie kann uns dabei helfen, uns der Frage, wie wir Gott suchen sollten, zweckmäßiger zu nähern. Die Tatsache der Schöpfung, ihre Unermesslichkeit in Verbindung mit seiner essenziellen Einzigartigkeit der Gestaltung, ihre reine Schönheit und Harmonie, ihr Nutzen für uns sowie ihre Forderungen an unsere Arbeitskraft und unser Verständnis - all das macht uns die Existenz des Schöpfers bewusst. Auf genau dieselbe Weise, wie wir aus der Herstellung einer wunderbaren Vielfalt von Artikeln aus einem einzigen Material ableiten, dass es mit Sicherheit ein Agens gibt, das das Endprodukt spinnt, mischt, färbt, webt und auf noch andere Art und Weise präpariert, können wir aus dem phantastischen Beweismaterial der Schöpfung schließen, dass es einen Schöpfer gibt. Während nun aber der Hersteller von Waren ausfindig gemacht und möglicherweise überzeugt werden kann, sich uns bekannt zu machen, können wir beim Schöpfer solche impertinenten Nachforschungen nicht anstellen. Es wäre in der Tat äußerst unkorrekt, ja sogar unmöglich, sich so zu verhalten, wie es ebenso unmöglich wäre, dass ein Produkt eine derartige Neugier gegenüber dem Hersteller an den Tag legte. Ohne Mithilfe des Schöpfers SELBST können wir also nicht weitergehen als beim Hören des ersten Klopfens an der Tür zu beginnen, uns hoffnungslos vagen Vermutungen darüber hinzugeben, wer wohl geklopft hat.

Die Wirklichkeit sieht nun aber so aus, dass durch die Gnade Gottes die Erschaffung der Menschheit von der Offenbarung begleitet wurde. Durch Gottes Offenbarung an die Propheten und deren Lehren ist für uns die Tür weit offen gehalten. Wir sind in die Lage versetzt worden, auf die Schöpfung um uns herum als Zeichen zu reagieren, als Zeichen, die nicht nur die Tatsache der Existenz des Schöpfers, sondern auch die Seiner Eigenschaften manifestieren. Durch die Propheten lernen wir, über SEINE Attribute nachzudenken und sie aufzuzählen - der Eine, der Allbarmherzige, der Allerbarmer, der Allwissende, der Allmächtige, usw. Ein wahres Begreifen dieser Eigenschaften erfordert ein Erfahren aus dem Inneren und Kontemplation, die man nur erreicht, wenn man die göttlichen Gebote aufrichtig und vollkommen beachtet, objektiv studiert und gemäß den Vorbildern der Propheten lange und tiefgehend meditiert. Nur wenn ein Mensch die inneren Fähigkeiten entwickelt hat, wird er in der Lage sein, die Bedeutung der göttlichen Werke, also der Schöpfung zu erfassen, um sich dann in die Kontemplation über die göttliche Attribute emporzuschwingen, die in ihr manifestiert sind.

Aber selbst dann ist es nicht für jede Person möglich, die göttliche Essenz zu ergründen. Aus diesem Grunde heißt es: *"SEINE Namen sind bekannt, SEINE Attribute sind verstanden, und SEINE Essenz existiert."* Abu Bakr as-Siddiq (r) drückte dies mit den Worten aus: *"SEINE Essenz zu begreifen bedeutet zu bezeugen, dass SEINE Essenz nicht begriffen werden kann."*

Was uns obliegt, besteht darin, dass wir uns zu unserem Vertrag mit Gott bekennen und IHN wie folgt anflehen: "O DU, DER DU allein anzubeten bist! Es bedarf keiner Worte, dass wir unfähig sind, wahres Wissen über DICH zu erlangen. Dennoch glauben wir, dass DU uns in der Tat näher bist als unsere Halsschlagader. Wir fühlen DEINE Existenz und Nähe in der Tiefe unserer Herzen - durch das Universum, das du erschaffen und uns wie ein Buch aufgeschlagen hast, und durch die wunderschöne Harmonie der Gestaltung all dessen, was DU von den geringsten bis hin zu den gewaltigsten Dingen erschaffen hast. Wir haben mittlerweile erkannt, dass wir in das gesamte Königreich DEINER Theophanien integriert sind und dadurch unsere Seelen sich in Ruhe und Trost befinden und unsere Herzen den Zustand des Gleichmuts erlangen."

Nun gibt es aber einige, die einen solchen Gleichmut oder ein nach innen gerichtetes Leben überhaupt nicht für erstrebenswert halten. Diese Menschen gehören zu denen, deren Vernunft eine bewusste Kehrtwendung vollzogen hat und die bereitwillig in eine unbewusste Art der Sophisterei fallen, die ihren Verstand verstrickt und lähmt. Sie fragen:

Angenommen, Gott hat alles erschaffen; wer erschuf dann Gott?

Als ich diese Frage zum ersten Mal hörte, bezeugte ich ganz spontan "und Muhammed ist sein Gesandter", denn der Prophet (s) hatte vorausgesagt, dass diese Frage noch aufgeworfen werde. Er hatte in der Tat viele zukünftige Ereignisse von Wichtigkeit vorausgesagt - und alle sind genau eingetroffen und werden dies auch weiterhin tun, solange es Zeit gibt. Einmal sagte er: *"Es wird fürwahr ein Tag kommen, an dem einige Leute mit gekreuzten Beinen sitzen und fragen werden: Angenommen, Gott hat alles erschaffen; wer erschuf dann Gott?"* (Bukhari, *Itisam*, 3).

Natürlich sind Menschen, die solche Fragen stellen, Atheisten, oder sie tendieren zum Atheismus, und sie setzen alles daran, andere auch in die Irre zu führen. Mit ihrer Frage bezwecken sie, die Verantwortung, die ein Geschöpf seinem Schöpfer gegenüber schuldig ist, sowie Glauben und Gottesanbetung zu umgehen. Zumindest beruht die Frage auf Betrachtung über Beziehungen zwischen "Ursache und Wirkung". Jede Sachlage kann als eine "Wirkung" gedacht und einer vorangegangenen Ursache zugeschrieben werden, die dann wiederum einem früheren Umstand zugeschrieben wird, usw. Erstens ist es aber für jeden, der objektiv nachdenkt, offensichtlich, dass die Idee der "Ursache" nur eine Hypothese ist und keine Tatsache: alles, was tatsächlich existiert, ist eine besondere, oft (aber nicht immer) wiederholte Folge von Umständen. Wenn zweitens diese Hypothese für die Existenz als Ganzes gilt, dann können wir keinen Schöpfer dieses Daseins finden, denn jeder Schöpfer müsste vor diesem ja einen anderen Schöpfer haben, und das in einer nicht enden wollenden Kette. (Die nutzlose Idee einer nicht enden wollenden Kette von Schöpfern war sogar eins der Argumente, das muslimische Theologen verwandten, um die Notwendigkeit, an Gott zu glauben, zu rechtfertigen.)

Es ist ganz offensichtlich, dass der Schöpfer aus SICH SELBST bestehend und der Eine ohne Gleichem oder Ähnlichem neben SICH sein muss. Wenn man von etwas Erschaffenem sagen kann, es "bewirke" etwas, dann wurde diese Fähigkeit des "Bewirkens" mit diesem Erschaffen zusammen selbst erschaffen. Somit kann man nichts Erschaffenes im Universum als aus sich selbst existierend bezeichnen; es verdankt vielmehr sein Dasein dem Schöpfer, DER allein aus SICH SELBST existierend und bestehend ist. Aus der Tatsache, dass der Schöpfer als Einziger wirklich etwas erschafft, folgt, dass ER für alles, was erschaffen ist, auch alle möglichen "Ursachen" und "Wirkungen" festgelegt hat, und zwar für alles, was davor oder dahinter liegt. Deshalb sprechen wir von Gott auch als DEM, DER alles aufrechterhält, DER vom Anfang an bis zum Ende SEINER Schöpfung Leben gibt und bewahrt. Alle "Ursachen" haben ihren Anfang in IHM, und alle "Wirkungen" finden ihr Ende in IHM. Erschaffene Dinge sind in Wirklichkeit nichts anderes als Nullen, die unabhängig davon, wieviele wir in eine Reihe stellen, sich zu nichts addieren, geschweige denn, einen Wert geben. Und in genau derselben Weise könnte die Schöpfung ohne durch Gott keine wirkliche Existenz besitzen oder irgendeinen Wert haben.

Was wir "Ursachen" nennen, hat keinen direkten oder eigenständigen Einfluss im Sein, keine direkten oder eigenständigen "Wirkungen". Es mag wohl sein, dass wir von "Ursachen und Wirkungen" sprechen müssen, um zu verstehen, wie in einer kurzen Zeitspanne und über eine geringfügige Dauer ein Teil der Schöpfung für uns (durch die Gnade Gottes) anschaulich und für unseren Gebrauch verfügbar gemacht wird. Aber selbst das bestätigt unsere Abhängigkeit vom Gott und unsere Verantwortung IHM gegenüber. Gott braucht "Ursachen und Wirkungen" keineswegs zu erschaffen; vielmehr sind wir es, die "Ursachen und Wirkungen" benötigen, um zu begreifen, was ER erschaffen hat. ER allein ist der Erste und der Letzte, der Ewige, der Verursacher und der Bestimmende - und all unsere eifrigen, winzigen Anstrengungen hinsichtlich Ursache und Wirkung sind nichts weiter als Verschleierungen zwischen uns und dem majestätischen Gott.

Wir wollen also noch einmal bekräftigen: ER, Gott, ist der Eine; Gott, der aus SICH SELBST Bestehende, der ewig und um alles Anzuflehende; ER zeugt nicht und wurde nicht gezeugt; und nichts ist ihm gleich.

1.2.

Warum erschuf Gott das Universum? Musste ER es tun? Warum hat ER es nicht schon früher erschaffen?

Zunächst einmal sollte man zur Kenntnis nehmen, dass wir als menschliche Wesen alles aus menschlicher Perspektive betrachtet wahrnehmen und unsere Beobachtungen in entsprechende Worte kleiden. Um ein Beispiel zu nennen: die Menschen handeln aus einer Notwendigkeit oder aus einem Verlangen heraus. Wir beabsichtigen, Dinge zu tun, weil wir bestimmte Bedürfnisse haben oder dazu gezwungen werden. Durch Vernarrtheit in uns selbst oder falsche Überlegungen erdreisten wir uns törichterweise, Gott mit uns zu vergleichen, und gehen davon aus, Gott handle so wie wir es tun. Beim Stellen der oben genannten Fragen ist es deshalb von äußerster Wichtigkeit, in Erinnerung zu rufen, dass Gott von jeglichen Wünschen oder Bedürfnissen unabhängig ist und weit jenseits unserer unzulänglichen Vorstellungen steht.

Wer ist über die Erschaffung des Universums unglücklich? Wer will in der Erntezeit keinen Nutzen aus dem Einbringen der Ernteerträge ziehen? Wer sucht nicht sein Glück, indem er auf bestmögliche Weise all das nutzt, was die Welt für ihn bereithält? Es sind doch wirklich nur sehr wenige, die in einer äußerst unseligen Lage vorschnell und leichtsinnig ihren Jammer darüber ausdrücken, in dieser Welt zu leben. Einige wenige haben in ihrem Kummer Selbstmord verübt, aber solche Menschen sind von nur geringer Zahl. Die überwältigende Mehrheit ist eher dankbar als dass sie es bedauert zu leben, in diese Welt gekommen und Mensch zu sein. Wer beklagt sich darüber, in der Obhut seiner Eltern versorgt und durch deren Liebe in der Kindheit groß gezogen zu werden? Wer beklagt sich darüber, Jugendlicher zu sein, in dem ein Hochgefühl des Lebens im ganzen Körper gespürt wird? Und wer beklagt sich als reifer Erwachsener darüber, eine Familie und Kinder zu haben und mit ihnen ein harmonisches Leben zu führen? Wie sollten wir anfangen, das Glück und die Zufriedenheit der Gläubigen zu messen, die nicht nur die Saat für die nächste Welt kultivieren, sondern auch den Erfolg in dieser Welt sicherstellen? Die Gläubigen finden die Schlüssel zu den Toren allerhöchsten Glücks und deshalb sind sie zufrieden und haben keinen Grund zu verzweifeln.

Wir spüren fürwahr mit vollem Bewusstsein all diese verschiedenen Arten des Glücks, und wir danken aus ganzem Herzen unserem Schöpfer, DER uns ins Leben gerufen hat.

Das Universum ist in seinem ganzen Umfang, belebt und unbelebt, in vielfältiger Weise künstlerisch gestaltet und verziert; es ist wie eine endlose Parade oder Ausstellung von Kunstgegenständen, entworfen, um auf alle Menschen Anziehungskraft auszuüben und sie dazu zu bewegen, darüber nachzudenken. Die Schönheit der Landschaft, ihre außergewöhnliche Vielfalt und ihr prächtiger Schmuck, ihr schierer Reichtum und Fluss von Ereignissen bewirken für unsere Sinne und unseren Verstand eine eindeutige und gegenwärtige Realität. Die Realität lässt die Existenz einer wirkenden Kraft erkennen, die sie ins Dasein bringt. Durch die Realität SEINER Werke und Handlungen erkennen wir schließlich den Handelnden und auch SEINEN Namen oder SEINE Namen. Anhand dieser Namen, die sich in Gegenständen und Lebewesen manifestieren, versuchen wir, SEINE Eigenschaften zu erkennen, und durch die Kanäle und Gebete, die unseren Herzen zugänglich sind, sehnen wir uns danach, ja, kämpfen wir darum, IHN, den Hocherhabenen, an sich kennenzulernen. Dieses Erhabene unseres Seins wird inspiriert über eine weite Domäne der Realität - Dinge, Ereignisse und der unermessliche Bereich des menschlichen Verwalteramtes im Universum; die Beziehung oder Verbindung zwischen Mensch und Universum sowie das Königreich der Namen und Attribute Gottes.

Wir wollen nun versuchen, die Absicht des Schöpfers durch eine simple Analogie zum Ausdruck zu bringen.

Stellen wir uns einmal einen sachverständigen Handwerker oder Künstler vor. Angenommen, dieser Künstler ist ein außerordentlicher Bildhauer, der mit ein paar Hammerschlägen und Meißelungen lebensechte Skulpturen aus härtestem Stein formen und die allerzartesten Gefühle hervorrufen kann. Oder ein geschickter Holzschnitzer, der seine Seele sozusagen in ein Nussbaum- oder Buchenholz gießen oder, wie man so schön sagt, ein Stück Ebenholz zum Leben erwecken kann. Oder ein ausgezeichneter Maler, dessen Pinselstriche die herrlichsten Farbkombinationen hervorbringen und die staunenden Betrachter ob ihrer

Schönheit anrühren können. Und zu diesen verschiedenartigen Fähigkeiten könnten wir noch eine ganze Reihe anderer hinzufügen. Es ist unmöglich, einen Künstler als solchen zu erkennen - es sei denn, er zeigt seine Fertigkeiten. Vielleicht gelangen wir dazu, ihn kennenzulernen und seine Begabungen entweder aus seinen Kunstwerken abzuleiten oder aus dem Verfahren, mit dem er sie herstellt. Jede innere Kraft wünscht die in ihr verborgene Realität zu enthüllen, um durch ihr eigenes Kleiden in eine äußere Form und durch das Darbieten eines von außen wahrnehmbaren Körpers zu demonstrieren, was sie weiß. Samen wollen keimen, Spermen streben danach, sich mit dem Ei im Mutterleib zu vereinen und Bläschen, die durch die Luft schweben, trachten danach, als Wassertröpfchen den Boden zu erreichen. Sie alle nehmen die Mühen ganz einfach deshalb auf sich, weil es ihr Wunsch ist, ihr eigentliches Wesen in der Realität zu zeigen.

Das Bedürfnis, unser inneres Wesen zu zeigen, um so von anderen gesehen und erkannt zu werden, ist in Wirklichkeit ein Ausdruck von Schwäche bzw. ein Fehler, denn alle Lebewesen und ihre Wünsche sind bloß der Schatten der ursprünglichen Essenz. Der kunstfertige Schöpfer jedoch ist frei von solchen Fehlern oder Schwächen. Es darf niemals vergessen werden, dass weder eine einzelne noch eine zusammengesetzte Manifestation der Essenz mit der Essenz an sich gleichgesetzt werden kann.

Die gesamte künstlerische Vollendung, die das Universum füllt, informiert uns über die Tausende von Namen Gottes. Jeder einzelne Name, der sich in verschiedenartigen Denkmälern des kunstvollen Schöpferwerkes manifestiert, beleuchtet unseren Weg und führt uns dahin, die Attribute dieses Seienden, dieses Einen Schöpfers zu erkennen; sie stimulieren und erwecken unsere Herzen durch die Zeichen und Botschaften dieses verborgenen, gegenwärtigen Schöpfers, die unseren Sinnen zugeführt werden.

Der Schöpfer SELBST will sich uns voll und ganz bekannt machen, ohne auch nur das Geringste unklar zu lassen. Durch die Vielfalt und Schönheit der Schöpfung will ER uns SEINE Großartigkeit zeigen, durch die grandiose Ordnung und Harmonie im Universum SEINEN Willen und SEINE Allmacht und durch die Tatsache, dass ER uns einschließlich unserer geheimen Wünsche und Sehnsüchte alles gewährt, SEINE Barmherzigkeit, SEIN Mitgefühl und SEINE Gnade. Und ER hat noch viele weitere Namen und Attribute, durch die ER uns über SICH Kenntnisse vermitteln will.

Mit anderen Worten, ER platziert Dinge, die ER in SEINEM allumfassenden Wissen genau kennt, in diese Welt, um SEINE Macht und SEINEN Willen zu manifestieren. Indem ER auf diese Weise alles durch das Prisma des Intellekts und Verständnisvermögens bewusst denkender Lebewesen laufen lässt, ruft ER in den irdischen und himmlischen Sphären Staunen, Bewunderung und Wertschätzung hervor.

Genauso wie ein gewandter Künstler seine Talente durch seine Kunstwerke im erhebenden Sinne manifestiert, so erschuf der Besitzer dieses Universums das Universum ganz einfach, um die Leistungsstärke und Allmacht SEINER Kreativität zu manifestieren.

Wir wollen uns nun mit der zweiten Frage beschäftigen:

Warum hat ER das Universum nicht schon früher erschaffen?

Was meinen wir mit "früher"? Wenn man "früher" in der Ewigkeitsperiode vor der Erschaffung der Zeit sagen will, dann hat das Wort "früher" keinen Sinn. Jede Zeitspanne, ob es sich nun um 100 oder um 1.000 Milliarden Jahre handelt, bedeutet nichts im Vergleich zur Ewigkeit. Innerhalb des "Zeitraums" der Ewigkeit kann Zeit überhaupt nicht vorstellbar sein. Nur Gott ist ewig. SEIN Wesen und SEINE Existenz sind ewig. Ewigkeit kann nur Gott betreffen, aber nicht irgendeine andere Sache oder ein anderes Lebewesen. Wenn "früher" in der Frage sich auf die Ewigkeit selbst bezieht, dann bedeutet das, dass sie keinen Begrenzungen der Zeit unterworfen ist, was ein notwendiges Prärogativ nur SEINER Existenz, Namen und Attribute ist. Das heißt, Gott kann nicht zu irgend etwas gehören außer zu SICH SELBST; und Ewigkeit hat nur auf IHN SELBST bezogen eine Berechtigung.

Jedes Erschaffene hat eine nicht konditionierte Realität als *"Ilm"* (Wissen) innerhalb des allumfassenden und allfassbaren Wissen Gottes. Im *"Tasawwuf"* (Sufismus) nennt man dies Archetypen, wir können sie uns als Möglichkeiten, wie einen Plan oder ein Projekt vorstellen. Ihnen Ewigkeit zuzuschreiben ist eine Fehleinschätzung. Sich auf eine solche Frage einzulassen, ist unsererseits überhaupt eine Unverschämtheit. Wenn wir versuchen, mit unseren begrenzten Kriterien über Lebewesen oder Seelen, die in der Schöpfung enthalten sind, irgendetwas auszusagen und mit Fragen weiterzuentwickeln, die schon fast als ein Teil des Übersinnlichen und Unsichtbaren *(Ghaib)* anzusehen sind, so ist das in gewisser Hinsicht das Unvermögen, einzugestehen, dass wir anmaßend sind.

Verglichen mit Gottes Thron des Wissens ist das ganze Universum so gering wie ein Ring, der in eine Wüste geworfen wurde. Und im Vergleich zu SEINEM Thron der Macht und Herrlichkeit ist der Thron des Wissens so gering wie ein Ring, der in die Wüste geworfen wurde. Wie soll es also für jemanden möglich sein, den Besitzer dieses Thrones der Allmacht zu kennen und zu versuchen, etwas über SEIN Wesen und SEINE Natur zu sagen!

Als Resultat SEINES ewigen *"Ilm"* (Wissen) kennt ER SICH in allen Bereichen auf andere Art und Weise; aber nichts, was mit IHM zu tun hat, ändert sich, denn unter SEINEN Attributen befinden sich solche, die als negative Attribute bezeichnet werden, wie zum Beispiel, dass ER niemals isst oder trinkt und Zeit IHN niemals einschränkt; ER verändert SICH nie, und ER ist aller Dinge ledig.

Innerhalb der Grenzen unserer gegenwärtigen Zeit sehen und erkennen wir, was ER anordnet und für uns in die Wege leitet. Aber wir wissen nicht, was in weiter Vergangenheit passiert ist, und können nicht schätzen, was in der Zukunft vor sich gehen wird. Und genauso wissen wir nichts über solche Angelegenheiten wie die Existenz damaliger Lebewesen, die ursprünglichen, verborgenen Realitäten und Bereiche des Geistigen. Selbst beim gegenwärtigen Fortschritt der Wissenschaft verstehen wir nicht - und können es auch nicht verstehen - , wie tief und ausgedehnt das Universum oder seine physikalischen Schöpfungswerke wie zum Beispiel die Spiralnebel sind, was sie bedeuten, welches Gewicht in der Weltordnung sie haben und was für ein Licht sie auf die dunklen Stellen der gesamten Schöpfung werfen. Da wir über derartige Dinge nicht viel wissen, wissen wir auch nicht viel über die jenseitige Welt . Angesichts so umfangreicher Geheimnisse können wir nur sagen: *O Ma`ruf! (gütiger Herr!) Genaues von DIR und DEINEN Werken zu wissen, sind wir immer noch nicht in der Lage. Vergib uns! (ER weiß alles am besten.)*

1.3

Gott weiß genau, wie wir in dieser Welt handeln und leben, ob wir nun SEINEN Anforderungen folgen oder nicht. Was bedeutet es dann aber, in diese Welt geschickt zu sein, um geprüft zu werden?

Es ist ohne Zweifel eine Tatsache, dass Gott weiß, wie wir in dieser Welt handeln und leben. Er schickt uns, um durch IHN geprüft zu werden, auf dass wir unsere Fähigkeiten und Fertigkeiten durch die Verantwortung , die ER uns auferlegt, weiterentwickeln. Die Menschen sind nicht alle mit derselben Fähigkeit und Veranlagung erschaffen worden, sondern in gewisser Hinsicht wie Mineralien, die bereitet werden müssen, um rein und verfeinert zu werden.

Jemand mit künstlerischem Talent möchte dieses Talent zum Ausdruck bringen, und durch seine Kunstwerke wird er bekannt. Auf dieselbe Art und Weise sind die Majestät und Erhabenheit und Kunstfertigkeit der Schöpfung Gottes eine Präsentation und Reflexion SEINER heiligen Namen und Attribute. Um den Menschen SEINE Kunst zu zeigen (Allmacht, Stärke, Weisheit, Schönheit und Barmherzigkeit), erschuf ER das Universum und führte Aspekte SEINER geheimnisvollen, verborgenen Schätze in ihm vor.

Um uns zu zeigen, wie SEINE Namen, Attribute und Göttlichen Kunstwerke manifest werden, erschuf ER das Universum Schritt für Schritt. Anhand verschiedener Qualitäten und Quantitäten gewährt ER uns zahllose Gelegenheiten, IHN besser kennenzulernen, und endlose Wege, um ein fundiertes Wissen über IHN zu erlangen. ER ist der absolute Schöpfer, DER aus einem alles macht und zu allem, was er will, Tausende von Nützlichkeiten hinzufügt. So kommt es, dass zum Beispiel Karbon sich als Kohle oder als Diamant manifestieren und jeweils zu einer Vielfalt verschiedenster Anwendungen verfeinert und bearbeitet werden kann.

Durch alles, was erschaffen und im Universum entfaltet sowie dem Menschen zur Verfügung gestellt worden ist, wird der Mensch selbst geprüft, gereinigt und als Anwärter auf ewige Glückseligkeit im Paradies vorbereitet. Auf dieselbe Weise werden Rohmaterialien verfeinert, gereinigt und in Silber, Gold oder Diamanten verarbeitet. In einem Hadith sagte der Prophet Muhammed (s): "Menschen sind wir Mineralien. Jemand, der in der *Dschahiliya* (= der vorislamischen, heidnischen Zeit der Unwissenheit in Arabien) gut ist, ist auch im Islam gut." (Bukhari, *Iman*, 10 Anbiya, 8-14; Muslim, *Fada`il as-Sahab*a, 168, *Manaqib*, Ibn Hanbal, *Musnad*, 3,101). `Umar erfreute sich vor dem Islam allgemeiner Würde, bedeutender Stellung und Ehre, als er aber Muslim geworden war, stieg sein Ansehen noch. Er erlangte eine gelassene Würde, Gutherzigkeit und die Vornehmheit des "Iman" (Glaubens). Vor dem Islam war er eher grob, leicht erregbar, überheblich und wie einer, der dachte, er habe alles; nachdem er Muslim geworden war, war er einer der bescheidensten und demütigsten Männer in seinem Verhalten gegenüber den Gläubigen. Durch den

Islam verbesserte er seine Qualitäten und Attribute. Wenn wir deshalb einen wohlerzogenen, dynamischen, tatkräftigen, wagemutigen und temperamentvollen Menschen sehen, wünschen wir ihm Muslim zu sein, denn jemand, der vor dem Islam gut, großartig, ruhmreich und angesehen war, wird es im Islam noch intensiver sein.

Der Islam befasst sich mit dem wertvollsten und einem unbezahlbaren Mineral: dem Menschen. Er nimmt den Menschen, knetet, verbessert und bringt ihn zur Reife, und dadurch verfeinert er ihn, wie auch Gold im verfeinerten Zustand rein ist. Die Gefährten des Propheten wurden so - 24 Karat rein. In späteren Zeiten haben die Muslime jedoch begonnen, von diesem Standard der Feinheit abzufallen - von 24 auf 15 Karat. Im 20. Jahrhundert sind einige Menschen sogar auf einen Stand von einem Karat oder noch weniger in ihrer Feinheit gesunken. Die traurige Konsequenz ist, dass dieses Jahrhundert Zeuge der Probleme geworden ist, die von vielen zügellosen und kriminellen Personen verursacht wurden.

Wir werden in dieser Welt auf die Probe gestellt, auf dass wir geläutert und rein werden sowie Tugendhaftigkeit und Vervollkommnung erlangen. Selbst wenn Gott weiß, wie gut oder weniger gut wir die Prüfung bestehen, testet ER uns dennoch. Und zwar nicht deshalb, weil ER etwas nicht wüsste und durch uns erfahren wollte, was ER angeblich nicht weiß; vielmehr weiß ER alles und prüft folglich jeden Menschen für sich selbst und für andere. Wenn wir unermüdlich Anstrengungen unternehmen, uns selbst zu verfeinern, um herauszufinden und nachzuweisen, was wir sind und was wir haben und ob wir wertlos und nutzlos wie Eisen oder bedeutsam wie Gold sind , dann handeln wir nur als ein Mittel, um zu bestätigen, was Gott schon seit Ewigkeit weiß. Wir werden geprüft, wofür wir uns abmühen und was wir aufbieten, um etwas zu tun. Auf diese Weise werden wir vor Gott treten und IHM Rechenschaft über uns ablegen: *"...Und ihre Hände sprechen zu UNS, und ihre Füße bezeugen, was sie verdient haben."* (Koran, 36:65). "Hände und Füße" repräsentieren symbolisch all unsere Mittel des Handelns, alle Glieder unseres Körpers, einschließlich unserer Fähigkeiten und Möglichkeiten. In anderen Koranversen werden "Augen, Ohren und die Haut" alle als Zeugen erwähnt, die gegen uns aussagen, falls wir sie missbraucht haben.

In allem, was wir besitzen, werden wir für bzw. gegen uns selbst geprüft - in allen Körperteilen, all unseren Fähigkeiten des Denkens und Fühlens und allen Gelegenheiten, die zu nutzen uns gewährt wurden. Gott, der Hocherhabene, prüft uns nicht, weil ER wissen will, wie wir diesen Test bestehen, sondern weil ER uns einen Spiegel vorhalten will, auf dass wir uns bewusst werden, dass wir uns gleichzeitig selbst testen und getestet werden. Und Gott weiß alles am besten.

1.4

Wenn Gott unserer Anbetung nicht bedarf, warum müssen wir IHN dann anbeten, und wenn wir es tun, warum können wir es nicht in einer Art und Weise tun, wie wir sie wünschen?

Wenn wir uns einmal die Lage anschauen, in der sich der Mensch in diesem riesigen Universum befindet, dann ist es die einer kläglichen Abhängigkeit. Der Mensch ist weder allmächtig noch stark. Immer braucht er etwas an Dingen, die selbst für das bloße Überleben unerlässlich sind und die er durch eigene Kraftanstrengung allein nicht gänzlich erlangen kann. Gleichzeitig ist er schwach und verletzbar: er kann in viele Situationen kommen, die ihm Nachteile bringen und seine liebsten und festen Absichten durchkreuzen und vereiteln. Er wird heimgesucht von Sorgen, Krankheiten und Katastrophen, die sein Lebenswerk in einem einzigen Augenblick ruinieren können. Gegenüber dem schieren Ausmaß dessen, was um ihn herum ist, der Anzahl und Verschiedenheit der Pflanzen, Bäume, Tiere, Flüsse und Berge sowie der Grandeur der Himmel, kann er nur etwas über seine eigene Schwäche und relative Belanglosigkeit reflektieren. Diese Reflexion und dieser profunde Eindruck seiner eigenen Hilflosigkeit und

Eingeschränktheit im Vergleich zum enormen Ebenmaß und Ordnungsgefüge all dessen, was ihn umgibt, lässt etwas, das in seinem tiefsten Innern verborgen ist, zum Vorschein kommen, was ihm die Möglichkeit eröffnet, das Göttliche zur Kenntnis zu nehmen und göttliche Anbetung zu erweisen. Er kann nur noch über die Existenz einer gewaltigen, geheimnisvollen Macht hinter bzw. jenseits der Natur nachdenken, einer Macht, die die Gegenstände und Ereignisse um ihn herum unter Kontrolle hat. Da alles, was er beobachten kann, offensichtlich in Abhängigkeit zu etwas anderem steht, und alles kurzlebig und vergänglich ist, kann es nichts von dem, was er sehen und anfassen kann, geben, das er anbeten müsste. Vielmehr führen ihn sowohl der Verstand als auch die Erfahrung zu dem Schluss, dass es ein höheres Wesen, einen transzendenten Willen jenseits der sichtbaren, greifbaren Harmonie des Universums gibt, DAS bzw. DER alles leitet und überwacht und deshalb das Ziel der Anbetung sein muss.

Wenn der Mensch intensiver über das Dasein nachdenkt, stößt er auf eine allumfassende Gesetzmäßigkeit und Ordnung sowie auf die Gleichförmigkeit und Regelmäßigkeit aller Dinge und Ereignisse und ihren Gehorsam gegenüber einem Allmächtigen Willen im Universum. Er wird sich folglich dessen bewusst, dass alles in dieser Gesetzmäßigkeit und Ordnung einen Stellenwert hat, der ihr Zweck oder ihre Notwendigkeit ist. Da er selbst nur ein Teilchen ist, kommt er zu der Einsicht, dass sein Dasein kein zweckloser Zufall sein kann, sondern dass auch er einen Zweck und eine Pflicht zu erfüllen hat.

Beim Beobachten des Daseins unter dem Aspekt des Ästhetischen findet der Mensch dieses Dasein in einem Maß, es unmöglich nachahmen zu können, ausgezeichnet. Von der menschlichen Form an sich bis hin zur kraftvollen, lebendigen Schönheit der unzählbaren Formen und Farben der Erde, zur Pracht und Herrlichkeit der Sterne und Planeten, spricht alles sein Herz an und errichtet in ihm etwas, das mehr ist als ehrfürchtige Scheu, Begeisterung und Sehnsucht, um den Schöpfer und Besitzer all dessen, das seine Sinne und seinen Verstand so erregt und entzückt, kennenzulernen. Es ist so, als ob alles in dieser Welt woanders entworfen und geschaffen und dann dem Menschen einfach vorgesetzt wurde, auf dass er darüber staune, selbst wenn er es benutzt und aus ihm Nutzen zieht. Die Welt wird dem Menschen ausgebreitet wie ein Tisch, der reichlich mit Früchten und Gemüse gedeckt sowie zu seinem Gebrauch und Erfreuen auf jede erdenkbare Weise geschmückt ist. Wenn er seine Hand zu irgendeinem dieser Geschenke ausstreckt, fühlt er zwangsläufig die Gegenwart des Gebers und erfährt auf diese Weise eine noch größere Freude und Verwunderung. Wären Babys in der Lage , Gedanken zu formulieren und auszusprechen, dann sagten sie sicherlich, dass die Milch, die sie saugen, so sei als ob sie in einem ganz anderen Bereich zurechtgemacht und dann geschickt worden sei, nur weil sie diese Milch benötigen. Sie würden Dankbarkeit und Ehrfurcht gegenüber dem Einen zum Ausdruck bringen, DER sie durch die Brust der Mutter auf diese Weise ernährt.

In der feierlichen Sprache der Religion würden wir sagen, dass Gefühle und Vorstellungen dieser Art im menschlichen Bewusstsein erwachten, sozusagen von "Natur" aus, und einen Schritt darstellen, die Schönen Namen und Attribute des Schöpfers, die ER durch SEINE Schöpfung SELBST bekanntmacht, zur Kenntnis zu nehmen. Denn jede

Segnung, jede vorzügliche Eigenschaft, jede Schönheit sagt etwas über den Einen aus, DER sie erschaffen, ermöglicht oder zur Verfügung gestellt hat. Jedes System, jedes Gleichgewicht und jede Ordnung weist auf den Einen hin, DER sie etabliert hat und sie aufrechterhält. Alles in allem fühlt sich der Mensch verpflichtet, für all diese Wohltaten, die er empfängt, dankbar zu sein und als Reaktion, dass ER über SICH Kenntnisse vermittelt, Gott anzubeten. Von dieser Tatsache ausgehend sagen die Mu´taziliten und bis zu einem gewissen Grad auch die Maturiden, dass auch dann, wenn keine Propheten gesandt worden wären und es keine Führer zum rechten Weg *(Murschid)* gegeben hätte, die die Menschen hätten leiten sollen, der Mensch nicht anders kann als einfach durch Betrachten der Tatsachen, die im Universum manifestiert sind, Wissen über Gott zu erlangen und dementsprechend zu handeln . Zur Bekräftigung dieses Argumentes gibt es einen Beweis. Bevor der Islam zu den Menschen kam, wurden viele Menschen einschließlich Muhammed (der spätere Gesandte Allahs) im Herzen und in der Hochburg heidnischer und polytheistischer Götzenanbetung geboren, nämlich in Mekka: niemand zeigte ihnen den Weg zu Gott, niemand sprach zu ihnen, auch zu Muhammed nicht, über das Einssein Gottes *(Tauhid)*. Und dennoch gab es in der Wüste einen Beduinen, der sagte: "Der Kot von Kamelen weist auf das Vorhandensein von Kamelen hin. Fußspuren im Sand erzählen von einem Reisenden. Der Himmel mit seinen Sternen, die Erde mit ihren Bergen und Tälern und die See mit ihren Wellen - weisen sie nicht auf den Erschaffer, den Allmächtigen, den Allwissenden, Weisen und Fürsorglichen hin ?" Wenn ein einfacher Beduine, der nur Sand und Wüste kannte, solche Gedanken entwickeln konnte, was ist dann mit anderen wie zum Beispiel dem Mann, der später zum Gesandten Gottes ernannt wurde, nämlich Muhammed, dessen umfassende Scharfsinnigkeit und Verständnisgabe die Welt erretten sollte? Lange bevor die göttliche Offenbarung zu ihm kam, erkannte er die Bedeutung der Welt, wurde er sich der Wahrheit *(Al-Haqq)* im großartigen Buch des Universums bewusst und begann er nach ihr zu suchen. Er nahm Zuflucht in der Höhle des Berges Hira und widmete sich ganz der Anbetung. `Aischa sagte in einem Hadith, das am Anfang von Bukharis großem *"Sahih"* (Bukhari, *Bad `al Wahy*, 3) steht, unter direkter Berufung auf Khadidscha, dass er sich vollkommen dem Gebet hingab und nur gelegentlich nach Hause kam, um einige Lebensmittel zu holen. Das mag einen Hinweis darauf geben, dass der Mensch in der Lage ist, in gewissem Umfang zu Kenntnissen zu gelangen und somit durch seine eigenen Beobachtungen und durch sein eigenes Verständnis Gott anzubeten. Es ist sicher nützlich, in diesem Zusammenhang die letzten Worte und Erwägungen von Zaid Ibn `Amr, dem Onkel von `Umar Ibn al Khattab zu erwähnen. Nach Gottes Willen lebte dieser Mann nicht lange genug, um die Prophetenschaft Muhammeds zu erleben, aber er fühlte intuitiv die Wahrheit des Islam, die Bedeutung und Wichtigkeit des Kommens des Propheten Muhammed in der Luft liegen. Er konnte nicht wissen, wie er das nennen sollte, was er fast vollständig fühlte. Er hatte seine Familienmitglieder um sein Sterbebett versammelt und sagte: *"Am Horizont ist das Licht Gottes. Ich glaube ganz fest, dass es sehr schnell voll aufgehen wird. Ich spüre schon über unseren Köpfen seine Anzeichen."* Und indem er sich an Gott wandte, fuhr er fort: *"O Großer Schöpfer! Ich bin nicht in der Lage gewesen, DICH vollkommen zu erkennen. Hätte ich das Wissen* *gehabt, hätte ich vor DIR mein Gesicht auf den Boden gelegt und es im Streben nach DEINER Zufriedenheit nie erhoben."* (Ibn Sad, *Tabaqat*, 161-2; Ibn Hadschar, *al Isaba*). Offensichtlich kann ein reines Bewusstsein, das nicht durch Heidentum oder Vielgötterei korrumpiert und bestimmt ist, durch das Betrachten der Großartigkeit und Harmonie der Schöpfung seine eigene Stellung und Verpflichtung innerhalb dieser Schöpfung verstehen und danach streben, dem Einen, DER alles erschaffen und festgelegt hat, zu dienen und zufriedenzustellen.

Gott zu kennen heißt auch IHN anzubeten. Da ER jede Segnung zukommen lässt, ist man IHM schuldig zu dienen. Zu jenen Segnungen gehört das Gebet selbst sowie seine richtige Form und Art und Weise. Gott formuliert die Gebete, damit wir nicht in einem unbeholfenen Überschwang, Freude zu bereiten, unangemessen oder dumm handeln und reden. Sonst würden wir möglicherweise mit ansehen müssen, wie Leute solche Dinge sagen wie "Wo sind DEINE Knie, o Herr, auf dass ich meinen Kopf auf sie legen kann, und DEINE Hand, auf dass sie meinen Kopf streichelt" oder andere derart respektlose oder irreführende Wendungen. Die Offenbarung befreit die Menschheit von dieser Ignoranz, nicht zu wissen, wie man beten soll. Durch Gottes Offenbarung über SEINEN Gesandten lernen wir also, dass wir bestimmte Regeln zu beachten haben, um angemessen in den Zustand des Gebetes zu treten. Vor Beginn des Gebetes muss man sich durch den *"Wudu"* (Rituelle Waschung vor dem Gebet) reinigen. Man beginnt, indem man *"Allahu akbar"* sagt, dass nämlich Gott größer ist als irgendeine Gedankenspielerei oder Verlorenheit, größer als das Selbst *(Nafs)*, dass Gott also der einzige ist, der wirklich bedeutend ist. Um anzuzeigen, dass man sich dem Gebet ganz hingibt, muss man in friedvoller und ehrfürchtiger Ruhe stehen und dabei die Hände vor der Brust übereinanderlegen. Von diesem Augenblick an muss man sich dann voll und ganz und so intensiv wie möglich konzentrieren. Entsprechend des jeweiligen Entwicklungsstandes wird man dann vielleicht im Geist die Erhebung erfahren, die Gottes geliebten Gesandten gewährt wurde. Und entsprechend der Erlesenheit der Konzentration und Aufrichtigkeit empfindet man den Wunsch nach dem und die Freude über den Aufstieg zu den Plätzen, zu denen die Propheten aufgestiegen sind. So wie man innerlich emporsteigt, so verbeugt man sich ehrfurchtsvoll mit dem Körper, um erneut Demut zu zeigen und Bescheidenheit zum Ausdruck zu bringen. Und während man dies tut, erlebt man eine ganz neue Stufe des Dienens, und man wirft sich in noch größerer Reverenz und Hingabe nieder. Je nach Tiefe der Ergebenheit taucht man in verschiedene Sphären ein. In der Hoffnung, nicht weiter vorzudringen, wird man von der ersten Niederwerfung den Oberkörper für eine Weile aufrichten, um sich auszuruhen und dann frisch die zweite Niederwerfung vorzunehmen. Dann wird man die Bedeutung des Hadithes im *"Sahih"* von Muslim verstehen: "Der Diener ist Gott niemals näher als dann, wenn er sich in der Anbetung niederwirft. Intensiviert eure Bittgebete während der Niederwerfung!"; und die Bedeutung des Koranverses: *"DER dich sieht, während du stehst und dich bewegst unter denen, die sich niederwerfen"* (Koran, 26:218-219).

An Form gebundene Gebete, die durch göttliche Lehren und Rechtleitung vermittelt wurden, sind die beste Art der Anbetung, die aus jener Liebe, Ehrfurcht und Unterwerfung gegenüber Gott fließt sowie aus jenem Glauben an IHN und

Wissen um SEIN Göttliches Dasein verursacht wird. Damit wir also nicht unangemessen oder dumm sprechen und handeln, folgen wir den Beispielen, wie sie von Gott und SEINEM Propheten beschrieben wurden, wodurch wir IHN zufriedenstellen und darüber hinaus das tun, was uns am ehesten zum Vorteil gereicht.

In jeder Lebenslage brauchen wir Hilfe, Rechtleitung und Ratschläge. Stellen wir uns vor, jemand, der es gut mit jemandem meint, kommt und erteilt einen guten Rat für die Führung des Geschäftes - spare hier und investiere da, tue dies, um zu vermeiden, betrogen zu werden, und tue das, um das Personal effizienter einzusetzen, usw. - und stellt nichts in Rechnung, egal ob dieser Ratschlag angenommen oder verworfen wird. Wenn man nicht dumm ist, wird man den Rat sicher annehmen. Auf dieselbe Weise vermeiden wir die Fallstricke von Übertreibung und Ungehörigkeit und erlangen Vorteile und Segnungen jenseits unserer Vorstellungskraft, wenn wir der von Gott vorgeschriebenen Form des Gebetes folgen. Vielleicht drücken wir einen Knopf, der die göttliche "Rahma" (Barmherzigkeit) für uns auslöst, wenn wir die Worte *"Allahu akbar"* aussprechen, und vielleicht werden unsere Seelen zu einer Reise inspiriert, die der des *"Miradsch"* (Reise zum Himmel) des Propheten ähnelt. Und möglicherweise öffnen wir den Weg in das höchste Mysterium, wenn wir die "Fatiha", die Eröffnungssure des Koran rezitieren. Wir werden aber wohl sicherlich mit jedem Wort, mit jeder Geste und mit jeder Bewegung im Gebet verborgene Türen und geheime Schlösser öffnen, die zu verborgenen Reichen und zu ewiger Glückseligkeit führen. Durch Gebete werden alle Wege geebnet und alle Türen geöffnet; ferner werden unsere Rezitationen und unser Flehen in der Gegenwart Gottes erhört, und die Engel versammeln sich um uns, wenn wir uns in Aufrichtigkeit niederwerfen. Niemand kann behaupten, dass solche Dinge nicht geschehen - die Aussprüche des Propheten Muhammed betätigen vielmehr, dass sie es tun. Deshalb ist das am meisten anerkannte Muster der Anbetung das, das von Gott verordnet wurde.

Wenn jemand eine Maschine zu seinem eigenen Gebrauch kauft, dann wäre er in der Tat sehr dumm, wenn er nicht den mitgelieferten Gebrauchsanweisungen folgte, sondern seine eigenen Bedienungsanleitungen aufstellte. Genauso kennt der Schöpfer den besten Weg für uns, zu handeln und sowohl in dieser Welt als auch im ewigen Leben danach erfolgreich zu sein. Es zeugt deshalb von Weisheit, dem Anbetungsmuster zu folgen, das vom Schöpfer vorgeschrieben und von SEINEM Gesandten vorgelebt wurde. Es sind in Wirklichkeit nur Muslime, deren Art der Anbetung mit ihrer wunderbaren Einfachheit und Würde wie von Gott vorgeschrieben praktiziert wird und IHN zufriedenstellt. Das ist eine äußerst bedeutende Gunstbezeugung Gottes den Muslimen gegenüber. Durch die Jahrhunderte hindurch sind immer diejenigen, die mit Gottes Erlaubnis sich der Erneuerung und Wiederbelebung des Islam gewidmet haben, die Besten und Sorgfältigsten in ihren Gebeten gewesen. Und das gilt noch heute. Wir sind es, die der Anbetung Gottes bedürfen; es ist nicht Gott, DER der Anbetung bedarf - ER ist aller Bedürfnisse ledig. Möge ER uns die Gunst und Ehre erweisen, IHN in der rechten Art und Weise und in Aufrichtigkeit anzubeten.

TEİL II

2.1

Man sagt, die Religion sei ein von den Menschen ersonnenes Hilfsmittel, um Probleme, die der Mensch nicht lösen könne, zu verdrängen - Probleme, die aber bei weiteren Fortschritten der Zivilisierung eines Tages gelöst werden könnten; wird dann die Religion, so fragt man, nicht mehr benötigt werden?

Die Gegner der religiösen Lebensgestaltung behaupten, die Religion sei als eine Art Erguss dessen zusammengereimt worden, dass der Mensch seine Machtlosigkeit in der Welt fühle und Erleichterung sowie Dankbarkeit empfinde, wenn er von dieser Machtlosigkeit befreit werde. Zusammengefasst argumentiert man wie folgt:

Gewisse Naturphänomene erwiesen sich für des Menschen Verständnis und Kontrolle als undurchschaubar, und deshalb schrieb er sie einem Schöpfer zu. Oder der Mensch umhüllte bestimmte Naturereignisse mit einer Aura des Heiligen, weil er aus ihnen unsicheren Nutzen ableitete; in manchen Fällen ging er sogar so weit, solche Phänomene zu vergöttlichen. Man sagt, dass auf diese Weise der Ganges von den Indern schließlich für heilig gehalten wurde bzw.

der Nil von Ägyptern und - in differenzierter Form - die Kuh von beiden. Man führt weiter aus, der Mensch habe wegen der Konfrontation mit der furchteinflößenden Unsicherheit in der Welt danach gestrebt, sich dadurch abzusichern, dass er all das verehrt und unterdrückt habe, was ihm die Ursache seiner Sicherheit oder Unsicherheit zu sein schien. Die Einteilung dieser Aura des Heiligen in zwei Gottheiten - die eine für das Gute, die andere für das Übel, wie sie von einigen Kulturen vorgenommen wurde, habe dazu geführt, dass der einen Liebe und Barmherzigkeit und der anderen Terrorisierung und Bestrafung zugeschrieben worden seien. Die Beweiskette wurde weitergeführt, indem man auf ähnliche Weise das Konzept Hölle und Himmel "erklärt", und man kommt schließlich zu dem Schluss, dass die Religion für die Mittelschicht einer Gesellschaft eine beruhigende Illusion und für die Schicht der Mächtigen in dieser Gesellschaft, insbesondere für die religiöse Führung, ein Mittel zur Manipulation der Massen geworden sei - kurz: "Opium für das Volk".

Hat diese Argumentation irgendeine solide Grundlage? Nein, sie hat es nicht. Religion ist keineswegs die Konsequenz aus einer Hilflosigkeit des Verstandes und hängt auch nicht von irgendeiner Willensschwäche (Furcht) ab:

Zum Bedeutungsfeld des Wortes *"Din"* (Religion) gehören Gehorsam, Belohnung und ein Weg bzw. ein Pfad. Diese Bedeutungsinhalte sind miteinander verknüpft. Der Pfad ist der Weg, der durch Gehorsam zu Gott, dem Allmächtigen, führt, und am Ende des Lebens wird der Mensch volle Rechenschaft über all seine guten und schlechten Taten, über alles, was er auf dem Weg getan hat, ablegen müssen. Etwas formaler könnte man *"Din"* definieren als

"Gesamtheit des Göttlichen Gesetzes wie es jeden, der im Besitz seiner geistigen Kräfte ist, dahin führt, Gutes zu tun". So wie das Gesetz zwischen einer vor dem Gesetz verantwortlichen Person und einer Person, die vor dem Gesetz nicht zur Verantwortung gezogen werden kann, unterscheidet, so sind die Anforderungen an ein religiöses Leben ausschließlich an jemanden gerichtet, der vernunftbegabt ist. Die Religion gibt es nicht deshalb, weil der Mensch nicht logisch denken oder weil er etwas nicht verstehen kann. Die Religion gibt es vielmehr, weil er durch Gott denken und durch Gott verstehen kann. Darüber hinaus gehorcht der Mensch Gott oder gehorcht IHM nicht, indem er seinen freien Willen anwendet. Gehorsam wird von Menschen eingefordert, aber er ist ihm nicht aufgezwungen. Die Vorstellung, die Religion sei einfach da, weil der Mensch den Wunsch habe, eine gute Ernte einzubringen und eine schlechte zu vermeiden, oder anders gesagt, weil er keine Wahl und keine Kontrolle in seinen Angelegenheiten habe, ist völlig absurd. Wahre Religion negiert nicht den freien Willen. Im Gegenteil, sie weist ganz besonders darauf hin, dass die Schöpfung nicht ins Leben gerufen wurde, um dem Menschen etwas aufzuzwingen, sondern um ihm Nutzen zu bringen und sein Potenzial zu erweitern; sie unterstreicht, dass dem Menschen die Möglichkeit gegeben wurde, seinen Weg dadurch zu wählen, dass er die Freiheit nutzt, dies zu tun.

Es wird gesagt, Religion resultiert aus falschem Gebrauch des Verstandes, aber in Wirklichkeit ist Religion in erster Linie auf Glauben begründet. Wenn es auch möglich ist, die Existenz des Schöpfers des Universums durch Benutzung der menschlichen Logik abzuleiten, so ist eine solche Ableitung mit Sicherheit angreifbar und ungewiss. Ein reiner Glaube an Gott ist nur durch die Führung eines Propheten möglich. Jedem Propheten wurden bestimmte Zeichen gegeben, um dadurch die Ernennung durch Gott zu bestätigen. Zusätzlich zu den ausgeführten Wundern ist die ihm offenbarte Göttliche Schrift die signifikanteste Demonstration seiner Prophetenschaft. Ob nun ein Mensch zu Lebzeiten des Propheten oder lange nach des Propheten Tod gelebt hat, er ist aufgefordert, in seinem Glauben und seinen Handlungen der Offenbarungsschrift und dem Propheten zu folgen.

Es ist also nicht irgendeine gewöhnliche, weltliche Macht, die ein Prophet gegenüber seinen Anhängern ausübt. Alle Propheten haben außerordentliche Entbehrungen und Leiden erdulden müssen und dennoch nichts als Gegenleistung verlangt. Sie haben von dieser Welt nichts erwartet, obwohl sie jedes weltliche Gut hätten erlangen können, wenn sie (auf eindringliches Bitten hin) zugestimmt hätten, ihre Mission aufzugeben. Der Prophet Muhammed (s) erlebte während seiner wunderbaren Reise in die göttliche Gegenwart die Schönheiten und spirituellen Freuden des Himmels. Trotzdem entschied er sich, zu seinen Leuten zurückzukehren, d.h. zurückzukehren zu Qualen, Verachtung und Spott. Er war nicht ein Mensch der Freuden, weder des Körpers noch des Geistes, sondern jemand, der sein Leben um Gottes willen dem Dienst der Menschheit gewidmet hatte.

Man könnte nun fragen, ob eine Person nicht direkten Zugang zu ihrem Herrn haben und so eine Religionsoffenbarung direkt von IHM erhalten könne. Das könnte durchaus denkbar sein, wenn diese Person eine vollkommen gereinigte Seele hätte, aber dies wäre nur durch

Gott möglich. Deshalb hat Gott bestimmte Männer auserwählt und gereinigt und sie zu Propheten berufen: *"Allah erwählt aus den Engeln und aus den Menschen Gesandte....."* (Koran, 22:75). So wie Gott *Dschibril* (Gabriel) ausgewählt hatte um SEINE Botschaft SEINEM Gesandten zu übermitteln, so bestimmte ER die Propheten aus den Reihen der Menschen für die Aufgabe, den *"Din"* zu lehren. Es handelte sich um Männer reinsten Charakters, und auch ihre Gefährten waren gleichermaßen vornehme Seelen, da sie die Verantwortung hatten, die Religion an zukünftige Generationen weiterzugeben.

Wenn das Argument, Religion sei als Hilfe für die Menschheit gedacht, mit schwierigen Ereignissen oder komplizierten Naturphänomenen fertigzuwerden, irgendeine Grundlage hätte, dann hätten wir davon auszugehen, dass Religion eine Sache der Gelegenheit sei. Wir hätten davon auszugehen, dass der Bedarf an ihr nur bei bestimmten Anlässen auftrete und nach Vorbeigehen dieser Anlässe auch der Bedarf an religiösen Vorkehrungen bzw. Reaktionen nicht mehr bestünde - bis die Zeit denselben oder ähnlichen Umstand noch einmal herbeiführte. Aber wahre Religion, der *"Din"* des Islam, ist nicht nur mit Zeremonien bei der Geburt, dem Tod oder der Hochzeit oder mit sonstigen Riten zur Bewältigung von Höhepunkten im individuellen als auch im öffentlichen Leben befasst. Der *"Din"* beschäftigt sich mit der Disposition des gesamten Lebens des Menschen als verantwortliches Geschöpf Gottes, und zwar sowohl in seinem Inneren als auch in seinen nach außen gerichteten Lebensformen. Der *"Din"* leitet und beschützt den gesamten, allgemeinen Lebenslauf, auch dort, wo der Mensch durch Gott unter ständiger und verlässlicher Aufsicht steht. Der Gebetsruf erschallt mehrmals am Tag, und täglich richtet er sich an die ganze Gemeinschaft, nicht nur an eine bestimmte Gesellschaftsschicht von ihr. Das religiöse Leben ist keine Antwort auf Ellipsen, Blitz und Donner oder andere Naturereignisse; es ist das von den Propheten gegebene Mittel, durch das der Mensch sich selbst des Glaubens würdig macht und sich in die Lage versetzt, stets das Gute zu wählen.

Die Kraft und Beständigkeit des Glaubens hängen von der Anbetung Gottes und guten Taten ab. Ein Muslim, der seine religiösen Pflichten vernachlässigt, wird schließlich kaum noch mehr tun als gut über seine Vorfahren zu reden, die ein diszipliniertes, religiöses Leben führten - d. h., er wird die Tugendhaftigkeit anderer zu schätzen wissen, aber es wird ihm nicht gelingen, ihrem Vorbild zu folgen. Glaube, der nicht durch Anbetung und gute Taten gehegt wird, wird früher oder später wahrscheinlich immer schwächer werden.

Fünfmal am Tag zu beten stärkt unseren Glauben und erneuert unseren Bund mit Gott. Solange wir jeden Akt der Anbetung mit Aufmerksamkeit und bewusster Absicht vollziehen, werden wir von Gott ein Gefühl der Sicherheit, eine Stärkung unseres Willens und die Möglichkeit, unseren Verpflichtungen in anderen Lebensbereichen nachzukommen, erlangen.

Der "Din" beinhaltet gewisse Regeln und Normen, um unser tägliches Leben zu organisieren. Ein Gläubiger ist aufgerufen, sowohl durch sein Verhalten gegenüber seinen Mitmenschen als auch durch vorgeschriebene und freiwillige Gebete die Zufriedenheit Gottes zu erstreben. Zum Beispiel müssen seine kommerziellen Transaktionen im Einklang stehen mit dem göttlichen Gesetz, das - wie wir hier anmerken wollen - ein weiteres Element des *"Din"* ist, das den Glauben stärkt. Dadurch, dass ein Gläubiger sich an dieses Gesetz hält, unterwirft er sich in den jeweiligen Angelegenheiten den Anforderungen Gottes und geht über seine eigenen weltlichen Präferenzen hinaus. Wer zum Beispiel etwas verkauft, muss den Käufer auf fehlerhafte Ware hinweisen. Sein Gewinn mag dadurch erheblich vermindert werden oder sogar ganz wegfallen, dafür wird er aber die Genugtuung erfahren, seinem Herrn gehorcht zu haben und nicht der Sklave eigener Begierden geworden zu sein. Wenn er in seinem Gebet vor seinem Herrn steht, wird sich diese Genugtuung in einer Stärkung seines Glaubens und Engagement niederschlagen.

Ein solcher Gehorsam bringt dem Gläubigen praktische Mittel zur Erreichung der Gegenwart Gottes. Und der Gläubige muss nach diesem Ziel streben, so wie es der Auftrag des Gesandten Allahs ist. Wenn er von den drei Männern erzählt, die in einer Höhle eingeschlossen waren, dem Eingang, der von einem von Fluten angeschwemmten, großen Felsblock verschlossen worden war, dann lehrt er uns, wie jeder der drei Männer Gott eine gute Tat als Lösegeld darbrachte, um sie aus der Höhle zu befreien. Zwar ist es nun unmöglich für uns, dem Gesandten physisch gleich zu sein, auch wenn wir es uns noch so wünschten, aber wir müssen versuchen, ihm in der Lebensweise ähnlich zu sein. Das wird uns das Lösegeld in die Hand geben, das wir Gott gegen die Qualen der Hölle anbieten können.

Es darf nicht vergessen werden, dass Tugendhaftigkeit auch das Vermeiden von Sünden innewohnt: Wir müssen uns von dem fernhalten, was Gott verboten hat - so wie wir von Geschäften Abstand nehmen, die Zinsen beinhalten und auf den ersten Blick durchaus vorteilhaft für uns zu sein scheinen.

Das Streben nach Tugendhaftigkeit, sei es nun durch Befolgen oder durch Vermeiden, das Ausüben der Gebete und das Erinnern, die Bemühungen, Gesetz und Gerechtigkeit entsprechend der Lehre Gottes und SEINES Gesandten zu etablieren und die darin enthaltenen Strafen sind alle essenzielle Elemente der Einheit des religiösen Lebens. Und diese Einheit des religiösen Lebens ist integral (und nicht aggregiert) - die Einzelteile können nicht voneinander getrennt werden, ebensowenig wie man die vitalen Elemente eines Baumes voneinander trennen könnte. So wie Wasser, Licht und Wärme, Samen, Wurzeln, Zweige, Blätter, Blüten, Früchte und der Gärtner, der den Baum pflegt, für diesen lebenswichtig sind, so sind auch Glaube, Anbetung, Gedenken Gottes, Vorbild des Propheten und das Göttliche Gesetz vitale und integrale Elemente des *"Din"*.

Gott hat den Menschen als SEINEN Stellvertreter und SEINEN Verwalter auf Erden erschaffen. Gott, DEN wir anbeten, ist selbst absolut, transzendent und unabhängig von allen Dingen. ER bedarf unserer Anbetung nicht. Es ist vielmehr so, dass wir es brauchen, IHN anzubeten. Es geschieht durch SEINEN Willen, dass wir so handeln - wir würden gar nicht in der Lage sein, es von uns zu bewerkstelligen; die Initiative geht von Gott aus. Gott will, dass wir in Übereinstimmung mit den Anforderungen des Koran danach streben, ein ausgeglichenes Leben zu führen. ER hat uns einen klaren und geraden Weg eröffnet, so dass wir nicht in die Irre gehen brauchen. Dadurch, dass der Mensch dem Koran und diesem geraden Weg folgt, kann er (sowohl als kollektives Mitglied der Gesellschaft als auch als

Individuum) sein ganzes Potenzial ausschöpfen und zu wahrer Menschlichkeit gelangen.

Wir bedürfen der Religion. Wirklich, wenn wir nur verständen, was wir tatsächlich bräuchten, könnten wir in der Lage sein, die dem Menschen angeborene Disposition zum ewigen Glück direkt wahrzunehmen. Wir sollten dann diese direkt angeborene Disposition kultivieren und auf verschiedene Art und Weise unsere wahren Bedürfnisse und Wünsche zum Ausdruck bringen: "O Gott, zeige uns einen Weg, den du gutheißt, auf dass wir vor allen möglichen Abweichungen sicher sind."

Es ist sicher wahr, dass selbst die weisesten Philosophen nicht in der Lage waren, es zu vermeiden, in die Irre zu gehen, während die meisten einfachen Muslime ein rechtschaffenes Leben führen konnten, weil sie nämlich dem klaren Weg des Propheten Muhammed (s) folgten. Tatsächlich kann jeder Muslim ein sehr fruchtbares Leben im Einklang mit seinem innersten Wesen als aufgeschlossenes und verantwortungsbewusstes Geschöpf Gottes führen, wenn er sich nur die Zustimmung Gottes zum Ziel setzt und den Propheten zu seinem Leitbild nimmt.

Religion ist nicht von gewissen Männern formuliert worden, um andere zu manipulieren; sie ist auch nicht von der Menschheit im Allgemeinen als ein Weg definiert worden, mit der Welt der Natur zurechtzukommen: Gott hat dem Menschen die Religion als Teil SEINER Barmherzigkeit offenbart, weil der Mensch sie braucht und ohne ihre Rechtleitung kein wahrer Mensch sein kann. Nur ein Mensch, der die Prüfung religiöser Erfahrung durchgemacht hat, kann des ewigen Glücks würdig sein. Nur durch das Befolgen des klaren Weges der Religion wird sich der

Mensch im Jenseits wirklich auszeichnen. Der Gesandte Gottes sagte: *"So wie man sein Pferd in einer Herde an seiner Blesse am Kopf erkennen kann, so werde ich im Jenseits meine Gemeinde am Leuchten der Körperteile, die beim Wudu (Gebetswaschung) gewaschen wurden, erkennen"* (Bukhari, *Wudu*, 3; Muslim, *Tahara*, 34,35; *Musnad*, 2,334,362,400,523).

Die von Gott durch SEINE Propheten offenbarte klare Religion besteht aus Grundlagen und Verästelungen. Die fundamentalen Grundlagen sind bei allen von Gott offenbarten Religionen aus der Zeit des ersten Propheten bis hin zum letzten (Friede sei mit ihnen allen!) immer dieselben gewesen. Die von Gott offenbarten Religionen haben sich im System der Anbetung und der Anordnungen unterschieden. Gott hat die Verpflichtung zu einer bestimmten Weise der Anbetung für die Menschen verschiedener Epochen gemäß ihrer sozialen Voraussetzungen und Möglichkeiten festgelegt.

Der Glaube an die Auferstehung hat zum Beispiel in jeder Religion eine zentrale Bedeutung, und jeder Prophet hat diesen Glauben in der einen oder anderen Weise gelehrt. Wenn auf diesen Glauben nicht so ausdrücklich Wert gelegt worden wäre, wäre die Religion zu einem bloßen sozio-ökonomischen oder psychologischen System von Regeln und Normen verkümmert, ohne jede Kraft, den Menschen innerlich zu inspirieren, Gutes zu tun und Böses zu unterlassen. Hätte der Glaube an die Auferstehung nicht existiert, wäre die aufrichtig an Gott gerichtete Anbetung nicht praktiziert worden, und es wären keine aufrichtigen Opfer um Gottes willen gebracht worden: Der Mensch gelangt zu vielen Tugenden, wenn er glaubt: *"Wer nun aber auch nur eines Stäubchens Gewicht Gutes tut, wird es sehen; und wer auch nur eines Stäubchens Gewicht Böses tut, wird es sehen."* (Koran, 99:7-8). Indem wir versuchen, SEINEM Weg ohne Abweichen zu folgen, freuen wir uns auf jenen Moment - mit dem die gesamte Spanne des ewigen Lebens im Himmel überhaupt nicht verglichen werden kann -, da wir unseren Herrn ohne jede Verschleierung sehen werden.

Neben solchen konstanten fundamentalen Grundlagen hat Gott Änderungen in SEINEM Gesetz offenbart. Im Verlauf der langen Geschichte des Menschen ist die neue *"Scharia"* (das offenbarte Gesetz des Islam) im Vergleich zu früherem Offenbarten abgeändert worden - ein Aspekt der Barmherzigkeit Gottes als Antwort auf die Mühsalen des Menschen -, und zwar von der Kindheit der Menschheit zur Zeit des Propheten Adam bis hin zu ihrer Volljährigkeit zur Zeit des Propheten Muhammed (Friede sei mit beiden!) (*Musannaf*, 11, 428). Als letzte und vollkommenste der Göttlichen Religionen muss der Islam (dessen Offenbarungsschrift und Lehren vor jeder Verfälschung bewahrt wurden) bis zum Tag des Jüngsten Gerichts verbreitet bleiben. Aber selbst wenn die früheren Offenbarungsschriften und Gesetze nicht verfälscht worden wären, hätten sie ihre Legitimität nicht beibehalten können, da ja ihre Autorität durch das Einsetzen des Islam von Gott aufgehoben wurde.

Wir wollen an dieser Stelle abschließend zusammenfassen, dass Religion nicht ein Glaubenssystem ist, zu dessen Erfindung der Mensch sich gezwungen fühlte, weil er Angst vor Phänomenen wie Überschwemmungen, Gewittern und ähnlichen hatte. Sie ist auch keine menschliche List in Form von Regeln und Normen, die von einigen Wenigen aufgestellt wurden, um die sozialen und ökonomischen

Angelegenheiten des Menschen zu regeln. Wahre Religion ist in der Tat weit von dem entfernt, was von einem menschlichen Geist hätte ausgedacht werden können. Die Religion ist vielmehr die Sammlung Göttlicher Offenbarung und Gesetze, die den Menschen in die Lage versetzen, das Glück in dieser und in der nächsten Welt kennenzulernen.

Der Friede und das Glück des Menschen hängen von einem religiös geführten Leben ab. Nur durch die Religion kann das Gesetz im Innern und Äußeren der menschlichen Existenz beachtet werden, wodurch der Mensch einen Status erreichen kann, das Paradies zu verdienen und Gott zu sehen. Für eine bloß menschliche Zivilisation, wie weit sie sich auch immer entwickeln mag, wird es nie möglich sein, auch nur das irdische Glück des Menschen sicherzustellen - geschweige denn, Religion zu ersetzen.

2.2

Der Islam ist ein Weg des Lebens und des Glaubens - offenbart von Gott. Und dieser Weg macht es erforderlich, sich Gott zu unterwerfen. Wie kann dies im Einklang mit Geist und Verstand, von denen man ja ausgeht, stehen?

Islam bedeutet tatsächlich, sich Gott zu unterwerfen; und Islam steht auch tatsächlich mit Geist und Verstand im Einklang. Das ist deshalb so, weil eine derartige Unterwerfung überhaupt nicht im Widerspruch zu Geist und Verstand steht. Wir wollen das erklären, und während wir das tun, werden wir gemäß unserem Geist und Verstand vorgehen.

Es ist durchaus vernünftig, dass die Prinzipien des *"Din"* (der muslimischen Art und Weise zu leben), die wir in unserem Leben verstehen und beachten sollen, im Koran dargelegt werden. Beim Koran handelt es sich um eine Offenbarung der Wahrheit. Die in ihm vorgelegten Beweise des göttlichen Wesens machen das Prophetentum erforderlich, denn unser Wissen über das Göttliche kann nur durch das Prophetentum erlangt werden. Es liegt also nur an den Propheten, dass die Menschheit ihr Wissen über das

Göttliche erworben hat.

Wie die Beweise, die das Göttliche und das Prophetentum betreffen, an Geist und Verstand appellieren, so tun es auch jene, die den Tod und die Auferstehung angehen. Die Institution der Ewigkeit, über die der Mensch verfügt, ergibt sich eigentlich aus dem ewigen Leben selbst. Wäre dies nicht so, könnte eine derartige Institution innerhalb der Grenzen menschlicher Erfahrung oder Vorstellungen gar nicht existieren.

Was nun die Göttlichen Offenbarungen betrifft, so handelt es sich um das Wort Gottes. Von ihnen ist der Koran die letzte Offenbarung und auch die einzige, die zu uns unverfälscht gelangt ist. Wenn alle *Dschinn* (Geistwesen) und Menschen zusammenkämen und versuchten, einen Vers hervorzubringen, der den Versen des Koran vergleichbar wäre, könnten sie ihn dennoch nicht zustande bringen. Die Thora, die Psalmen und das Evangelium sind auch das Wort Gottes, aber nicht in ihrer derzeitigen, verfälschten Form.

Wir haben nicht die Absicht, an dieser Stelle zu erörtern, wie alle Verästelungen der Prinzipien des *"Din"* im Einklang mit Geist und Verstand stehen. Unser Ziel ist es lediglich nachzuweisen, dass alle Punkte, die den Glauben an den Islam betreffen, durch den Verstand aufgezeigt werden können. Ein solcher Nachweis bedeutet jedoch auf dem Niveau profunder menschlicher Einsicht nur wenig oder sogar überhaupt nichts.

Jede Handlung Gottes ist per Definition im Einklang mit Geist und Verstand, weil ER der Allweise und Allwissende ist, DESSEN Werke eine bestimmte Absicht verfolgen und nicht nur ohne jeden Zweck sind. Wir müssen zum Schluss kommen, dass im Vergleich zu den Werken Gottes die Werke der fähigsten Menschen so gut wie gar keine Bedeutung haben. Die uns übergebene Welt, in der wir leben, übersteigt bei weitem alles, was unser Leben dieser Welt hinzufügt; und selbst das, was wir beisteuern, stammt nur von Gott. Wir können daraus die klare Erkenntnis ableiten, dass Gott bei jeder SEINER Handlungen eine ganz bestimmte Absicht hat. Das ist eine Erkenntnis, die Geist und Verstand in jeder Hinsicht gefällt.

Wir können gar nicht anders als an Gott, den Allmächtigen, zu glauben - so erhaben ist SEINE Majestät, die wir einerseits durch Kontemplation der Göttlichen Gesetze, die um uns herum in der Welt wirken, erfassen und andererseits durch innere persönliche Überzeugung.

Dieser Glaube an Gott und dieser Geist SEINES Seins, seien sie nun in der äußeren Welt oder in unserem Innern, führen zwangsläufig dazu, sich Gott zu unterwerfen. Auf diese Weise endet ein Pfad, der seinen Ausgangspunkt bei Geist und Verstand hat, in Unterwerfung. Und Unterwerfung heißt gewollter und beabsichtigter Gehorsam gegenüber Gott bezüglich all SEINER Gebote und Verbote - indem wir nämlich das Gebet, das Fasten, das Zahlen der Armensteuer und die Pilgerfahrt befolgen und Wucher, Bestechung, berauschende Getränke, Ehebruch und ähnliche üble Dinge vermeiden.

Gott hat für SEINE Gebote und Verbote eindeutige Gründe, von denen wir einige verstehen können. Ein Grund für sie ist zum Beispiel, dass wir sowohl als Individuum als auch als Kollektivwesen durch das Befolgen aus ihnen einen Nutzen ziehen. Es gibt viele Gründe dafür, warum jedes der fünf Pflichtgebete zu seiner bestimmten Zeit verrichtet werden muss (Selbstdisziplin, Ordnung, Stabilisierung des Glaubens und der Gemeinschaft zum Beispiel). Auch die äußere Form der Gebete ist aus ganz bestimmten Gründen vorgeschrieben. Der enorme Wert des Waschens bestimmter Körperteile *(Wudu)* als Vorbereitung für die Anbetung ist augenfällig. Das Gemeinschaftsgebet spielt eine bedeutende Rolle dabei, das Leben einer gläubigen Gemeinschaft zu ermöglichen und zu erhalten. "*Zakat*", die Armensteuer, trägt wesentlich dazu bei, die Verantwortung und Ausgewogenheit zwischen Armen und Reichen in der Gesellschaft zu wahren. Das Fasten ist hinsichtlich der Gesundheit des Menschen von unbestreitbarem Nutzen. Als weiteres Beispiel wollen wir hinzufügen, dass das islamische Strafrecht (im sozialen Kontext von der islamischen Gemeinschaft unter Einhaltung der Göttlichen Anweisungen entwickelt) ebenfalls zum Gehorsam gegenüber dem Allweisen und Allmächtigen führen wird, wenn es im Licht des Geistes und Verstandes sorgfältig gelesen wird.

Bezüglich des "*Hadsch*" sagt der Koran: "*...Und der Menschen Pflicht gegenüber Allah ist die Pilgerfahrt zum Hause, wer den Weg dorthin ermöglichen kann....*" (Koran, 3:97). Das ist eine klare Anweisung. Wenn wir sie, ohne sie in Frage zu stellen, hören und ihr nachkommen, dann unternehmen wir die Pilgerreise, was einen Akt des Gehorsams darstellt. Und wohin führt dieser Akt des Gehorsams? Zum Erlebnis der Pilgerfahrt, die uns ihrerseits dazu führt, über ihren Nutzen nachzudenken. Wir erkennen, dass der Hadsch als eine weltweite Konferenz für Muslime wirkt, als eine Gelegenheit für sie, um Gottes willen ohne Diskriminierung der Rasse oder des Geschlechts oder der Hautfarbe oder des Bildungsstandes zusammen zu sein.

Ob wir nun von einem Akt des Gehorsams und dem Gebrauch unseres Geistes und Verstandes ausgehen, oder ob wir unseren Geist und Verstand benutzen und auf diese Weise zum Gehorsam geführt werden: der Islam erweist sich als richtig. Somit ist *"Din"* sowohl im Geist und Verstand als auch im Gehorsam begründet. Es handelt sich um ein System, das von Gott in Kraft gesetzt wurde und auf keine andere Weise hätte angeordnet werden können.

2.3

Kann sich der Islam aus sich selbst mit jedem Problem befassen?

Ja, der Islam ist sich selbst genug, um sich mit jedem Problem zu befassen. Was wir zu diesem Thema sagen, haben schon viele andere Menschen gesagt. Die vielen Übertritte zum Islam sogar im Westen sind ein starkes Argument für die Fähigkeit des Islam, eine Vielfalt von Problemen lösen zu können.

Wer kann denn eine Fabrik besser führen als ihr Konstrukteur und Erbauer? Wenn wir ein simples elektronisches Gerät zum Funktionieren bringen wollen, befragen wir jemanden, bevor wir es benutzen. Ebenso weiß DER, DER den Menschen erschaffen hat, am besten, wie sowohl sein individuelles als auch sein soziales Leben geführt werden sollte. Gott erschuf den Menschen, und deshalb ist das beste und geeignetste System das, das ER bestimmt und der Menschheit gegeben hat, nämlich der Islam.

In der heutigen Zeit wird die Realität dessen ohne jeden Zweifel anerkannt. Alle von Menschen eingeführten Systeme sind korrumpiert und ruiniert worden. Zeitweilige

Erfolge haben sie nicht retten können. Die bekanntesten, vom Menschen geschaffenen Systeme wie zum Beispiel Feudalismus, Kapitalismus, Sozialismus und Kommunismus sind alle zusammengebrochen oder zerstört und haben nichts außer Verzweiflung und Wehklagen zurückgelassen. Der Islam jedoch bleibt bei uns und hat nichts von seiner ursprünglichen Kraft verloren. Der Westen ist sich dessen sehr wohl bewusst, denn geistige Führer und Prediger, die aus der islamischen Welt kommen, werden in vielen Teilen des Westens freundlich aufgenommen. Selbst die Gemeindehäuser einiger Kirchen dienten dazu, dem Islam in der einen oder anderen Weise gefällig zu sein.

Die Welt ist auf dem Weg zu einem neuen Verständnis des Islam, und es gibt eine weitverbreitete Überzeugung, dass die Probleme, die die Menschheit bisher nicht hat lösen können, vom Islam bewältigt werden können.

Wenn selbst die Feinde einer Person ihre Tugenden zu schätzen wissen, dann ist es in der Tat wert, bewundert zu werden. Heutzutage scheinen sogar die Feinde des Islam die Tugenden des Propheten Muhammed (s) zu erkennen. Im Europa der Gegenwart gibt es viele Menschen, die den Islam angenommen haben, aber fürchten, sich zu ihm zu bekennen, weil sie aus sozialen oder politischen Gründen Angst davor haben. Hinzu kommt noch, dass eine breite Mehrheit dieser Leute Mitglieder einer Kirche ist.

Um eine konkrete, substanzielle Antwort zu erhalten, müssen wir eine spezifische, detaillierte Frage stellen. Sich mit allen Aspekten zu beschäftigen und anzudeuten, wie der Islam jedes einzelne Problem löst, ist in einer solch kurzen Abhandlung wie dieser praktisch unmöglich. Wenn diejenigen, die behaupten, dass der Islam unsere Probleme nicht lösen könne, auf ein ganz bestimmtes Problem hinweisen, würden wir uns glücklich schätzen, eine ganz bestimmte Antwort vorzulegen. Da jedoch jene, die dem Islam aus keinem triftigen Grund ablehnend gegenüberstehen, ihre Zurückweisung in einer derart abstrakten und allgemein formulierten Art und Weise zum Ausdruck bringen, können wir auch nur genauso antworten - d. h. in allgemeingültigen Aussagen. Eine solche Unterhaltung ist jedoch müßig und bedeutet Zeitverschwendung. Der Islam missbilligt jedoch Nichtigkeiten und Verschwendung, und deshalb wollen wir dies nicht weiterführen.

2.4

Wie kommt es, dass der Islam als eine Religion, die Gott zum Wohl der Menschheit offenbart hat, Sklaverei erlaubt?

Diese Frage birgt in sich historische, soziale und psychologische Dimensionen, die wir in Geduld ergründen müssen, wenn wir zu einem zufriedenstellenden Ergebnis gelangen wollen.

Zunächst einmal ist es nützlich, uns in Erinnerung zu rufen, warum man mit einem solchen Abscheu an die Institutionen der Sklaverei denkt bzw. sich an sie erinnert. Bilder der brutalen Behandlung von Sklaven, insbesondere im antiken Rom und Ägypten, rufen Betrübnis und starke Entrüstung hervor. Aus diesem Grund besteht selbst nach so vielen Jahrhunderten unsere Vorstellung von Sklaven aus Männern und Frauen, die Steine zu den Pyramiden schleppen und beim Bauvorgang wie Mörtel verbraucht bzw. in öffentlichen Arenen zur Belustigung ihrer Besitzer wie kämpfende wilde Tiere eingesetzt werden. Wir stellen Sklaven dar, wie sie schändliche Joche und Ketten um ihren Hals tragen.

In jüngerer Zeit wird die Praxis der Sklaverei durch westeuropäische Staaten in großem Umfang ausgeübt; die Barbarei und Bestialität dieses Handels spottet jeder Beschreibung. Prinzipiell bezog sich der Handel auf Afrikaner, die über die Meere gebracht, in speziell entworfene Schiffe verfrachtet und exakt wie Vieh betrachtet und behandelt wurden. Diese Sklaven wurden gezwungen, ihre Namen zu ändern sowie ihre Religion und Sprache aufzugeben. Sie hatten nie das Recht, auf Freiheit zu hoffen, und wurden wiederum wie Vieh gehalten, um harte Arbeit zu verrichten, oder aus Fortpflanzungsgründen. Eine Geburt unter ihnen wurde zelebriert, als ob es sich um einen Todesfall handle. Es ist schwer vorstellbar, wie Menschen ihre Mitmenschen in einem solchen Licht sehen, geschweige denn so behandeln konnten. Aber es geschah tatsächlich: Es gibt eine Menge beweiskräftiger Dokumente, die zeigen, wie zum Beispiel Kapitäne ihre menschliche Fracht über Bord warfen, um dann für ihren Verlust Schadenersatz zu verlangen. Sklaven hatten vor dem Gesetz keine Rechte, nur Pflichten; ihre Besitzer hatten das absolute Recht, über sie zu verfügen wie sie es wünschten. Brüder und Schwestern wurden auseinandergerissen, oder es wurde ihnen gestattet, zusammenzubleiben - ganz so wie es dem Eigentümer gerade beliebte oder in seine wirtschaftlichen Vorstellungen passte.

Nachdem Jahrhunderte dieser furchtbaren Vorgehensweise die westeuropäischen Nationen durch Ausbeuten solcher Bedarfsgüter wie Zucker, Baumwolle und Kaffee reich gemacht hatten, schafften sie die Sklaverei ab - sie schafften sie ab, wobei sich zuerst die Geschäftsleute und dann alle selbst beglückwünschten. Wir wollen noch etwas Wichtigeres anmerken: Als die Europäer die Sklaverei abschafften, waren es die Sklavenbesitzer, die entschädigt wurden, und nicht die Sklaven - mit anderen Worten, das Verhalten gegenüber Mitmenschen, das eine solche Behandlung zuließ, hatte sich nicht geändert. Es dauerte nach der Abschaffung der Sklaverei nicht lange, da wurde Afrika mit Folgen für die Afrikaner, die nicht weniger furchtbar waren als die Sklaverei selbst, von den Europäern direkt kolonisiert. Weil darüber hinaus das Verhalten gegen Nicht-Europäern sich nur geringfügig - wenn überhaupt - verändert hatte, bleiben ihre sozialen und politischen Verhältnisse, selbst wenn sie unter Europäern und ihren Nachkommen als Mitbürger leben, die von Verachteten und Minderwertigen. Erst seit ein paar Jahrzehnten hören die anthropologischen Museen in den großen Hauptstädten der westlichen Länder damit auf, zur öffentlichen Unterhaltung die Knochen und ausgestopften Körper ihrer Mitmenschen auszustellen. Und diese Ausstellungen wurden nicht von den Schlechtesten unter ihnen organisiert, sondern von den Besten - nämlich von den Wissenschaftlern, Doktoren, Gelehrten und Vertretern des Humanitätsgedankens.

Kurz gesagt ist es nicht nur die Institution der Sklaverei, die in menschlichen Herzen Abscheu hervorruft, es ist die Einstellung der Unmenschlichkeit, die sie aufrechterhält. Und die Wahrheit ist, dass die Humanität nicht viel, wenn überhaupt etwas, erreicht hat, wenn die Institution zwar formal nicht mehr besteht, aber die Verhaltensweisen unbeirrt fortbestehen. Aus diesem Grund traten an die Stelle der kolonialen Ausbeutung die Ketten unerträglicher nicht zurückzahlbarer internationaler Schulden: nur die Sklaverei ist verschwunden, ihre Strukturen der Unmenschlichkeit und Barbarei behaupten noch fest ihren Platz. Bevor wir uns der islamischen Perspektive hinsichtlich der Sklaverei zuwenden, wollen wir einen Namen in Erinnerung rufen, der selbst unter Westeuropäern einen guten Klang hat, den von Harun ar Raschid. Und wir wollen daran erinnern, dass dieser Mann, der sich solcher Autorität und Machtfülle bei allen Muslimen erfreute, der Sohn eines Sklaven war. Und er ist in diesem Zusammenhang nicht das einzige Beispiel; Sklaven und ihre Kinder genossen innerhalb des islamischen Systems auf allen Gebieten, sowohl den kulturellen als auch den politischen, des Lebens Prestige, Autorität, Respekt und (wir wollen es einmal sagen) Freiheit. Wie konnte dies geschehen?

Der Islam führte hinsichtlich der Institution der Sklaverei und der Verhaltensweisen der Herren gegenüber ihren Sklaven einen Wandel herbei und sorgte für einen neuen Informationsstand. Der Koran lehrte in vielen Versen, dass alle Menschen von einem einzigen Urahn abstammen und niemand ein immanentes Recht der Überlegenheit über den anderen bezüglich seiner Rasse, Staatsangehörigkeit oder sozialen Schicht hat. Und von des Propheten (s) Unterweisungen lernten die Muslime die folgenden Prinzipien, die sie sowohl als Gesetz als auch als soziale Norm gelten ließen:

"Wer auch immer seinen Sklaven tötet, der soll auch getötet werden. Wer auch immer seinen Sklaven einsperrt und ihn Hunger leiden lässt, der soll auch eingesperrt werden und selbst Hunger leiden. Und wer auch immer seinen Sklaven kastriert, der soll auch kastriert werden." (Abu Dawud, *Diyat*, 70; Tirmidhi, *Diyat*, 17; An Nisa'i, *Quasma*, 10, 16).

"Ihr seid Söhne Adams, und Adam war aus Lehm erschaffen." (Tirmidhi, *Tafsir*, 49, *Manaqib*, 73; Abu Dawud, *Adab*, 111).

"Ihr sollt wissen, dass kein Araber über einem Nichtaraber steht, und dass kein Nichtaraber über einem Araber steht; kein Weißer steht über einem Schwarzen, und kein Schwarzer steht über einem Weißen. Überlegenheit ergibt sich ganz allein aus Rechtschaffenheit und Gottesfurcht." (Ibn Hanbal, *Musnad*, 411).

Auf Grund dieser Einstellung des Mitgefühls genossen jene, die ihr ganzes Leben lang als Sklave gelebt hatten und in den Hadithen als arm und bescheiden beschrieben werden, den Respekt derjenigen, die sich eines hohen sozialen Status erfreuten (Muslim, *Birr*, 138; *Dschanna*, 48, Tirmidhi, *Manaqib*, 54, 65). `Umar gab in diesem Sinn seinem Respekt Ausdruck, als er sagte: *"Meister Bilal, dem Meister Abu Bakr die Freiheit schenkte"* (Bukhari, *Fada'il as Sahaba*, 23). Der Islam fordert (anders als andere Zivilisationen), dass man Sklaven innerhalb und nicht außerhalb der Struktur universaler, menschlicher Brüderschaft betrachtet und entsprechend behandelt. Der Prophet sagte:

"Eure Diener und eure Sklaven sind eure Brüder. Wer auch immer Sklaven hat, soll ihnen von dem, was sie essen und an Kleidung tragen, abgeben. Er soll sie nicht mit Arbeiten belasten, die ihre Fähigkeiten übersteigen. Wenn ihr ihnen harte Arbeit auferlegen müsst, dann empfehle ich euch auf jeden Fall, ihnen zu helfen." (Bukhari, *Iman*, 22; *Adab*, 44, Muslim, *Iman*, 38 - 40; Abu Dawud, *Adab*, 124).

"Niemand von euch sollte (beim Vorstellen) sagen: "Dies ist mein Sklave" oder "Dies ist meine Sklavin". Er sollte sie "meine Tochter" oder "mein Sohn" oder "mein Bruder" nennen." (Ibn Hanbal, *Musnad*, 2.4).

Aus diesem Grund wechselten sich `Umar und sein Diener auf dem Weg von Medina nach Jerusalem, um dort die

Moschee al Aqsa unter Kontrolle zu bringen, beim Reiten des Kamels ab. Während Uthman Staatsoberhaupt war, ließ er seinen Diener vor allen Leuten an seinen eigenen Ohren ziehen, da er auch an dessen Ohren gezogen hatte. Abu Dharr, der den Hadith wörtlich nahm, ließ seinen Diener die eine Hälfte seines Anzugs tragen, während er die andere Hälfte trug. Anhand dieser Beispiele sollte den kommenden Generationen von Muslimen ein Verhaltensmuster an die Hand gegeben sowie deutlich gezeigt werden, dass auch ein Sklave ein vollwertiger Mensch ist und sich nicht von anderen Menschen hinsichtlich seines Bedürfnisses nach Respekt, Würde und Gerechtigkeit unterscheidet.

Dieser konstruktive und positive Umgang hatte notwendigerweise eine Folge für das Verhalten der Sklaven gegenüber ihren Herren. Der Sklave behielt auch als Sklave seinen Status als Mensch und seine moralische Würde sowie einen Platz neben den anderen Mitgliedern der Familie seines Herrn. Wenn er (was wir noch später erklären werden) seine Freiheit erhielt, wollte er nicht unbedingt seinen früheren Herrn verlassen. Mit Zaid ibn Harith als erstem entwickelte sich dies zu einer gängigen Praxis. Obwohl der Prophet Muhammed (Friede sei mit ihm!) Zaid die Freiheit geschenkt hatte und ihm die freie Wahl ließ, zog es Zaid vor, bei ihm zu bleiben. Herren und Sklaven waren durchaus in der Lage, sich gegenseitig als Brüder anzusehen, da sie durch ihren Glauben verstehen konnten, dass die irdischen Unterschiede zwischen den Menschen eine vorübergehende Situation darstellen - eine Situation, die weder Hochmütigkeit seitens der einen noch Verbitterung seitens der anderen rechtfertigte. Darüber hinaus gab es als Gesetze festgeschriebene strikte Prinzipien:

"Wer auch immer seinen Sklaven tötet, der soll auch getötet werden. Wer auch immer einen Sklaven einsperrt und ihn Hunger leiden lässt, der soll auch eingesperrt werden und Hunger leiden." (Tirmidhi, *al Ayman wan nudhur*, 13).

Neben solchen Sanktionen, die den Herrn Sorgfalt walten ließen, erfreute sich der Sklave auch des gesetzlich verankerten Rechts, Geld zu verdienen, Eigentum unabhängig von seinem Herrn zu besitzen, seine Religion zu behalten und eine Familie sowie ein Familienleben mit den damit verbundenen Rechten und Pflichten zu haben. Wie die persönliche Würde und ein Maß an materieller Sicherheit erlaubten die islamischen Gesetze und Normen eine noch weit wertvollere Perspektive - die Hoffnung und Möglichkeit, die Freiheit zu erlangen.

Die menschliche Freiheit ist von Gott gegeben, d. h., sie ist die natürliche und eigentliche Voraussetzung, die als Norm angesehen werden muss. Ein menschliches Leben ganz oder teilweise entsprechend dieser Voraussetzung wiederherzustellen ist demnach eine der größten Tugenden. Eines Sklaven halben Körper freizugeben wurde gleichwertig mit der Rettung der eigenen Hälfte vor dem Zorn der nächsten Welt angesehen. Auf die gleiche Weise wird die Freigabe des ganzen Körpers eines Sklaven gleichwertig mit der Versicherung des eigenen ganzen Körpers angesehen. Die Freiheit für versklavte Menschen ist einer der Gründe, aus denen das Kriegsbanner im Islam möglicherweise erhoben werden kann. Muslime werden durch ihren Glauben ermutigt, Vereinbarungen zu treffen und Verträge zu schließen, die Sklaven in die Lage versetzen, ihre Freiheit nach Ablauf einer bestimmten Frist oder, am verbreitesten, beim Tod des Besitzers zu verdienen oder zugesprochen zu bekommen. Vorbehaltlose Freilassung wurde natürlich als die lobenswerteste Art und achtbarste Anerkennung im jenseitigen Leben angesehen. Es gab Gelegenheiten, bei denen ganze Gruppen von Menschen gemeinsam handelnd eine große Anzahl von Sklaven kauften bzw. freigaben, um dadurch das Wohlwollen Gottes zu erlangen.

Das Freilassen eines Sklaven war auch eine vom Gesetz geforderte Sühne für bestimmte Sünden oder Vergehen bei religiösen Pflichten, zum Beispiel beim Brechen eines Eides oder Abbruch des Fastens: eine gute Tat, um einen Fehler auszugleichen oder zu bereinigen. Der Koran fordert, dass jemand, der versehentlich einen Gläubigen getötet hat, einen gläubigen Sklaven freilassen und das Sühngeld an die Familie des Getöteten zahlen muss (Koran, 4:92). Das Töten hat sowohl auf die Gesellschaft als auch auf die Familie des Opfers Auswirkungen. Das Sühngeld ist eine teilweise Wiedergutmachung an die Familie des Opfers. Ähnlich ist das Freilassen eines Sklaven eine Rechnung, die an die Gesellschaft gezahlt wird - unter dem Gesichtspunkt, für diese Gesellschaft eine freie Person zu erhalten. Eine lebende Person für eine tote freizugeben wurde genauso betrachtet, als ob man jemand zurück ins Leben brachte. Sowohl das private als auch das öffentliche Vermögen wurden aufgewendet, um die Freiheit von Sklaven zu erreichen: die Beispiele des Propheten und Abu Bakrs sind wohlbekannt; später wurden, besonders unter der Herrschaft von `Umar ibn `Abdul `Aziz, öffentliche *"Zakat"*- Fonds zu diesem Zweck genutzt.

Eine mögliche Frage: "Es stimmt, dass der Islam bei der Behandlung der Sklaven Menschlichkeit empfohlen und deren Freilassung mit größtem Nachdruck angeregt hat. Die

Geschichte vieler verschiedener Völker in der islamischen Welt zeigt uns, dass Sklaven schnell in die Hauptgesellschaft integriert wurden und in Stellungen bedeutenden Prestiges und großer Macht gelangten, einige sogar vor dem Erhalt der Freiheit. Und dennoch, wenn der Islam das Sklaventum als soziales Übel betrachtet, warum verbannten es weder der Koran noch der Prophet ohne Umschweife? Immerhin gibt es weitere soziale Übel, die schon vor dem Islam vorhanden waren und die der Islam alle zusammen auszumerzen suchte - so zum Beispiel der Genuss von Alkohol, das Glücksspiel, der Wucher oder die Prostitution. Warum scheint denn der Islam das Sklaventum stillschweigend zu dulden, indem er es nicht abschafft?"

Bis zum üblen Brauch des europäischen Handels mit schwarzen Sklaven war das Sklaventum weitestgehend ein Nebeneffekt von Kriegen zwischen Nationen, wobei die bezwungenen Menschen die Sklaven ihrer Besieger wurden. In den entscheidenden Jahren des Islam gab es kein verlässliches System des Austauschs von Kriegsgefangenen. Die zur Verfügung stehenden Möglichkeiten, wie man mit ihnen umgehen konnte, waren

1. sie mit dem Schwert zu töten,
2. sie gefangenzunehmen und sich um sie im Gefängnis zu kümmern,
3. ihnen zu erlauben, zu ihrem eigenen Volk zurückzukehren oder
4. sie unter den Muslimen als Teil der Kriegsbeute zu verteilen.

Die erste Option muss wegen ihrer Barbarei ausgeschlossen werden. Die zweite ist nur für eine geringe Anzahl und begrenzte Zeitdauer praktikabel, sofern es die Mittel erlauben - und sie wurden natürlich praktiziert -, wobei auf diese Weise die Gefangenen als Geiseln gehalten wurden und viele so zufrieden mit ihrer Behandlung waren, dass sie Muslime wurden und die Fronten wechselten. Die dritte Option ist in Kriegszeiten unklug. Als Regel für die generelle Praxis bleibt also nur die vierte Option, woraus sich die vom Islam eingeführten menschlichen Gesetze und Normen entwickelten, und was de facto die Rehabilitation der Kriegsgefangenen bedeutet.

Der Sklave in jedem muslimischen Haus hatte die Gelegenheit, die Wahrheit des Islam in der Praxis aus der Nähe kennenzulernen. Sein Herz wurde gewonnen durch die entgegenkommende Behandlung und die Menschlichkeit des Islam im Allgemeinen und im Besonderen durch den Zugang zu vielen für die Muslime geltenden legalen Rechte und letztendlich durch das Erhalten seiner Freiheit. Auf diese Weise haben viele Tausende von allerbesten Menschen die Zahl der Bedeutenden und Berühmten im Islam anwachsen lassen, deren eigenes Vorbild dann die "Sunna" wurde, eine Norm für die Muslime, die ihnen folgten - Imame wie zum Beispiel an Nafi, Imam Maliks Lehrer, und Tawus ibn Qaisan , um nur zwei zu nennen.

Die Realität ist die, dass es im Islam der überwiegende Fall ist, dass Sklave zu sein nur ein vorübergehender Zustand war. Im Gegensatz zur westlichen Zivilisation, deren Werte so in Mode sind, wurde das Sklaventum nicht von Generation zu Generation in einer immer größer werdenden Spirale der Erniedrigung und Hoffnungslosigkeit und ohne Chance für die Sklaven, ihrem Status bzw. ihrer Lage zu entkommen, weitergegeben. Die Sklaven in der muslimischen Gesellschaft, die als grundlegend gleich angesehen wurden, konnten ganz im Gegenteil im Besitz ihrer Würde als Geschöpf desselben Schöpfers leben und taten dies auch, wobei sie auch ständigen Zugang zur Hauptströmung der islamischen Kultur und Zivilisation hatten - und wie wir schon festgestellt haben, leisteten sie dazu auch einen enormen Beitrag. In den westlichen Gesellschaften, in denen Sklaverei weitverbreitet war, besonders in Nord- und Südamerika, bleiben die Kinder der Sklaven noch Generationen nach ihrer formellen Freilassung zum größten Teil als eine Art Subkultur oder Antikultur am Rande der Gesellschaft - was nur manchmal von der immer noch dominanten Gesellschaft toleriert, meistens aber verachtet wird.

Aber warum, so werden unsere Kritiker fragen, gewährten die Muslime nicht ohne weiteres allen früheren Gefangenen oder Sklaven die Freilassung, wenn sie sich bei ihren Eroberungen sicher fühlten? Die Antwort hat wiederum mit der Realität und nichts mit Theorien zu tun. Jene früheren Gefangenen oder Sklaven hatten ja weder die persönlichen, psychologischen noch die ökonomischen Mittel, die zur Etabilierung einer gesicherten und ehrenhaften Unabhängigkeit notwendig waren. Jene, die das bezweifeln, würden gut daran tun, einmal die Konsequenzen für die Sklaven in den früheren europäischen oder amerikanischen Kolonien nach ihrer plötzlichen Freilassung zu untersuchen. Viele wurden ganz plötzlich in bittere Not gestürzt und von Besitzern (die ihrerseits für den Eigentumsverlust entschädigt wurden) obdachlos und mittellos gemacht, wobei diese Besitzer für ihre ehemaligen Sklaven keinerlei Verantwortung mehr übernahmen. Wir haben schon darauf hingewiesen, dass diese früheren Sklaven in der breiteren

Gesellschaft, von der sie so lang per Gesetz ausgeschlossen waren, sich weder einen Namen machen noch Fuß fassen konnten.

Im Gegensatz dazu ermutigte jeder gute Muslim, der seinen Sklaven wie einen Bruder annahm, diesen für seine Freiheit zu arbeiten, beachtete alle seine Rechte, half ihm bei der Unterstützung einer Familie und beim Finden eines Platzes in der Gesellschaft vor der Freilassung und war wohl sehr glücklich mit einer Institution, die ihm die Möglichkeit eröffnete, das Wohlwollen Gottes zu erlangen. Als erstes Beispiel fällt mir hierzu Zaid Ibn Harith ein, der in des Propheten eigenem Haushalt aufgezogen und freigelassen wurde, der eine Edelfrau heiratete und der zum Befehlshaber eines muslimischen Heeres, in dem es viele Leute von edler Herkunft gab, ernannt wurde. Wenn man genügend Platz findet, kann man die Liste der Beispiele um viele Tausende erweitern.

Es gibt zwei wichtige Punkte bezüglich der Einstellung der Muslime zur Sklaverei hervorzuheben: einer, der die Muslime selbst betrifft, und der andere, der die Sklaven und die nicht-muslimischen Länder angeht. Obwohl im islamischen *"Fiqh"* (Gesetzeswissenschaft) die Sklaverei eher eine nebensächliche Angelegenheit darstellt, eine, die nach und nach reformiert wird, bis sie parallel zu den geistigen, kulturellen und sozialen Entwicklungen im Laufe der Zeit ganz verschwindet, wurde zuweilen beobachtet, dass einige Muslime, insbesondere einige muslimische Herrscher, Sklaven auch weiterhin in ihrem Besitz hielten. Dafür kann dem Islam jedoch kein Vorwurf gemacht werden, denn diese Praxis entstand ja aus der geistigen Schwäche jener Muslime, die den Islam so in ihrem Leben ausübten. Der andere Punkt ist der, dass Gewohnheiten einen Menschen dazu führen, eine zweite Natur in sich selbst zu entwickeln. Als Lincoln im vergangenen Jahrhundert das Sklaventum per Gesetz abschaffte, mussten viele Sklaven zu ihren Besitzern zurückkehren, weil sie bereits die Initiative und auch die Fähigkeit verloren hatten, sich frei zu entscheiden und so in der Lage zu sein, ihr Leben als freier Mensch zu führen. Es liegt in diesem psychologischen Faktum begründet, dass Kriegsgefangene zuerst unter Muslimen verteilt wurden, so dass sie nach ihrer Freilassung ein wahrhaft islamisches soziales Leben als freie Menschen in einer muslimischen Gesellschaft leben und ihre vom Gesetz garantierten Rechte auch voll wahrnehmen konnten. Der Islam strebte danach, das Problem schrittweise zu lösen: der erste Schritt versetzte die Sklaven in die Lage, ihr wahres menschliches Bewusstsein und ihre Identität zu erkennen; danach wurden ihnen islamische, menschliche Werte vermittelt und die Liebe zur Freiheit nahegebracht. Wenn dann schließlich die Sklaven freigelassen wurden, stellten sie fest, dass sie mit allen Möglichkeiten vertraut waren, um als Farmer, Handwerker, Lehrer, Wissenschaftler, Befehlshaber, Gouverneur und sogar Premierminister nützliche Mitglieder der Gesellschaft zu sein.

Der Islam versuchte, die Institution der "individuellen Sklaverei" zu zerstören, und fasste nie eine "nationale Sklaverei" ins Auge oder startete eine solche. Als Muslim bete ich deshalb zu Gott, dass versklavte - kolonisierte und unterdrückte - Menschen in der Welt sich wirklicher Freiheit erfreuen können.

TEIL III

3.1

Ist der Koran, wie einige Menschen sagen, das Werk des Propheten Muhammed? Wenn es nicht so ist, wie kann man dann beweisen, dass es nicht so ist?

Als Reaktion auf die Behauptung, der Koran sei das Werk des Propheten Muhammed (s) und nicht, wie die Muslime wissen und glauben, das Wort Gottes, ist schon viel gesagt und geschrieben worden. Ich werde mich hier auf die relevantesten Punkte beschränken.

Diese ganz bestimmte Behauptung wird von den modernen Orientalisten vorgebracht, so wie es schon von ihren Vorgängern, den christlichen und jüdischen Autoren, die sich über die Verbreitung des Islam in hohem Maße ärgerten, getan wurde. Aber diese Behauptung ist den Muslimen schon aus dem Koran selbst durchaus vertraut. Der Koran dokumentiert, wie die heidnischen Araber der *Dschahiliya* (die Zeit der Unwissenheit vor dem Islam) zu behaupten pflegten, der Prophet habe die Offenbarung lügnerisch ersonnen: *"Und wenn ihnen UNSERE Verse deutlich rezitiert werden, sagen diejenigen, die gläubig sind, hinsichtlich der Wahrheit, wenn sie zu ihnen kommt: Dies ist eine offenkundige Zauberei. Oder sagen sie: Er hat es lügnerisch ersonnen"?* (Koran, 46:7-8). Sie waren verzweifelt bemüht, ihre Interessen gegen den wachsenden Einfluss des neuen Glaubens zu schützen und hofften, so wie es auch ihre modernen Ebenbilder tun, dass sie dadurch, dass sie einige Muslime dazu brachten, die Autorenschaft des Koran anzuzweifeln, sie auch veranlassen könnten, seine Autorität ebenfalls in Zweifel zu ziehen.

Wir wollen mit der Beteuerung beginnen, dass der Koran unter allen Offenbarungsschriften in zweierlei bedeutender Hinsicht einzigartig ist, was selbst die Opponenten des Koran anerkennen müssen. Erstens liegt uns der Koran in seiner ursprünglichen Sprache vor, wobei diese Sprache heute immer noch gesprochen wird. Zweitens ist der Text des Koran vollkommen im Wortlaut verbürgt. Er ist so, wie er immer war, nämlich seit der Zeit seiner Offenbarung unverändert, unbearbeitet und in keinster Weise verfälscht. Andere Offenbarungsschriften hingegen - die christlichen Evangelien zum Beispiel - sind nicht in der Originalsprache erhalten geblieben; auch ist die Sprache der ältesten vorliegenden Fassung dieser Offenbarung keine Sprache mehr, die in der heutigen Zeit gesprochen wird. Darüber hinaus haben sich ihre Texte endgültig als das Werk vieler menschlicher Hände über Generationen hinweg erwiesen, sie wurden editiert und nochmals editiert, verändert und interpoliert, um die Interpretationen bestimmter Sekten zu fördern. Mit Fug und Recht wird gesagt, dass sie ihre Autorität als Offenbarungsschrift eingebüßt haben; sie dienen in erster Linie als eine nationale und kulturelle Mythologie für die Gruppierungen, deren entfernte Vorfahren ihre bestimmten Versionen schufen. Das ist mehr oder weniger der Konsens der westlichen Gelehrten hinsichtlich des Status dieser einstmals Göttlichen

Offenbarungsschriften. Fast zwei Jahrhunderte lang haben die westlichen Gelehrten den Koran einer ebenso gründlichen Untersuchung unterzogen. Entgegen ihren Erwartungen ist es ihnen jedoch nicht gelungen, den Nachweis zu erbringen, dass auch der Koran das Werk vieler Hände über viele Generationen hinweg sei. Sie fanden zwar heraus, dass die Muslime in streitende Gruppen zerfielen, was auch bei den Christen geschehen war, dass aber im Unterschied zu den Christen die grundsätzlichen muslimischen Gruppen danach strebten, ihre Position durch Bezugnahme auf ein und denselben Koran zu rechtfertigen. Es ist durchaus möglich, dass weitere Versionen der Evangelien noch entdeckt werden oder da zum Vorschein kommen, wo sie verloren gegangen sind oder verborgen wurden. Im Gegensatz dazu kennen alle Muslime nur den einen Koran, der vollkommen in seinen ursprünglichen Worten bewahrt wurde, so wie er zur Zeit war, als der Prophet Muhammed (s) starb, und die Offenbarung beendet worden war, und auch nicht bei der geringsten Bedeutung eine Veränderung erfahren hat.

Wie den Koran haben die Muslime auch eine Aufzeichnung der Lehren des Propheten Muhammed, und zwar in der Form von praktischen Beispielen und Grundsätzen *(Sunna)*, was im beträchtlichen Umfang (wenn natürlich auch nicht vollständig) in der *"Hadith"*-Sammlung bewahrt ist. In den "Hadithen" werden des Propheten eigene Worte wiedergegeben. Diese zwei Quellen, Koran und Hadith, könnten in der Qualität des Ausdrucks oder im Inhalt nicht verschiedenartiger sein. Die Araber, die - ob sie nun Gläubige waren oder nicht - den Propheten reden hörten, fanden seine Worte exakt, eindrucksvoll und überzeugend, aber trotzdem wie ihre eigenen normalen Worte. Im

Gegensatz dazu waren sie, wenn sie den Koran hörten, von Gefühlen des Entzückens, der Faszination und der ehrfürchtigen Scheu überwältigt. In den "Hadithen" spürt man die Gegenwart eines menschlichen Individuums, das sich an seine Mitmenschen wendet, eines Mannes, der über schwerwiegende Fragen nachdenkt und, wenn er spricht, mit angemessenem Ernst und tiefer Ehrfurcht vor dem Göttlichen Willen spricht. Andererseits wird der Koran sofort als gebieterisch und erhaben sowie mit einer transzendenten und allbezwingenden Majestät des Stils und des Inhalts wahrgenommen. Geist und Verstand wehren sich anzunehmen, dass Koran und Hadithe als Werke aus ein und demselben Ursprung herrühren.

Der Koran unterscheidet sich absolut von jedem menschlichen Kunstwerk (sei es nun Literatur oder auf einem anderen Gebiet) in der vollkommenen Transzendenz seiner Perspektiven und Betrachtungsweisen. In anderen Offenbarungsschriften spürt der Leser oder Hörer in einigen verstreuten Phrasen oder Passagen gelegentlich, dass er sich tatsächlich in der Gegenwart Göttlicher Botschaft, die an die Menschheit von ihrem Schöpfer gerichtet ist, befindet. Im Koran trägt jede Silbe diesen Eindruck sublimer Intensität der Kommunikation des EINEN, DER allwissend und allbarmherzig ist. Darüber hinaus kann der Koran nicht wie bei menschlichen Werken mit einer gewissen Distanz betrachtet und nicht in abstrakter Weise diskutiert und debattiert werden. Der Koran fordert von uns, zu verstehen und zu handeln sowie unseren Lebensstil zu ändern; bei Gott, er ermöglicht es uns auch, dies zu tun, weil er uns im Innersten unseres Wesens berühren kann. Er wendet sich an uns in unserer vollen Realität als spirituell und physisch kompetente Wesen. Er wendet sich an unser gesamtes

Wesen als Geschöpf des Allbarmherzigen. Er ist nicht nur an den einen oder anderen von uns gerichtet. Der Koran ist keine Botschaft, die lediglich unsere Fähigkeit für philosophische Überlegungen, unsere poetische künstlerische Sensibilität, unsere Macht, das natürliche Umfeld zu verändern und zu verwalten bzw. unsere politischen und rechtlichen Angelegenheiten neu zu gestalten und im Griff zu haben, unser Bedürfnis nach gegenseitigem Mitgefühl und gegenseitiger Vergebung oder unser geistiges Verlangen nach Wissen und Trost in Anspruch nimmt. Der Koran ist weder nur an einen Menschen oder ein Volk oder eine Nation noch nur an Männer, aber nicht an Frauen, nur an die Unterdrückten und Schwachen, aber nicht an die Reichen und Mächtigen, oder nur an Sünder und Maßlose, aber nicht an Tugendhafte und Selbstdisziplinierte gerichtet. Der Koran wendet sich an die gesamte Menschheit, und seine Botschaft ist bei Gott für alle Zeiten relevant (und auch geschützt).

Diese Transzendenz und Weite der koranischen Perspektive kann in jeder individuellen Angelegenheit gespürt werden, die er jeweils anspricht. Zum Beispiel setzt der Koran die Sorge um die Eltern in deren hohem Alter mit dem Glauben an das Eins-Sein Gottes auf eine Stufe; er setzt das Gebot, anständig für eine geschiedene Frau zu sorgen auf eine Stufe mit der Ermahnung, den Allwissenden und Allsehenden zu fürchten. Gott weiß am besten um die volle Bedeutung solcher Nebeneinanderstellungen. Aber SEINE gläubigen Diener wissen um ihre Auswirkung und können darüber berichten: sie ermöglichen die Reform des inneren Selbst, was erforderlich ist, wenn tugendhaftes Handeln stetig, mit Freude und mit einem Grad der Menschlichkeit, die eine rechtschaffene Tat auch zu einer gefälligen macht und verhindert, dass sie auf dem Gewissen des Menschen, der von ihr profitieren soll, eine Last wird, ausgeführt werden soll.

Der Koran wiederholt in mehreren Versen eine Herausforderung an jene, die seine Authentizität bezweifeln, eine *"Sure"* (Kapitel) zu bringen oder zu produzieren, die ihm gleich ist. Niemand konnte bisher dieser Aufforderung nachkommen und wird dieser Herausforderung auch niemals gerecht werden können. Aus Gründen, die wir bereits dargelegt haben, konnte nur Gott allein die transzendente und allmitfühlende Perspektive des Koran gestalten. Die Gedanken und Bestrebungen selbst des besten Menschen werden immer von den Umständen, innerhalb derer bei Gott ihr Leben beginnt und endet, beeinflusst (und bedingt) - das ist eine unvermeidbare Konsequenz dessen, dass sie Geschöpfe sind. Deshalb schlagen früher oder später alle nur menschlichen Werke fehl oder nehmen an Einfluss und Kraft ab: ihr Stil ist nicht mehr aktuell, oder ihr Gegenstand ist nicht mehr relevant; sie sind zu allgemein, und es mangelt ihnen an einem ausreichenden Beimessen der Realität menschlicher Erfahrung, oder sie werden zu sehr mit einigen bestimmten Umständen in Verbindung gebracht, dass es ihnen an der Allgemeingültigkeit und Anwendbarkeit mangelt. Aus einer ganzen Reihe von Gründen und unabhängig von guten oder schlechten Absichten sind die Werke menschlicher Hände nur von begrenztem Wert. Deshalb konnte sich bis zum heutigen Tag niemand der Herausforderung stellen: selbst wenn die gesamte Menschheit alle bekannten Quellen nutzte und zusammenarbeitete und die *Dschinn* (Geisteswesen) sich beteiligten, um ihnen zu helfen, sofern sie es überhaupt könnten, wäre sie nicht in der Lage auch nur einen Teil des

Koran hervorzubringen. Mit den Worten des Koran:

"Sprich: Wenn sich auch die Menschen und die Dschinn zusammentäten, um einen Koran gleich diesem hervorzubringen, sie brächten keinen gleichen hervor, auch wenn die einen den anderen beistünden." (Koran, 17:88).

Der Koran ist das Wort des Allwissenden und Allsehenden, DER SEINE Schöpfung von innen und von außen sowie früher und später kennt. Der Koran umschließt deshalb die Menschen: er wendet sich an sie, er testet sie und er lehrt sie - wenn man so will, "liest" der Koran tatsächlich seine Leser. Für Gläubige kann das Bewusstsein, vor der göttlichen Botschaft zu stehen, mit den Worten des Koran eine Gänsehaut hervorrufen; so plötzlich und vollständig ändern sich um sie herum die Atmosphäre und das Klima mitten unter ihnen wie eine abrupte Änderung der Körpertemperatur.

Bis jetzt habe ich nur die allgemeinen Tatsachen hinsichtlich des Koran und seine generelle Perspektive erörtert, um zu erklären, dass die Autorenschaft nur bei Gott liegen kann. Die Substanz des Koran erfordert aber nicht weniger eine Auseinandersetzung. Diejenigen, die mit guten oder schlechten Absichten die Behauptung aufstellen, es handle sich um die Autorenschaft eines Menschen, können diese ihre Behauptung nicht aufrechterhalten. Andere Offenbarungsschriften als der Koran berufen sich darauf - weil sie (wie oben ausgeführt) durch menschliche Hand verfälscht worden sind -, dass wir um die Unwahrheit wüssten. In diesen Offenbarungsschriften wird zum Beispiel ein bestimmter Bericht über die Erschaffung der Welt oder ein Naturereignis (zum Beispiel die Sintflut) erstattet, von dem wir auf Grund moderner Untersuchungen der Sterne oder auf der Erde anhand der Untersuchungen von Fossilien wissen, dass sie nicht stimmen. Menschen haben diese Offenbarungsschriften verändert, um sie ihrem eigenen Verständnis anzupassen. Mit fortschreitender Wissenschaft sind ihr Verständnis und ihre jetzt gefälschten Offenbarungsschriften irrelevant und (zum größten Teil) überholt. Dagegen ist der Koran durch Göttliche Verfügung geschützt gegen jedjegliche Konsequenz menschlicher Nachlässigkeit oder menschlichen Missverständnisses.

Wie ist es - abgesehen von der göttlichen Autorenschaft- möglich, dass der Koran in Angelegenheiten, von denen die Menschen zur Zeit der Offenbarung des Koran nicht die leiseste Ahnung hatten, Wort für Wort die Wahrheit sagt? *"Sehen denn die, die ungläubig sind, nicht, dass die Himmel und die Erde miteinander verbunden waren und WIR sie dann beide trennten?..."* (Koran, 21:30). Erst während der letzten Jahre sind wir in der Lage gewesen, über diesen Vers hinsichtlich des ersten Moments des Universums nachzudenken. Wenn wir jetzt lesen *"Allah ist es, DER die Himmel erhöht hat ohne Säulen, die ihr seht; alsdann setzte ER SICH auf den Thron und machte Sonne und Mond dienstbar; alles läuft zu einem bestimmten Zeitpunkt. ER lenkt alle Dinge und macht die Zeichen klar; vielleicht seid ihr euch so der Zusammenkunft mit eurem Herrn sicher"* (Koran, 13:2), können wir auf ähnliche Weise die unsichtbaren Säulen ohne detaillierte Darlegung als die gewaltigen zentrifugalen und zentripedalen Kräfte erkennen, die das Gleichgewicht innerhalb der Himmelskörper aufrechterhalten. Wir können von diesem und von anderen Versen ähnlichen Inhalts (z. B. 55:5; 21:33,38 und 39; 36:40) begreifen, dass die Sonne und der Mond Sterne mit einer festgeschriebenen Lebensdauer sind, dass ihre Kraft des Lichts wie schon bisher auch weiterhin abnehmen wird und dass sie sich in den Himmeln auf Bahnen befinden, die mit minuziöser Genauigkeit festgelegt sind. Das wortgetreue Verständnis dieser Verse mindert nicht die Verantwortung, die sich aus diesem Verständnis ergibt- "vielleicht seid ihr euch so der Zusammenkunft mit eurem Herrn sicher" oder anders gesagt, der Zweck der Verse hat sich nicht geändert, lediglich die Umstände für unsere Kenntnisse der phänomenalen Welt sind andere geworden. Im Fall der früheren Offenbarungsschriften bedeutet die Weiterentwicklung der Wissenschaften, dass deren Ungenauigkeit nur noch deutlicher sichtbar wird, wobei die Irrelevanz der mit ihnen verbundenen Glaubensinhalte noch wächst. Was dagegen den Koran angeht, so hat die Weiterentwicklung des Wissensstandes es auch nicht nur bei einem einzigen Vers schwerer gemacht, an ihn zu glauben oder ihn zu verstehen; ganz im Gegenteil- viele Verse werden jetzt sogar noch umfangreicher und klarer begriffen. (In anderen Kapiteln, die sich noch eingehender mit dem Thema Koran und Wissenschaft beschäftigen, haben wir weitere Beispiele solcher Verse angeführt; siehe zum Beispiel Kapitel 3.4.)

Trotzdem gibt es Leute, die immer noch behaupten, die Autorenschaft des Koran sei nicht Gottes, sondern die eines inspirierten Propheten namens Muhammed (s). Während sie beteuern, sie benutzten doch Geist und Verstand, behaupten diese Leute etwas, was für einen Menschen schlicht unmöglich ist. Wie konnte ein Mann vor etwa 1400 Jahren sich zu etwas äußern, was inzwischen auf anderen Wegen als wissenschaftliche Wahrheiten etabliert ist? Wie soll das für einen Menschen möglich sein? Wie kann jemand Geist und Verstand benutzen und dann so etwas behaupten? Mit welchen Instrumenten entdeckte der Prophet, wie im Gewebe der Säugetiere Milch produziert wird, und zwar mit einer anatomischen und biologischen Genauigkeit, wie es kürzlich festgestellt wurde? Wie entdeckte er, wie sich Regenwolken und Hagelkörner bilden? Wie bestimmte er so genau die befruchtende Qualität der Winde? Oder wie erklärte er, wie sich Landmassen bewegen und Kontinente formieren und deformieren? Mit welchen gigantischen Teleskopen aus welchem Observatorium fand er die physische Expansion des Universums heraus? Mit welchem Sehvermögen, das den Röntgenstrahlen gleicht, war er in der Lage in sorgfältigsten und unverkennbaren Details die verschiedenen Abschnitte der Entwicklung eines Embryo im Uterus zu beschreiben?

Ein weiterer geheimnisvoller Aspekt des Koran, der hinsichtlich seines Göttlichen Ursprungs erwähnt werden muss, besteht darin, dass genau auf dieselbe Weise, in der seine Informationen über die Vergangenheit absolut wahr sind, auch seine Voraussagen vielsagend sind. Als zum Beispiel die Gefährten des Propheten der Meinung waren, die Artikel des Abkommens von Hudaibiya seien ziemlich nachteilig, vermittelte der Koran die frohe Botschaft, dass sie die Moschee *(al Masdschid al Haram)* in voller Sicherheit betreten und die Religion des Islam gegenüber all den anderen Religionen siegreich sein würden (Koran, 48:27-28). Ferner verkündete der Koran klar, dass die Römer neun Jahre nach ihrer vernichtenden Niederlage im Jahre 615 über die Perser siegreich sein, die Gläubigen aber beide dieser damaligen größten Mächte zerstören würden (Koran, 30:2-5). Als der Koran diese erfreuliche Botschaft verkündete, gab es knapp vierzig Gläubige, und alle von ihnen stöhnten unter den gnadenlosen Torturen der mekkanischen Anführer.

Wer über die Autorenschaft des Koran die erwähnte Behauptung aufstellt, lässt seinen Verstand beiseite und führt seine Seele in höchste Gefahr. Gott ist nur Einer, und ER hat keine Teilhaber, nicht einen einzigen und nicht im geringsten Maße. Der Prophet war der Beste aller Menschen, der Ideale, aber dennoch nie mehr als ein Mensch. Der Koran selbst bezeichnet ihn als solchen, ermahnt ihn, tröstet ihn und macht ihm Vorwürfe. Als der Prophet zum Beispiel einige Heuchler von der Teilnahme am Kampf befreit hatte, kritisierte ihn der Koran: *"Allah vergebe dir! Warum gewährtest du es ihnen, bevor dir diejenigen offenkundig wurden, die die Wahrheit sagen, und du jene kanntest, die lügen?"* (Koran, 9:43). Hinsichtlich der Gefangennahme nach der Schlacht von Badr wurde er mit folgenden Worten zurechtgewiesen: *"Ihr wollt die Güter dieser Welt, und Allah will das Jenseits, und Allah ist allmächtig und allweise. Hätte es nicht vorher eine Vorschrift von Allah gegeben, hätte euch für das, was ihr genommen habt, eine schwere Strafe getroffen."* (Koran, 8:67-68). Als der Prophet bei einer Gelegenheit sagte, er werde am nächsten Tag dies und das tun, ohne die Worte *"in scha Allah"* (so Allah will) hinzuzufügen, also ohne sein Vertrauen in Gott zum Ausdruck zu bringen, wurde er verwarnt: *Und sprich nicht von einer Sache: "Ich will dies gewiss morgen tun", es sei denn: "So Allah will". Und gedenke deines Herrn, wenn du vergesslich warst, und sprich: "Vielleicht wird mich ja mein Herr rechtleiten, so dass ich auf diese Weise der Richtigkeit meines Handelns näher komme"* (Koran, 18:23-24). Ein weiteres Beispiel: *"Du zeigtest Furcht vor den Menschen, und Allah hat doch ein größeres Recht, von dir gefürchtet zu werden."* (Koran, 33:37). Als Ergebnis einer Privatangelegenheit in seinem Haushalt verpflichtete sich der Prophet, nie mehr Honig zu gebrauchen und nie mehr ein Honigsorbet zu trinken; der

Koran ermahnte ihn: *"O Prophet, warum verbietest du, was Allah dir erlaubt hat? Du suchst deinen Gattinnen zu gefallen. Und Allah ist stets vergebend und barmherzig."* (Koran, 66:1).

Auch in anderen Versen, in denen die wichtigeren Verpflichtungen und die Verantwortung des Propheten im Koran deutlich in den Brennpunkt gerückt werden, werden die Grenzen seiner Autorität klar formuliert. Es gibt einen eindeutigen Abstand zwischen dem Gesandten und der Botschaft, die ihm offenbart wurde, sowie zwischen dem Menschen und seinem Schöpfer.

Warum behaupten angesichts all dieser Beweise die Orientalisten und ihre Anhänger, dass die Autorenschaft des Koran auf den Propheten zurückzuführen sei? Der Grund liegt in der Furcht vor dem Islam. Es gibt viele Wunder, die mit dem Koran im Zusammenhang stehen - wir könnten sie hier gar nicht alle aufzählen-, wobei das eindrucksvollste Wunder darin besteht, dass durch den Koran in erstaunlich kurzer Zeit eine Zivilisation aufgebaut wurde, die sich sowohl als unverkennbar als auch als bleibend erwiesen hat. Der Koran war die Verfassung, die allausstattende und reichlich ausgerüstete grundlegende Struktur für diese Zivilisation. Der Koran verlangte die administrativen, rechtlichen und fiskalen Reformen, die notwendig sind, um einen riesigen Staat verschiedener kultureller Gemeinschaften und anderer Religionen aufrechtzuerhalten. Der Koran inspirierte eine wirklich wissenschaftliche Wissbegier, die Natur zu studieren, zu reisen und verschiedene Völker und Kulturen zu erforschen. Der Koran drängte die Menschen, für kaufmännische Unternehmungen Geld zu verleihen und das Zinssystem vollständig abzuschaffen, so dass das Kapital, während es anwüchse (was es auch tatsächlich tat), in der gesamten Gemeinschaft zirkulieren würde. Der Koran inspirierte die überhaupt erste öffentliche Ausbildung zum Lesen und Schreiben (so dass die Gläubigen den Koran lesen und sich für die Gottesanbetung vorbereiten konnten) sowie öffentliche Hygieneprogramme. Der Koran forderte die organisierte Neuverteilung überschüssigen Vermögens an die Armen und Bedürftigen, an Witwen und Waisen, zur Hilfe von Gefangenen und Schuldnern und der Freilassung von Sklaven sowie zur Unterstützung derer, die neu zum Islam übertraten. Man könnte diese Liste noch beträchtlich erweitern. Wichtig ist, dass nur der Koran das erreicht hat, was jemals von vielen weltbekannten, aber von Menschen geschaffenen Werken herbeigesehnt wurde und deren Verwirklichung vollkommen misslang. Kennt nicht ein jeder von uns mindestens eine vom Menschen erdachte Darstellung, wie eine ideale Gesellschaft zu etablieren und zu führen sei oder zumindest ein System oder eine "Formel", um die Probleme sozialer, kultureller oder politischer Unterschiede zwischen den Menschen gerecht zu lösen? Und was davon führte jemals zum Erfolg, und sei es nur zu einem Teil oder nur für eine kurze Zeit?

Diejenigen, die behaupten, der Prophet sei der Autor des Koran, fürchten sich vor dem Koran, vor seiner Macht und Autorität für die Muslime; sie befürchten, dass die Muslime seinen Anordnungen wieder Folge leisten könnten und die Zivilisation des Islam wieder errichten. Sie sähen es lieber, die führenden Menschen in den islamischen Ländern glaubten ihrer Behauptung und wären schließlich davon überzeugt, der Koran sei ein von Menschenhand geschaffenes Werk aus einem gewissen, vergangenen Jahrhundert und deshalb nicht mehr relevant. Dann würde allerdings in der Tat der Traum jener Wahrheit werden, die den Islam hassen und fürchten. Die Muslime hielten dann an ihrer Religion auf die gleiche Weise fest, wie es die Mehrheit der Christen in säkularen, westlichen Gesellschaften tut; als eine gute Erinnerung an etwas, was längst vergangen ist.

Sie würden uns dazu bringen zu glauben, der Koran gehöre zum siebenten Jahrhundert. Um die Gläubigen zu betören, werden sie zugeben, dass der Koran ja "zu seiner Zeit" sehr fortschrittlich gewesen sei. Aber jetzt, so sagen sie, seien sie es, die fortschrittlich seien, die einen Lebensstil intellektueller und kultureller Freiheit anböten und die zivilisiert seien, wohingegen der Koran und der Islam rückständig seien! Die Wahrheit ist jedoch, dass auf dieselbe Weise, in der die physikalischen Wissenschaften die Genauigkeit des Koran bei Fragen, die sich mit der lediglich phänomenalen Welt beschäftigen, bestätigt haben und uns mit Wissen versorgt haben, das uns in die Lage versetzt, den Koran noch besser zu verstehen, auch die Vervollkommnung unseres Verständnisses menschlicher Beziehungen und menschlicher Psychologie die Wahrheit des Koran in diesen Fragen nachweisen wird.

Es mag so aussehen, als ob wir von unserem Thema, der Autorenschaft des Koran, weit abgeschweift sind. In Wirklichkeit haben wir es aber nicht aus den Augen verloren. Die Behauptung, der Koran sei das Werk menschlicher Inspiration, ist nur ein Beispiel - und ein Bild- für das Unvermögen, aufrichtig und mit geziemender Humanität über die Realität unseres Seins als verpflichtete Geschöpfe, denen alles gegeben wird, nachzudenken. Wir erschaffen uns nicht selbst. Uns wird vielmehr unser Leben gegeben; die Kräfte unserer Kontemplation, unseres Begriffsvermögens und unseres Mitgefühls werden uns gegeben; und diese außergewöhnlich subtile, vielfältige und erneuerbare Welt, in der diese Kräfte angewendet werden sollen, wird uns gegeben. Deshalb ist auch das Wunder des Koran ein Geschenk der Barmherzigkeit an uns; er hätte nicht von Menschenhand entstehen können, wie auch die Menschheit sich nicht selbst hätte erschaffen können. Gott sagt im Koran, dass selbst dann, wenn sich die gesamte Menschheit zusammenschlösse und die Dschinn ihr hälfe, sie noch nicht einmal eine Fliege erschaffen könnte; und ähnlich, so sagt ER, könnten wir selbst nicht annähernd auch nur einen Teil des Koran verfassen.

Wir bekräftigen deshalb, dass der Koran Gottes Wort ist, und wir bekräftigen, dass dieser Glaube mit Verstand und Erfahrung in Einklang zu bringen ist. Wir bekräftigen, dass er die Verfassung ist und das Grundgestein, auf dem sich das Leben in individueller und kollektiver Hinsicht gründen soll; und da der Koran eine Gnade des Allbarmherzigen gegenüber der Menschheit ist, wird er auch immer relevant und eine ewigbestehende Rechtleitung sein, die zur Tugendhaftigkeit und zum Glück führen wird - vorausgesetzt, wir sind der Qualität der Anbetung und dem Gehorsam, den er von uns fordert, gewachsen.

3.2

Worin lag die Göttliche Weisheit, dass der Koran über einen Zeitraum von 23 Jahren in mehreren Abschnitten offenbart wurde?

Der Koran wurde über einen Zeitraum von 23 Jahren in mehreren Abschnitten und nicht als komplette Offenbarungsschrift in einem einzigen Offenbarungsvorgang offenbart. Darin liegen Weisheit und eine ganze Anzahl von Gründen, die wir, so Allah will, zu erklären versuchen werden. Bevor wir jedoch damit anfangen, wollen wir anmerken, dass für den Fall, der Koran wäre nicht auf diese Weise, sondern statt dessen auf einmal offenbart worden, diejenigen, die die oben erwähnte Frage stellen, dann mit Sicherheit gefragt hätten: "Warum wurde er als vollständige Offenbarungsschrift in einem einzigen Offenbarungsakt offenbart und nicht in Abschnitten über eine längere Zeit?" Das Essenzielle in allen Angelegenheiten der Religion ist eine hinreichende Demut und Folgsamkeit bei unseren Verhaltensweisen, damit wir Einsicht gewinnen und die Vorteile der Göttlichen Anordnungen und Vorschriften erlangen. Sonst können Fragen dieser Art ohne Enden und natürlich ohne Erfolg gestellt werden: zum Beispiel, warum hat das Mittagsgebet die vorgeschriebene Anzahl von

Gebetseinheiten, während das Gemeinschaftsgebet am Freitag eine unterschiedliche Anzahl hat? Warum ist der Armensteuersatz 2,5 % und nicht 2 %? Die Bedeutung und die Dauer bestimmter Gebete, der Armensteuersatz und andere Angelegenheiten dieser Art sind von Gott, dem Allweisen und Allwissenden, festgelegt worden. Jede Sache, die wir untersuchen, kann nur jeweils aus einem begrenzten Blickwinkel betrachtet werden; durch unser Wesen als erschaffene Geschöpfe ist unser Denken unvollkommen und nicht adäquat, denn wir verstehen nur das, was direkt vor uns liegt, und wenn wir Entscheidungen treffen, dann tun wir das im unmittelbaren Zustand unseres Verstandes -unserer derzeit vorhandenen Fähigkeiten, unserer täglichen Routinearbeiten, unseres Lebensstils und -standards, usw. Dagegen berücksichtigt das Göttliche Gesetz alles- unser moralisches und spirituelles Wohlergehen ebenso wie unser irdisches Glück sowohl in der Zukunft als auch in der Gegenwart- und webt im Zusammenhang mit Würde und Weisheit das Ganze zu einem Einzelteil. Aus diesem Grund ist der Nutzen, den der Mensch aus den Göttlichen Anordnungen zieht, unermesslich, und die Segnungen, die aus deren Befolgen fließen, übersteigen unsere Vorstellungskraft.

Dieses Prinzip trifft auf die Offenbarung des Koran in Abschnitten über Jahre verteilt zu. Die Essenz des Gehorsams gegenüber Gott liegt darin, dass man in seinem Leben die Göttlichen Anordnungen hinnimmt und sie ausführt; wenn wir über dieses Thema reden, dann nur mit dem klaren Ziel, danach zu streben zu verstehen, dass die in ihm wohnende Weisheit so und nicht anders ist. Es ist keineswegs unsere Absicht, Fragen nach den Göttlichen Gedankengängen zu stellen.

Der Beginn der Offenbarung des Koran fand zu einem Zeitpunkt statt, als die Menschheit anfing, erwachsen zu werden. Aus diesem Grund wurde Muhammed (s), das vollkommene Vorbild für die Menschheit, das beste Beispiel zum Lernen und Befolgen und .um dessen willen das Universum überhaupt erschaffen wurde, zu jener Zeit berufen. Seine Berufung und die Berufung der *Umma* (der Gemeinschaft der Muslime), die sich um ihn scharrte, sollte für die Menschheit der umfangreichste, fortschrittlichste und dynamischste Maßstab werden, um die oberste Sprosse menschlichen Aufstiegs zu erklimmen und die Herren und Führer für alle späteren, zivilisierten Menschen zu werden. Diese Reformer mussten jedoch erst selbst reformiert werden. Ihre Qualitäten und Charaktereigenschaften waren zutiefst von den Wegen geprägt, auf denen zu leben sie so lange gewohnt waren. Der Islam sollte ihre guten Eigenschaften in Eigenschaften unübertroffener Vorzüglichkeit ändern, sie darüber hinaus aber auch von ihren schlechten Eigenschaften und Gewohnheiten befreien. Ihre Untugenden auszumerzen, an ihre Stelle Tugendhaftigkeit und das höchste moralische Ziel in einer Weise treten zu lassen, dass die Veränderung für alle Zeiten sicher sein würde- das war eine der Absichten der Offenbarung. Wäre die Offenbarung des Koran in einem einzigen Vorgang erfolgt und hätte der Koran mit all seinen Verboten und Geboten auf ihrem Weg gestanden, hätten sie sie niemals in der idealen Weise verstehen, geschweige denn akzeptieren und anwenden können. Eine solche Vorgehensweise stünde sogar im Widerspruch zu dem Kurs, den die Menschen steuern sollten, um die Gesetze Gottes nach und nach auszuführen und somit zu entwickeln: seit damals hat sich der Islam in jedem Teil der Welt, in dem er angenommen wurde, nach und nach, aber ständig ausgebreitet und tiefe Wurzeln geschlagen.

Wir können heutzutage Menschen beobachten, die ganz und gar unfähig sind, sich selbst von ihren schlechten Gewohnheiten und Süchtigkeiten zu befreien, wie zum Beispiel vor Schaufenstern herumzubummeln (was fälschlicherweise als harmlos betrachtet wird), zu rauchen, zu trinken und weitere Drogen, die zur Sucht führen, einzunehmen. Wenn man solche Menschen bestrafte und sie sogar vollkommen von den negativen Auswirkungen ihrer Verhaltensweisen und dem Vorteil, sie aufzugeben, überzeugte, so wären sie dennoch mit einem nicht zufrieden; ganz im Gegenteil: sie wären verärgert, gelangweilt und irritiert und würden anfangen, sich zu beklagen, und unter allen Umständen versuchen, dem Programm der Reformen zu entkommen und ihre alten Gewohnheiten wieder aufnehmen, sobald ihnen dazu die Freiheit gegeben würde. All die Argumente, all die Beweise der Spezialisten und Experten aus allen Wissensbereichen, seien es medizinische oder soziologische, die zweifelsfrei nachweisen, dass solche Süchte physischen, mentalen und sozialen Schaden hinterlassen, würden fehlschlagen, sie zu überzeugen, ihren Lebensstil zu ändern. Selbst Menschen, die von den chemischen Auswirkungen solcher Süchte geheilt wurden, verfallen wieder in sie, selbst wenn sie nicht zu den lebensnotwendigen Dingen gehören. Natürlich hat es auch Leute gegeben, die gegen so schädliche Gewohnheiten wie Rauchen und Trinken Kampagnen geführt haben, selbst aber nicht in der Lage sind, ihren eigenen Genuss an diesen Gewohnheiten aufzugeben. Wenn uns das bewusst ist und wir uns auch daran erinnern, dass wir nicht über die Reform einer oder zweier individueller schlechter Gewohnheiten reden, sondern über die Reform einer ganzen Lebensweise und der Art des Lebens und Sterbens, des Heiratens, des Kaufens und Verkaufens, des Schlichtens von Streitigkeiten und vor allem des Denkens über die Beziehung des Menschen zu seinem Schöpfer, dann beginnen wir zu begreifen, warum der Koran Schritt für Schritt offenbart wurde.

Die Offenbarung des Koran hackte das Unkraut aus den Herzen der Menschen, befreite sie von der Pest und von anderen Plagen und machte sie auf diese Weise zu einem fruchtbaren Stück Land für die Kultivierung der Tugenden, exzellenten Verhaltensweisen und erhabenen hohen Ziele. Dass dies alles in nur 23 Jahren erreicht wurde, erscheint uns als das, was es wirklich war: ein Wunder. Bediuzzaman sagte: "Wenn die Gelehrten der heutigen Zeit auf die Arabische Halbinsel reisten, dann frage ich mich, ob sie es in einhundert Jahren schaffen würden, nur ein Prozent dessen, was der Prophet Muhammed (s) in einem einzigen Jahr tat, durchzuführen." Heute erkennen wir, dass selbst dann, wenn zahlreiche Prestigewissenschaftler und Institute sowie das gesamte Netz der Massenmedien sich dafür einsetzen, ein so nebensächliches Laster wie das Rauchen auszurotten, sie dabei keinen Erfolg haben; wenn nach einer solchen Kampagne z.B. gegen das Trinken zwanzig weniger Tote auf den Straßen zu registrieren sind, dann sehen sie das schon als einen Riesenerfolg an ! Leider ist es das nicht! Das Wunder des Koran war einzigartig. Noch solch ein Wunder ist unmöglich. Die Menschheit hat in 1500 Jahren nicht so viel Fortschritt gemacht wie sie es während der 23 Jahre der Prophetenschaft Muhammeds (s) geschafft hat.

Jene Periode von 23 Jahren war notwendig für diejenigen,

die damals lebten, um die Offenbarung mühelos zu verstehen, sich mit ihr zu befassen und sie anzuwenden.

Der Koran leitete durch Verbote und Gebote und durch neue Reformen mit weitestreichenden Konsequenzen einen unermesslichen Wandel ein. Dies geschah jedoch in Abschnitten über einen längeren Zeitraum, zumal das Bedürfnis nach Rechtleitung anstieg, ohne zu entmutigen oder die Moral zu senken. Warnungen und Verurteilungen gingen Verboten voran, und Aufrufe sowie Ermahnungen gingen Geboten voran. So wurden zum Beispiel berauschende Getränke in drei oder vier Stufen verboten; das Begraben lebender Mädchen in zwei Stufen; und das Vereinen kriegführender Stämme und der Aufbau einer eng zusammenwachsenden, auf Brüderlichkeit basierenden Gesellschaft und damit das Heben des kollektiven Bewusstseins in ein paar Stufen. Diese schwierigen Reformen wurden nicht durch Schlagworte zum Ausdruck gebracht -um sie wurde gerungen. Die Gläubigen brauchten diese Zeit, um zu reformieren und auf diese Weise Reformer zu werden.

Heutzutage entwerfen wir unsere Projekte auf Grund der Erfahrungen aus der Vergangenheit und der Möglichkeiten in der Zukunft. Um mögliche soziale und ökonomische Fluktuationen zu berücksichtigen, gestalten wir unsere Pläne flexibel und versuchen, Raum zu lassen für eventuell notwendige Modifikationen in Details. Wie ein junger Baum wuchsen die Muslime in den Anfangsjahren des Islam langsam und passten sich den neuen Bedingungen nach und nach an, um sich so auf natürliche Weise zu entwickeln. Jeden Tag nahmen neue Menschen den Islam an, und die neuen Muslime beschäftigten sich jeden Tag damit, ganz neue und unterschiedliche Dinge zu lernen, sich islamisches Bewusstsein anzueignen, sich selbst weiterzubilden, um dem Islam gemäß zu handeln und auf diese Weise Mitglieder einer Gesellschaft zu werden anstatt separate Individuen oder Clans im Kriegszustand zu bleiben. Ihre individuellen Charaktereigenschaften und ihre Persönlichkeit, ja, ihr hartes Leben wurden gänzlich neu geformt und geordnet, und zwar im Einklang mit den Prinzipien des Islam und der Rechtleitung des Koran. So sah das bedeutende Ausmaß ihrer spirituellen, moralischen, intellektuellen und sogar physischen Regeneration aus. Sie wurde durch eine ausgewogene Synthese zwischen irdischem Leben und spirituellem Aufstieg erreicht, und das ging langsam vor sich, kontinuierlich, harmonisch und in Etappen über einen längeren Zeitraum.

Wäre die Offenbarung des Koran in einem einzigen Vorgang erfolgt, hätten das jene Beduinen und einfachen Menschen nicht ertragen können. Wenn eine Person, die es gewohnt ist, unter einem ganz bestimmten atmosphärischen Druck zu leben, dann plötzlich in extreme Höhen gebracht wird, so wird sie wegen des schlagartigen Wechsels sterben. Flugzeuge steigen allmählich in derartige Höhen, und Menschen benutzen Atemmasken in ihnen. Auf ähnliche Weise kamen die Änderungen, die der Koran beabsichtigte, zu einem Volk, bei dem die koranischen Werte des individuellen, familiären und gesellschaftlichen Lebens, des *"Iman"* (Glaubens) und des *"Din"* (der Religion) nur wenig Bedeutung hatten. Wenn nun der Koran auf ihrem Weg mit all seinen Reformen gestanden und die Leute aufgefordert hätte, diese vollständig durchzuführen, dann hätte ihn keiner verstanden, geschweige denn akzeptiert. Das wäre so gewesen, als ob man sie in ein paar Sekunden in extreme

Höhen gebracht und ihren Tod verursacht hätte. Und deshalb wurden die Anordnungen des Koran zu den Leuten in mehreren Abschnitten gesandt und ihnen eingeimpft, wobei berücksichtigt wurde, was jeweils am besten für die menschliche Natur ist.

Da der Mensch ein Teil des Universums ist, können wir ihn nicht außerhalb des Kontextes der Gesetze, die im Universum herrschen, betrachten. Wie alles im Universum sich in Stufen entwickelt und fortschreitet, so sind auch der Fortschritt und die Entwicklung des Menschen am bestgeeignetsten und am dauerhaftesten in Stufen gesichert. Der Koran bildet die Basis und das Fundament dieses Fortschritts und dieser Entwicklung und musste deshalb im Einklang mit der Göttlichen Weisheit, die alle Dinge umschließt, in Abschnitten über 23 Jahre offenbart werden. Warum es nun aber 23 Jahre, und nicht 22 oder 24 Jahre waren, erdreisten wir uns nicht zu fragen; wieviele es auch immer hätten sein können, wir würden es vielmehr in Demut und vollkommener Ergebenheit akzeptieren. Gepriesen sei Gott, der Herr der Welten! Möge Gott SEINEM Propheten und Gesandten Muhammed Frieden schenken und ihn segnen!

3.3

Warum begann die Offenbarung des Koran mit dem Befehl *"Iqra"* bzw. "Lies!"?

Nachdem der künftige Prophet Muhammed (s) begonnen hatte, gewisse innere und äußere Anzeichen und Hinweise der ihm bestimmten Autorität und Berufung zu spüren, wurde ihm die Einsamkeit sehr lieb. Er ging zu einem abgelegenen Fleckchen Erde in den Bergen um Mekka und vor allem zu einer Höhle des Berges Hira. Dort verbrachte er lange Zeiträume in spiritueller Zurückgezogenheit und von menschlicher Gesellschaft ungestört und gab sich Gebeten und Meditationen hin. In einer Nacht gegen Ende des Monats Ramaḍan etwa im Jahre 610, als er in seinem 40. Lebensjahr stand, kam der Engel Gabriel zu ihm und forderte ihn auf: "Rezitiere!" Er entgegnete: "Ich bin des Rezitierens nicht kundig." Daraufhin - wie er selbst berichtete- "ergriff mich der Engel und umschlang mich mit seinen Armen, bis er die Grenze meines Durchhaltevermögens erreicht hatte. Dann ließ er mich wieder frei und sagte: *"Rezitiere!"* Ich entgegnete: *"Ich bin des Rezitierens nicht kundig."* Da ergriff er mich erneut und umschlang mich mit seinen Armen, und als er wiederum die Grenze meines Durchhaltevermögens erreicht hatte, ließ er mich frei und sagte: *"Rezitiere!"* Und wieder sagte ich: *"Ich bin des Rezitierens unkundig."* Dann umschlang er mich wie schon zuvor ein drittes Mal, ließ mich dann los und sagte:

> *"Rezitiere im Namen deines Herrn, DER erschuf, erschuf den Menschen aus geronnenem Blut! Rezitiere, und dein Herr ist sehr gütig, DER durch die Schreibfeder lehrt, den Menschen lehrt, was er nicht weiß!"* (Koran, 96:1-5)

Der Göttliche Befehl, die Botschaft des Islam zu verkünden, beginnt mit dem erhabenen Imperativ *"Iqra"*. Dieses Wort (das mit dem Wort *"Qur'an"* zusammenhängt) wird im allgemeinen mit "Rezitiere!" wiedergegeben, bedeutet aber auch "laut aufsagen" oder "lesen". Es ist nicht an nur ein einzelnes Individuum zu einem bestimmten Anlass gerichtet. Es ist vielmehr durch den Propheten Muhammed (s) an die gesamte Menschheit gerichtet. Mit seinem Hören und Ertragen des großen Gewichtes dieses Imperativs repräsentiert der Prophet die Menschheit generell in ihrer Beziehung zu Gott. *"Iqra"* ist somit eine universale Anordnung, für jeden von uns eine Tür zum Islam, der von uns verlangt, dass wir nach dem Besten in unserem Wesen und bei unseren Handlungen streben und dass wir den Pfad betreten, der weg von der Fehlerhaftigkeit hin zur Tugend und zum Glück führt - sowohl in dieser als auch in der nächsten Welt.

"Iqra" ist ein Befehl, die Zeichen zu "lesen", die der Schöpfer in die Schöpfung gelegt hat, um uns in die Lage zu versetzen, ein wenig SEINE Barmherzigkeit, Weisheit und Macht zu verstehen. Es handelt sich um einen Befehl, die Bedeutung SEINER Schöpfung durch Erfahrung und Nachdenken zu begreifen. Und gleichzeitig ist *"Iqra"* eine unfehlbare Zusicherung, dass in der Schöpfung tatsächlich

gelesen werden kann und dass sie verständlich ist. Je besser wir lernen, in ihr zu lesen, desto besser verstehen wir, dass die erschaffene Welt ein einziges Universum ist, dessen Schönheit und Harmonie die Verwahrte Tafel (*Lauhun mahfuz*, im Koran in Sure 85 Vers 21 erwähnt) reflektiert, auf der durch Göttliches Dekret alle Dinge für jede einzelne Minute von vor Beginn bis über das Ende der Zeit hinaus aufgeschrieben ist.

Es gibt nichts, was Gott nicht erschaffen hätte. Jeder Einzelheit dieser Schöpfung, sei sie nun belebt oder nicht, eine Sache oder ein Lebewesen, hat Gott die Funktion zugewiesen, eine "Schreibfeder" zu sein, ein Instrument der Aufzeichnung. Dementsprechend ist jede Einzelheit aufgezeichnet und wird auch weiterhin alles, was geschieht und damit im Zusammenhang steht, aufgezeichnet werden, und zwar sowohl die initiierenden als auch die andauernden Ereignisse. Nur beim Menschen sieht es anders aus.

Jede belebte oder unbelebte Einzelheit ist ein Buch, das ihre Aufzeichnung enthält und widerspiegelt. Deshalb lautet der Befehl an uns "Lies!" statt einfach "Sieh!". Die Zeichen in der Schöpfung sind für uns nicht nur zum passiven Anschauen da; sie sollen von uns vielmehr aktiv "gelesen", von unserem Verstand analysiert und verstanden werden. Dieses großartige Universum, angefüllt von unzählbaren Einzelheiten - in ihm befindet sich eine so große Bibliothek für die Erziehung und Bildung des Menschen, der zwar ein Teil von ihm, aber doch etwas anderes ist. Zusätzlich zur Pflicht des Aufzeichnens und Schreibens, ist dem Menschen die besondere Ehre zuteil geworden, auch zu "lesen". Was für ein sublimer Imperativ ist also dieses *"Iqra"!* Anders als alles sonstige in der Schöpfung, reicht es in unserem Fall nicht aus, dass wir die Welt "erfahren", es ist vielmehr für unsere eigene Würde unerlässlich, dass wir sie auch "kennenlernen". Wissenschaft ist das Studieren der Natur und der Funktionen aller Dinge im Universum sowie der Harmonie und Prinzipien, die ihre Wechselwirkung beherrschen. Wissenschaft akkumuliert Wissen, zum Teil durch Beobachten und Klassifizieren und zum Teil durch Erklären und Experimentieren. Die ausgewogene Ordnung, die feine Verwobenheit aller Elemente des Universums in jedwedem Ausmaß, ob mikroskopisch oder makrokosmisch, sowie die äußerst produktive Dynamik davon - alles durch aus der Wissenschaft erworbene Kenntnisse bestätigt - können nicht einfach irgendwie einem bloßen Zufall zugeordnet werden. Es muss einen Einzigen, ein Oberstes Wesen geben, DAS dieses umfangreiche Ordnungsgefüge und seine Gesetzmäßigkeiten ins Leben ruft und am Leben erhält. Die Existenz des Schöpfers und Erhaltenden ist mit Sicherheit beeindruckender und stärker präsent und für den Verstand realer als die Existenz all dessen, was ER erschafft und erhält.

Jedes Ordnungsgefüge oder System wird vor seinem Inkraftsetzen durchdacht und entworfen, wie auch ein architektonisches Projekt im Kopf des Architekten entsteht, bevor ein endgültiger und detaillierter Entwurf zu Papier gebracht wird. Wenn wir uns (um unserem beschränkten Verstand eine Hilfestellung zu geben) die Verwahrte Tafel als einen solchen detaillierten Plan vorstellen, von dem der Koran die verbale Exposition ist, dann können wir das tatsächliche Universum als eine Reflektion in der Welt der Zeit dieses endgültigen Plans betrachten. Der Mensch ist kaum in der Lage, die Schöpfung als ein einziges Universum zu begreifen, geschweige denn sich den Plan für ein derartiges Universum vorzustellen. Und schon gar nicht kann er eins erschaffen.

Nein wirklich! Die angemessene Aufgabe des Menschen besteht im Lesen. Wenn er liest, sucht er die volle Bedeutung aller Dinge. Natürlich scheitert er an der Verwirklichung dieses Ziels. Er kann nicht anders als Fehler zu machen, aus denen er mehr oder weniger lernt; auf diese Weise entwickelt er eine Methode von Experiment und Irrtum. Indem er seine Versuche noch einmal überprüft, kämpft er darum, in der Vergangenheit begangene Fehler auszuschließen, und verbessert ständig die Genauigkeit und Verlässlichkeit seiner Kenntnisse. Was für eine Art von Wissen ist es, das sich der Mensch so eifrig aneignet?

Es gibt einen Unterschied zwischen dem Betrachten und dem genauen Hinsehen bei einer Sache; und außerdem einen Unterschied dazu und dem Kennenlernen und Verstehen dieser Sache. Einen weiteren Unterschied gibt es zwischen einem Verständnis, das lediglich äußerlich ist, und einem, das versucht, sowohl innerlich als auch äußerlich zu sein, so dass die Sache in ihrer ganzen Beschaffenheit dem ganzen Bewusstsein des Menschen zugänglich und nicht nur gewogen, gemessen und manipuliert, sondern als ein Zeichen der Schöpfung gelesen wird. Ein entsprechender Unterschied besteht zwischen der Anwendung des geringeren und des höheren Verständnisses. So kann zum Beispiel durch Technologie durchgeführte materialistische Wissenschaft nur einen Teil der Kraft hervorbringen, während eine Wissenschaft, die spirituell wachsam bleibt, durch angewandte Kontemplation und Gottesanbetung zur Weisheit gelangen kann. Dann gibt es noch einen weiteren Unterschied zwischen Lernen und Lehre, zwischen dem

Wissen und dem Verstehen nur für sich selbst und es anderen zu ermöglichen, ebenfalls dieses Wissen und Verstehen zu erlangen. Und schließlich gibt es noch einen großen Unterschied zwischen denen, die das Lernen oder Lehren unternehmen, um sich dem Schöpfer zu ergeben und IHM zu vertrauen, und solchen, die durch ihr Lernen und Lehren an der Illusion der Unabhängigkeit von Handeln oder Sein festhalten.

Diese Vielfalt und Abstufung des Lesens der Welt durch den Menschen geschieht nebeneinander und fortlaufend. Denn es gibt im Universum gewisse Gesetze und Kategorien, die alles Sein und alles Handeln in ihm bedingen. Diese Gesetze und Kategorien hat der Schöpfer in ihm errichtet, DER ihr harmonisches Funktionieren lenkt und aufrechterhält. Dazu gehören:

1. eine Bewegung vom Einen zum Vielen, vom Einfachen zum Komplexen;
2. ein Prozess des Entstehens, des Ins-Dasein-Tretens innerhalb der vielen gleichen, verschiedenen oder gegensätzlichen Elemente;
3. eine dynamische und bleibende Ausgewogenheit der Vielfalt;
4. Aufeinanderfolgen oder Wechsel, der Transfer vom einen zum anderen hinsichtlich von Eigenschaften, Energie, Kraft oder Wissen;
5. Erwerb, Verlust und Wiedererwerb oder Lernen, Vergessen und erneutes Lernen;
6. Kämpfen und Durchhalten oder Energie und Engagement;
7. Abbrechen und Wiederherstellen oder Analyse und

Synthese;

8. Inspiration, die enthüllt und offenbart, Intuition, die durchdringend ist und Klarheit schafft.

Die Menschheit ist Gegenstand einer jeden dieser Bedingungen, wobei es auch noch weitere gibt. Es gibt deshalb notwendigerweise eine große Anzahl und Unterschiedlichkeit der Menschen, die sich in ihren Ideen und Glaubensvorstellungen, ihren Gefühlen und Einstellungen sowie ihren Handlungsweisen mehr oder weniger ähnlich sind. Diese natürlichen Unterschiede und Gegensätze sind jedoch nicht statisch, und es fehlt ihnen auch nicht an Zweck und Bedeutung.

Sie befinden sich vielmehr in einer dynamischen, fruchtbaren Balance. Folglich haben Menschen verschiedene (und sich ändernde) Vorstellungen von und Herangehensweise an Themen wie Wissenschaft und Glaube. Es ist jedoch mit ziemlicher Sicherheit ein Verlust für die Menschheit, im ausschließlichen Bemühen um den Glauben auf die aus der Wissenschaft erworbenen Kenntnisse zu verzichten, und es bedeutet auch einen Verlust, im ausschließlichen Bemühen um wissenschaftliche Kenntnisse den Glauben beiseitezulegen oder ihn sogar ganz zu vernachlässigen.

Als Ergebnis der Vielfalt unter den Menschen und ihrer Verhältnisse könnten für eine gewisse Zeit die Lehren selbst des Propheten Muhammed (s) aus den Augen verloren werden. Sie werden jedoch mit Sicherheit wieder unterrichtet werden, und ihr Ansehen wird wiederbelebt werden. Nach einer so enormen Zunahme der Anzahl und der Verschiedenheit der Menschen waren die Unterbrechung ihrer Traditionen und Historie sowie eine Zeit des

Zusammenbruchs und der Zerschlagung sicherlich ein natürlicher Vorgang; aber eine Zeit des prüfenden Rückblicks, eines Neuanfangs und des Wiederaufbaus der Historie und der Traditionen wird gewiss folgen, ja, hat sogar schon begonnen, und wir können bestimmt auf den Segen der Inspiration, Momente unerwarteter Geschlossenheit und unvermutete Errungenschaften hoffen.

Einen derartigen Zusammenbruch und dann folgenden Wiederaufbau hat es bereits früher gegeben und wird es auch in Zukunft geben. Die göttlich inspirierten Offenbarungsschriften, die Propheten (Friede sei mit ihnen allen!) und die Gesetze wurden, teilweise als Sicherstellung dieses Prozesses, hintereinander gesandt. Der Prophet Muhammed war mit einem Charakter gesegnet, der etwas der charakteristischen Vortrefflichkeit aller Propheten vor ihm aufeinander abstimmte. In ihm waren das profundeste spirituelle Wissen und die Weisheit mit dem Willen verbunden, kollektive Angelegenheiten auf dem Weg zu bringen und maßgeblich zu regeln; und in ihm war die Kraft, die einzelnen Herzen der Menschen zu inspirieren und ihre spirituellen Sehnsüchte mit der Kraft zu verbinden, die Differenzen zwischen den Menschen aufzuheben und andauernde Versöhnung herbeizuführen. Er war in der Lage, sowohl in individuellen als auch in kollektiven Angelegenheiten das ideale Gleichgewicht zwischen den Ansprüchen der Gerechtigkeit und des Mitgefühls zu demonstrieren. Sein Leben ist gefüllt mit Beispielen langen Leidens, der Nachsicht, der Standfestigkeit im Besiegen und auch der Hilfsbereitschaft, des Erfolges und des Sieges. Seine Ausdrucksweise war knapp, sachgemäß, einprägsam sowie geschliffen und wies nie einen Mangel in der Sache, in der Art und Weise des Ausdrucks oder in der Angemessenheit des jeweiligen Anlasses auf. Und wie vielfältig waren die Anlässe seiner Prophetenschaft: neben dem Koran war er die Quelle nicht nur des spirituellen Erweckens sondern auch einer großartigen und beständigen Zivilisation.

Deshalb bedeutet für einen Muslim das Befolgen des Befehls *"Iqra"* in gewisser Hinsicht eine größere Verantwortung und einen höheren Grad an inneren und äußeren Versuchungen und Kämpfen als in anderen Religionen. Gewiss sind diese umfangreicheren Versuchungen eine Möglichkeit, Würde und Ehre zu erlangen. Denn sie bringen nach dem Vorbild des Propheten eine reichhaltigere Harmonie verschiedenartiger Tugenden sowohl bei jedem Einzelnen als auch in der Gemeinschaft mit sich.

Jüngste Entdeckungen in der Physik, Astronomie, Chemie und Biologie haben gewissen Versen des Koran eine neue Klarheit verliehen und auf diese Weise einen guten Teil der ganzen Wirklichkeit, die auf der Verwahrten Tafel verzeichnet ist, ans Licht gebracht. Solche Fortschritte der Wissenschaft ereignen sich immer wieder in Folge, denn das Universum bewegt sich auf dem ihm bestimmten Kurs und im Verhältnis zur Verständnisfähigkeit, mit der die Menschen ausgestattet sind, immer weiter. Natürlich wollen wir die Anstrengungen und Leistungen der Forscher und Wissenschaftler angemessen zur Kenntnis nehmen und würdigen. Aber derartige Leistungen sollten die Menschen nicht zu Undank und Unverschämtheiten, den Wurzeln des Unglaubens verleiten. Wir sollten vielmehr unsere Abhängigkeit vom Schöpfer und Unentbehrlichkeit SEINER Rechtleitung für uns bei unserem Streben nach Wissen und bei dessen Anwendung nachdrücklich beteuern. Auf gar keinen Fall dürfen wir Menschen vergöttern, sonst werden wir im Stich gelassen und sind dann dem menschlichen Willen ausgeliefert, der in unseren Angelegenheiten als einziger Richter die wichtigste Rolle spielt.

In diesem Fall werden wissenschaftliche Forschungen und Leistungen immer unter der Kontrolle derjenigen Menschen bleiben, die sie nicht für das Wohlergehen der Menschheit als Ganzes anwenden, sondern für den vorübergehenden Vorteil eines eng eingegrenzten Kreises von Menschen. Dann wird die Wissenschaft zu einer Waffe gegen das religiöse Leben, ein hilfloser Diener von Ideologien, die zu einem selbstsüchtigen und im allgemeinen atheistischen Materialismus ermutigen. Wenn ein solcher Prozess nicht zum Stillstand gebracht wird, kann er unter Umständen in der Qualität des individuellen und gemeinschaftlichen Lebens eine nicht wieder gut zu machende Verminderung verursachen. Es ist zweifellos der Fall, dass infolge der Anwendung neuer Technologien immer mehr Menschen in ihren Handlungen in steigendem Maße ungeduldig, arrogant, unverantwortlich und hartherzig werden. Manche von ihnen behaupten sogar, dass sie irgendwie selbsterschaffen und deshalb auch niemandem gegenüber verantwortlich seien außer gegenüber sich selbst. Und dennoch haben sie es nicht zustande gebracht, auch nur ihr eigenes Glück zu vermehren; sie haben vielmehr den Umfang ihrer Bedürfnisse erweitert, so dass ihr Leben nun noch stressiger und sorgenvoller ist und von noch teureren Luxusgütern abhängig wird, um so der Realität zu entkommen und törichterweise und in bemitleidenswerter Form glauben zu können, man habe irgendwie eine "neue" Freiheit gewonnen.

Menschliche Gesellschaften sind teilweise durch das bloße

Tempo des wissenschaftlichen Fortschritts in der jüngsten Vergangenheit Opfer plötzlicher und weitreichender Veränderungen geworden, ohne sich dessen voll bewusst zu sein, was getan wurde, und fast ohne jede Vorstellung, wie die langfristigen Konsequenzen aussehen. Menschliche Gesellschaften sind jedoch keine Laboratorien, und Menschen sind keine Laborproben um des Experimentierens selbst willen. Es ist von essenzieller Bedeutung, dass die Beschäftigung mit der Wissenschaft und die menschliche Reaktion auf den göttlichen Befehl "*Iqra!*" mit dem kontemplativen Leben wieder vereinigt werden und dass wir erneut lernen, wie wir mit vollem Bewusstsein und um des wahren Verstehens sowie um der Weisheit willen "lesen" können.

Wenn wir dabei erfolgreich sind, dann werden wir zunächst einmal die modernen Wissenschaften von der Nutzlosigkeit und vom nüchternen Formalismus, in die sie eingebunden sind, befreien und dazu beitragen, zumindest ihre philosophischen Grundlagen und ihre soziale und moralische Relevanz zu klären. Zweitens werden wir in der Lage sein, die wahre Spanne der menschlichen Kräfte der Auffassungsgabe, des Intellektes und der Intuition aufzuzeigen und den Leuten deren eigenes Gleichgewicht und deren Gebrauch wieder bewusst zu machen. Dann wird ein jedwedes Individuum, das sein gesamtes Wesen auf das Studium der Schöpfung ausrichtet, ihre Zeichen mit religiöser Ernsthaftigkeit und Bescheidenheit lesen und ein Wissen erwerben, das für die ganze Menschheit zivilisierend und nützlich ist.

Es gibt also gar keinen Zweifel, dass wir auf diese Weise und für diesen Zweck lesen sollen: das erste erschaffene

Ding war die Schreibfeder, und das erste Wort der Offenbarung war *"Iqra"* (Ibn Hanbal, *Musnad*, 5, 317; Abu Dawud, *Sunan*, 16; Tirmidti, *Qadar*, 17). Mit dem gesamten Wesen lesen zu können erfordert jedoch, dass die inneren und äußeren Fähigkeiten zusammen einsatzbereit und harmonisch auf die wahren Wunder gerichtet sind. Jedweder Schaden an den inneren Fähigkeiten hat eine enorme Auswirkung auf das richtige Funktionieren der anderen.

Der Koran spricht von Blindheit, Taubheit und Stummheit, wenn er das Unwohlsein des Geistes erwähnt. Denn die Zeichen der erschaffenen Welt erreichen den Verstand zuerst über die Augen, werden zuerst von ihnen "gelesen". Und der Hörsinn macht als erstes die Erfahrung der Klänge der Offenbarung und leitet sie dem Verstand zu. Das Redevermögen schließlich besteht darin, wie alles Gesehene und Gehörte dargelegt, interpretiert und vermittelt und das Verständnis vertieft wird. Ein Mensch, dessen Innenleben kränklich ist, wird von der Außenwelt nur das sehen, was sein unmittelbares Überleben oder sein unmittelbares Vergnügen angeht. Weder wird sein Hören irgendwelche verständliche Töne ausmachen, es sei denn wie schon zuvor solche, die sein unmittelbares Überleben oder Vergnügen betreffen, noch wird er in der Lage sein, irgend etwas zum Ausdruck zu bringen, es sei denn nach dem zu rufen, was er für sein unmittelbares Überleben oder Vergnügen benötigt. Wie auch immer er sich abmühen wird, er wird nicht in der Lage sein, die Zeichen zu lesen, die der Schöpfer ins Universum gelegt hat; er wird lediglich mechanisch zusammenhängende Körper und Flächen finden, und sein Verstand wird ganz und gar damit beschäftigt sein, solche Normen und Gesetzmäßigkeiten zu suchen, die ihm einen mechanischen Vorteil über diese Körper und Flächen bringen. Da sein Innenleben verkümmert, werden alle Ressourcen der Kontemplation und des Mitgefühls sowohl das Individuum als auch seine Gemeinschaft im Stich lassen - auf diese Weise werden sich Hässlichkeit, Trivialität und Barbarei etablieren, so dass das Individuum wahrscheinlich selbst seine unmittelbaren Bedürfnisse und Vergnügungen nicht mehr in seiner Hand haben und immer unsicher, immer verängstigt und immer unzufrieden sein wird. Eine derartige Person ist in der Tat blind, taub und stumm, und das weite Universum wird für sie zum engsten aller Gefängnisse werden.

"Iqra", der Befehl zu lesen, ist an das ganze Spektrum unserer inneren und äußeren Fähigkeiten gerichtet. Der Befehl trifft auf taube Ohren, es sei denn, wir reagieren mit unserem gesamten Wesen in einem Gleichgewicht von Einsicht, Gefühl, Verstand und Intuition und streben nach einem Verstehen der Zeichen in der Schöpfung, einem Verstehen, das sich gründet auf und angewendet wird im Kontext von einer Disposition, die daran erinnert, dass es Gott ist, DER durch die Schreibfeder lehrt, den Menschen lehrt, was er nicht wusste. Und dann ist "Iqra" auch eine Aufforderung zu rezitieren, laut aufzusagen, das uns eröffnete Wissen in Worte zu kleiden und zu danken und zu preisen.

3.4

Stimmt es, dass der Koran alles erwähnt, was den Menschen nützlich ist?

Wenn es stimmt, erwähnt er dann einige der Fragen, an denen in der heutigen Zeit Wissenschaft und Technik arbeiten?

Der Hauptzweck des Koran liegt darin, der Menschheit den Schöpfer bewusst zu machen, zu versichern, dass ER durch alles, was auf der Erde oder in den Himmeln zu sehen oder zu entdecken ist, erkannt werden kann, die Menschen auf den Weg des Glaubens und der Gottesanbetung zu führen und das individuelle und kollektive Leben so zu regeln, dass die Leute sowohl in dieser als auch in der jenseitigen Welt wirkliches Glück erlangen. Nur zu diesem Zweck erwähnt der Koran alle Angelegenheiten so wie er es tut und in dem Ausmaß an Ausführlichkeit so wie er es tut. Darüber hinaus macht der Koran ebenfalls zu diesem Zweck die Dinge bekannt, die er bekanntgibt, und zwar in einer ganz bestimmten Methode und Reihenfolge und in einem ganz bestimmten Kontext, so dass diejenigen, die sich dieser Methode nicht bewusst sind, nicht in der Lage sind, das zu finden, was sie suchen, und wohl Enttäuschungen erleiden.

Da der Koran um des Menschen willen offenbart wurde, um den Menschen in der Beziehung zu seinem Schöpfer sicher zu machen und ihn in die Lage zu versetzen, in allen Schichten und Berufen Erfolg und ewiges Glück zu erlangen, ist er notwendigerweise umfassend. Dass dies zutrifft, kann anhand der zahllosen Bücher und Kommentare, die zu seinen verschiedenen Themen geschrieben wurden, bestätigt werden. Die Perfektion des Stils und Eloquenz der arabischen Sprache des Koran sind von den bedeutendsten Literaturexperten aller Jahrhunderte bestätigt worden; sie inspirierten sie nicht nur im Arabischen, sondern auch in den anderen Sprachen, die von Muslimen verbreitet gesprochen werden, zu ausgezeichneten Leistungen. Mit dem Koran als Ratgeber sind Gelehrte, die den Menschen oder die physikalische Welt genau untersucht haben, in der Lage gewesen, hinter die wahre Natur der Dinge und Geschehnisse zu schauen und sie zu begreifen. Anhand der Weisheit des Koran haben es Psychologen und Soziologen geschafft, die im Zusammenhang mit individuellen oder kollektiven Angelegenheiten knifflichsten Probleme zu lösen. Und Moralisten und Pädagogen zogen stets den Koran als eine unerschöpfliche und nie versiegende Quelle für die Erziehung und Ausbildung künftiger Generationen zu Rate. Es wäre in der Tat unmöglich, auf wenig Raum die vielen Vorteile wiederzugeben, die der moralische Wert des Koran den Menschen gebracht hat.

Wenn wir in der heutigen Zeit über den Inhalt des Koran reden, wozu viele Menschen, besonders die Jungen, geneigt sind, dann hat das etwas zu tun mit den wissenschaftlichen und technologischen Themen in der Offenbarungsschrift und in welcher Beziehung sie zu den empirischen

Wissenschaften der Gegenwart stehen.

Über diese Frage sind bis jetzt schon eine Menge Bücher geschrieben worden. Sie haben versucht, die koranischen Wahrheiten in Bezug zu wissenschaftlichen Erkenntnissen zu bringen. Viele dieser Bücher waren sicher durch die Kultur und Wissenschaft der jeweiligen Epoche beeinflusst, und obwohl auf diese Kommentare viel Sorgfalt und Mühe verwendet wurden, waren die Menschen über sie im Zweifel und fanden sie zu überladen und an den Haaren herbei gezogen. Vor allem die Bemühungen, die koranischen Wahrheiten mit bestimmten Hypothesen (mehr oder weniger als wissenschaftliche Wahrheiten akzeptiert, bevor sie überhaupt wirklich gesichert waren) in Übereinstimmung zu bringen, hatten den Anschein, den Koran verzerrt oder falsch darzustellen um ihn sogar geringschätzig zu behandeln. In Wirklichkeit sind die koranischen Aussagen über wissenschaftliche Themen in einer klaren Sprache zum Ausdruck gebracht, dass sogar ein Hirte in den Bergen zu ihnen einen Zugang findet und noch Jahrhunderte nach ihrer Offenbarung mittels des Erzengels Gabriel, der die Offenbarung dem Propheten brachte, nachdenkenswert sind. Diejenigen, die sie in rechter Weise lesen, sind sich in ihrem Verständnis hinsichtlich der göttlichen Absicht in ihnen einig, außer dass jeder entsprechend seines Bildungsstandes ein besonderes Empfinden haben mag.

Es ist deshalb bei der Auslegung des Koran wichtig, objektiv zu sein und der Präzision, Fundiertheit und Klarheit der Göttlichen Offenbarung treu zu bleiben. Anstatt den Koran im Licht gewisser Phänomene und einer Fachsprache außerhalb des Koran zu interpretieren, sollten die Phänomene interpretiert werden, und jene Fachsprache sollte im Lichte des Koran gewählt werden. Es erübrigt sich eigentlich zu erwähnen, dass die Verse im Koran am besten durch eine hinreichende Kenntnis der arabischen Sprache, der feinen Nuancen ihrer Wörter und Strukturen und mit einer guten Vertrautheit der Anlässe, zu denen die jeweiligen Verse offenbart wurden, verstanden werden. Aus den genannten Gründen sind das Verständnis und die Interpretationen der Gefährten des Propheten, ihrer Nachfolger (der Generationen nach den Gefährten) und der ersten Kommentatoren wie zum Beispiel Ibn Dscharir die verlässlichsten und, was nicht überraschend ist, diejenigen sind, die mit den bisher aufgestellten wissenschaftlichen Wahrheiten am meisten im Einklang stehen. Dagegen sind spätere Kommentare, auch wenn sie philosophisch subtiler und profunder erscheinen, weit hergeholt und überladen und stehen nicht mit dem im Einklang, was die Wissenschaft bis jetzt bestätigen konnte. Wir können an dieser Stelle nur einige wenige Beispiele aus dem Koran anbieten, um diese These zu veranschaulichen.

1. Der Schöpfer, DER von vor dem Anfang bis über das Ende der Zeit hinaus alles sieht und alles weiß, längt unsere Aufmerksamkeit auf die Tatsache, im generellen Sinn, dass die Zukunft das Zeitalter des Wissens und der Information und konsequenterweise ein Zeitalter des Gottvertrauens und des Glaubens sein wird:

> *"Schon bald werden WIR ihnen UNSERE Zeichen an den Horizonten und in ihnen selbst zeigen, bis es ihnen deutlich wird, dass es die Wahrheit ist. Genügt es denn nicht, dass dein Herr alle Dinge bezeugt?"* (Koran, 41:53)

Schon in den ersten Tagen des Islam haben die Sufis diesen Vers für ein Zeichen und ein Versichern der spirituellen

Weisheit, nach der sie strebten, angesehen und sich auf ihn bezogen. Wenn man diesen Vers aber auch unter dem Gesichtspunkt liest, wie seit seiner Offenbarung die wissenschaftlichen Kenntnisse immer mehr zugenommen haben (eine Zunahme, die im Wesentlichen durch die Arbeit muslimischer Gelehrter und Wissenschaftler initiiert und fortgeführt wurde), dann wird man sehen, dass die bloße Tatsache des Verses ein Wunder ist.

Alles, was innerhalb des Bereiches menschlichen Denkens und Forschens liegt, kann nur bestätigen, dass der Schöpfer der Eine ist, wie auch die wahre Natur und Beziehung zwischen Mikrokosmos und Makrokosmos allmählich entschlüsselt und besser verstanden werden. Wenn wir sehen, dass Hunderte von Büchern zu diesem Thema zur Verfügung stehen, dann werden wir Zeuge, dass alles, was Göttlich offenbart wurde, zur Verfügung steht. Sogar jetzt haben wir das Gefühl, dass wir bald von Tausenden zur Natur gehörenden Zungen Aussagen und Lobpreisungen zu Ehren Gottes hören und in der Lage sein werden, sie zu verstehen:

> "Es preisen IHN die sieben Himmel und die Erde und wer darinnen. Und es gibt nichts, was IHN nicht preist. Doch versteht ihr nicht ihr Lobpreisen. ER ist fürwahr milde, verzeihend." (Koran, 17:44).

Was wir schon an Bedeutung dieses Verses verstehen, ist nicht unerheblich. Die kleinsten Atome wie auch die größten Sternennebel sprechen zu uns in ihrer Sprache über ihre Unterwerfung unter den Einen Gott und preisen IHN auf diese Weise. Die Anzahl der Menschen, die diesen universalen Lobpreis Gottes hören und verstehen können, ist jedoch sehr gering, und die aufrichtigen Muslime, die die

Menschen der ganzen Erde dazu bringen, diesen Lobpreis zu hören, sind auch nur wenige, verstreut und kaum der Rede wert.

2. Was der Koran über die Bildung und Entwicklungsphasen eines Embryo im Uterus enthüllt, ist erstaunlich:

> *"O ihr Menschen! Wenn ihr im Zweifel seid über die Auferstehung: WIR haben euch aus Staub erschaffen, dann aus einem Samentropfen, dann aus geronnenem Blut, dann aus einem kleinen Fleischklumpen, geformt und ungeformt, auf dass WIR euch eine eindeutige Erklärung geben . . ."*
> (Koran, 22:5)

In einem anderen Vers wird die Entwicklung in noch kleineren Einzelheiten erklärt, und die verschiedenen Phasen werden noch deutlicher hervorgehoben:

> *"WIR haben ja den Menschen aus einem Tonextrakt erschaffen, dann platzierten WIR ihn als einen Samentropfen in eine sichere Stätte; dann schufen WIR den Samentropfen zu geronnenem Blut, das geronnene Blut schufen WIR zu einem Fleischklumpen, und den Fleischklumpen schufen WIR zu Knochen, und die Knochen überzogen WIR mit Fleisch; dann brachten WIR es als eine andere Schöpfung hervor . . . ."* (Koran, 23:12-14)

> *".... ER erschafft euch in den Schößen eurer Mütter, eine Schöpfung nach einer Schöpfung in drei Finsternissen......."*
> (Koran, 39:6)

Der koranische Ausdruck "drei Finsternisse" kann jetzt im Detail erläutert werden: das Parametrium, Miometrium und Endometrium sind drei Gewebe, die drei wasser-, hitze - und lichtgeschützte Membranen umschließen, nämlich

Amnion, Corion und die Wand der Gebärmutter.

3. Was der Koran über Milch und den Prozess ihrer Produktion ausgesagt hat, ist so brillant wie das Getränk selbst ist, und das zu verstehen, ist nützlich:

> *"Und im Vieh ist für euch fürwahr eine Lehre. WIR tränken euch mit dem, was in seinen Leibern zwischen dem Verdauten und Blut ist, reine Milch, schmackhaft für die Trinkenden."* (Koran, 16:66)

Der Koran schildert den Prozess in bemerkenswertem Detail: Teilverdauung dessen, was als Nahrung aufgenommen wird, und dessen Absorption; ein zweiter Prozess und Raffinierung in den Drüsen. Milch ist eine gesunde und angenehme Nahrung für den Menschen, obwohl es sich um ein Sekret wie andere Sekrete zwischen den Ausscheidungen, die der Körper als nutzlos aussortiert, und dem wertvollen Blutkreislauf, der im Körper zirkuliert, handelt.

4. Der Koran hat kundgetan, dass alles in der Natur paarweise erschaffen wurde.

> *"Gepriesen sei DER, DER von allem, was die Erde hervorbringt, und von ihnen selbst und von dem, was sie nicht kennen, die Arten alle paarweise erschaffen hat!"* (Koran, 36:36)

Alles gibt es zweimal. Jedes Ding hat sein Gegenstück, sei es ihm nun entgegengesetzt oder komplementär. Das Komplement des Geschlechts beim Menschen und beim Tier sowie bei bestimmten Pflanzen ist schon lange bekannt. Aber was ist mit all den Paaren "bei allen Dingen und bei denen, die sie nicht kennen"?

Das könnte sich auf eine ganze Reihe von unbelebten als auch belebten Daseinsformen beziehen. In den subtilen Kräften und Prinzipien der Natur innerhalb der (als auch unter den) belebten oder unbelebten Daseinsformen gibt es viele Arten von Paaren. Wie unsere modernen Instrumente bestätigen können, kommt in der Tat von Atomen bis hin zu Wolken alles zweifach vor.

5. Der Koran gibt in seiner einzigartigen Ausdrucksweise die erste Erschaffung der Welt und Lebensformen in ihr wieder:

> *"Sehen denn die, die ungläubig sind, nicht, dass die Himmel und die Erde miteinander verbunden waren und WIR sie dann beide trennten? Und aus dem Wasser machten WIR alles lebendig. Glauben sie denn nicht?"* (Koran, 21:30)

Die Darstellung im Koran ist offenkundig und klar und sollte nicht mit den verschiedenen Hypothesen, die dargelegt werden, als ob der Grundstoff in der Schöpfung Äther oder eine riesige Wolke, ein gewaltiger Sternnebel, eine Masse aus heißem Gas oder sonst irgendetwas sei, durcheinandergemengt werden. Der Koran hat auch erklärt, dass alles aus Wasser erschaffen wurde. Die Offenbarungsschrift macht sich keine Sorgen darum, ob diese einzigartige Lebensquelle als Ergebnis von Gasen und Nebelschwaden, die zuerst von der Erde aufstiegen, dann kondensierten und zu ihr als Regen zurückkehrten und schließlich die Meere bildeten, und auf diese Weise das geeignete Umfeld und die Bedingung, um Leben zu formen, entstand oder auf irgendeine andere Art. Der Vers im Koran präsentiert klar und deutlich und unmissverständlich das Universum als ein einziges Wunder der Schöpfung. Alles im Universum ist ein integraler Bestandteil dieses Wunders und trägt Zeichen, die dies belegen. Alles ist miteinander verbunden , wie die Blätter in wuchtigen Bäumen, die zwar alle unterschiedlich, aber dennoch ähnlich sind und eine gemeinsame Wurzel haben. Der Vers betont natürlich auch die Vitalität und Bedeutung des Wassers, das drei Viertel der Masse der meisten lebenden Körper ausmacht.

6. Die Sonne hat einen speziellen und bedeutenden Platz in der Schöpfung. Der Koran deckt ihre wichtigsten Aspekte in gerade vier arabischen Wörtern auf, deren ganze Bedeutung wiederzugeben nicht einfach ist:

> *"Und die Sonne eilt zu einem ihr bestimmten Aufenthaltsort. Das ist der Beschluss des Allmächtigen, des Allwissenden."* (Koran, 36:38)

Das Wort *"Mustaqarr"* (Aufenthaltsort) kann hier faktisch eine festgelegte Bahn im Weltraum oder einen festen Ort des Verweilens oder Aufenthalts oder eine festgelegte Teilstrecke bedeuten. Es wird uns nicht nur mitgeteilt, dass die Sonne auf einer vorbestimmten Bahn läuft, sondern auch, dass sie sich in Richtung auf einen bestimmten Punkt im Universum hinbewegt. Das Sonnensystem (die Sonne und ihre abhängigen Planeten und Monde) rast, wie wir jetzt wissen, auf das Sternbild Lyra (Leier) mit einer fast unvorstellbaren Geschwindigkeit zu (in jeder Sekunde kommen wir diesem Sternbild zehn Meilen, also fast eine Million Meilen am Tag näher). Unsere Aufmerksamkeit wird also auf die Tatsache gelenkt, dass die Sonne, wenn sie ihre ihr zugewiesene Aufgabe erfüllt hat, durch einen Befehl verweilen und ihren ständigen Aufenthaltsort einnehmen wird.

Der Koran ist also derart reichhaltig, dass er viele wahre

Fakten mit so wenigen Wörtern zum Ausdruck bringt. In diesem Fall werden in nur vier Wörtern viele vage bekannte Dinge geklärt - obwohl der Koran vor vierzehn Jahrhunderten offenbart wurde, als die Leute im Allgemeinen glaubten, die Sonne vollziehe einen täglichen Umlauf um die Erde.

7. Ein weitere der inspirierenden und eloquenten Aussagen im Koran betrifft die Ausdehnung oder Expansion des Universums im Raum; und wieder benutzt das arabische Original nur vier Wörter:

> *"Und den Himmel, WIR haben ihn mit Kraft erbaut, und WIR geben fürwahr eine weite Ausdehnung."* (Koran, 51:47).

Der Vers enthüllt uns, dass die Entfernung (der Raum) zwischen Himmelskörpern zunimmt und das Universum sich ausdehnt. Im Jahre 1922 behauptete der Astronom Hubble, dass alle Galaxien mit Ausnahme der fünf nächsten zur Erde sich weiter in den Raum hinwegbewegen, mit einer Geschwindigkeit, die direkt proportional zu ihrer Entfernung von der Erde ist. Nach der Aussage Hubbles bewegt sich eine eine Million Lichtjahre entfernte Galaxie mit einer Geschwindigkeit von 168 km pro Jahr hinweg, eine zwei Millionen Lichtjahre entfernte mit der doppelten Geschwindigkeit, usw. Der belgische Mathematiker und Priester Le Maitre erfand und entwickelte später die Theorie, dass das Universum sich ausdehne. Egal wie Menschen diesen Sachverhalt in Worte zu kleiden versuchen, sei es nun durch den Koeffizienten von Hubble oder (in Zukunft) durch sonst irgendjemand, die Offenbarung ist hinsichtlich dieses Sachverhaltes zweifelsfrei klar.

8. Der Koran gibt uns einige Hinweise der nicht sichtbaren

Wirkungsweisen, von denen wir jetzt die Gesetze der Physik wie zum Beispiel anziehende und abstoßende Kräfte sowie Rotationen und Revolutionen im Universum nennen:

> *"Allah ist es, DER die Himmel erhöht hat ohne Säulen, die ihr seht...."* (Koran, 13:2)

Die Himmelskörper von den einzelnen Monden bis hin zu ganzen Sonnensystemen bewegen sich in einer Ordnung, Balance und Harmonie. In dieser Ordnung werden sie durch Säulen festgehalten und gestützt, und zwar durch Säulen, die man nicht sehen kann. Einige dieser "Säulen" sind die Abstoß- und Fliehkraft:

> *".....Und ER hält den Himmel zurück, auf dass er nicht auf die Erde falle, es sei denn mit SEINER Erlaubnis......"* (Koran, 22:65)

Aus diesem Vers lernen wir, dass die Himmelskörper zu keinem Augenblick auf die Erde stürzen können, es sei denn, der Allmächtige lässt es zu. Hierin liegt ein Beweis für den universalen Gehorsam gegenüber SEINEM Wort, das in der Sprache der zeitgenössischen Wissenschaft als Balance zwischen der zentripedalen und der zentrifugalen Kräfte erklärt wird. Von noch weitaus größerer Bedeutung ist es, dass wir unsere Gedanken auf diesen Gehorsam und auf die Göttliche Gnade, durch die das Universum in seiner verlässlichen Bewegung festgehalten wird, richten anstatt darauf, ob die Menschen nun Newtons oder Einsteins Theorien über die mechanischen und mathematischen Gesetze jenes Gehorsams folgen.

9. Es gibt einen Vers im Koran, von dem manche Kommentatoren dachten, er beziehe sich vielleicht auf die Reise zum Mond, eine Möglichkeit, die einst als abwegig galt, aber vor

noch gar nicht allzu langer Zeit Realität wurde:

> "*Beim Mond, wenn er voll ist! Ihr werdet sicher von einer Schicht zur anderen Schicht reisen."* (Koran, 84:18-19)

Frühere Kommentatoren verstanden diesen Vers ganz anders. Sie lasen ihn im übertragenen Sinn hinsichtlich des spirituellen Lebens des Menschen, das als ein Aufstieg von einer Stufe zur nächsthöheren, von einem Himmel zum anderen angesehen wurde. Andere interpretierten den Vers im Zusammenhang mit dem Wechsel im Generellen von einem Zustand in den anderen. Im Laufe der Zeit versuchten spätere Koranexegeten, den Sinn auf dem Wege der Umschreibung zu deuten, weil die wörtliche Bedeutung des Verses nicht mit dem im Einklang stand, was sie ganz sicher fühlten, über die Möglichkeit des tatsächlichen Reisens über Entfernungen dieser Größenordnungen zu wissen. Faktisch liegt jedoch der treffendste Sinn der Wörter, die dem Schwur (Beim Mond!) folgen, unter Berücksichtigung des unmittelbaren Kontextes des Verses im wirklichen Reisen zum Mond, sei es nun wortwörtlich oder im übertragenen Sinn.

10. Die Wörter in der Offenbarungsschrift, die über das geographische Aussehen der Erde und den Wechsel über dieses Aussehens berichten, sind besonders interessant:

> *"...Sehen sie denn nicht, dass WIR in das Land kommen und es von seinen äußeren Begrenzungen her schrumpfen lassen? Sind sie denn die Obsiegenden?"* (Koran, 21:44)

Der Hinweis auf das Schrumpfenlassen von seinen äußeren Begrenzungen her könnte sich eher auf die heute bekannte Tatsache beziehen, dass die Erde an den Polen zusammengedrückt wird, als auf die Erosion von Bergen durch Wind und Regen, die Meeresstrände oder das Vordringen der Wüste auf Ländereien, die vom Menschen kultiviert (und damit beherrscht) werden.

Zu einer Zeit, in der die Menschen im Allgemeinen glaubten, die Erde sei flach und unbeweglich, enthüllte der Koran in mehreren verschiedenen Versen explizit und implizit, dass sie rund ist. Und zur noch größeren Überraschung teilt er uns auch mit, dass das genaue Aussehen eher einem Straußenei denn einer Kugel gleicht.

> *"Und danach gab ER der Erde das Aussehen eines Eies, ER brachte aus ihr ihr Wasser und ihr Weideland hervor."* (Koran, 79:30-31)

Das arabische Verb *"daha"* hat die Bedeutung "das Aussehen eines Eies geben"- das abgeleitete Nomen "Dahia" wird noch in der Bedeutung eines Eies benutzt. Da in der damaligen Zeit einigen Exegeten die wissenschaftliche Tatsache im Gegensatz zum Eindruck des Verstandes zu stehen schien, verstanden sie die Bedeutung des Wortes fälschlicherweise als "ausbreiten", wobei sie vielleicht fürchteten, dass die wortwörtliche Bedeutung schwer zu verstehen sei und so in die Irre führen könnte. Moderne Instrumente haben natürlich vor gar nicht allzu langer Zeit den Nachweis erbracht, dass die Form der Erde tatsächlich einem Ei ähnlicher ist als einer vollkommenen Kugel und dass es bei den Polen eine leichte Abplattung und am Äquator eine leichte Krümmung gibt.

11. Als letztes Beispiel wollen wir betrachten, was der Koran über die Sonne und den Mond sagt:

> *"Und WIR machten die Nacht und den Tag zu zwei Zeichen. Das Zeichen der Nacht machten WIR nun dunkel,*

und das Zeichen des Tages machten WIR licht ...." (Koran, 17:12)

Nach der Aussage von Ibn Abbas bezieht sich das Zeichen der Nacht auf den Mond, das Zeichen des Tages auf die Sonne. Deshalb lernen wir aus den Worten *"Das Zeichen der Nacht machten Wir nun dunkel"*, dass der Mond einst wie die Sonne Licht ausstrahlte und Gott das Licht von ihm nahm und ihn dunkel oder obskur werden ließ. Während der Vers auf diese Weise die Vergangenheit des Mondes genau schildert, weist er auch auf das künftige Schicksal anderer Himmelskörper hin.

Es gibt noch viele andere Verse im Koran, die sich auf das beziehen, was wir jetzt wissenschaftliche Fakten nennen. Die Existenz derartiger Verse weist darauf hin, dass das Streben des Menschen nach Wissen ein Teil Göttlicher Barmherzigkeit ist, die ihm huldvoll von seinem Schöpfer zuteil wurde. Göttliche Barmherzigkeit ist sogar einer der Namen des Koran für ihn selbst, und alles, was er an Wahrheit und Wissen enthält, geht über den Gesichtskreis des Menschen selbst dann hinaus, wenn er darüber reden, geschweige denn es verstehen soll.

Wir müssen uns jedoch daran erinnern, dass der Koran, auch wenn er Anspielungen auf viele wissenschaftliche Wahrheiten enthält, nicht deshalb als ein Buch der Wissenschaft oder wissenschaftlicher Erklärungen gelesen werden soll. Er ist vielmehr - und so haben es die Gläubigen auch immer verstanden - das Buch der Rechtleitung, das der Menschheit den Weg zum rechten Glauben und zum rechten Handeln zeigt, auf dass wir die Göttliche Barmherzigkeit und Vergebung verdienen. Es liegt in der Verantwortung der Muslime sicherzustellen, dass die Beschäftigung mit

Bildung, Wissenschaft oder sonstigem vom Licht des Koran geleitet wird, der sie somit anregt und unterstützt - und nicht in einem Geist der Arroganz, Unverschämtheit und Prahlerei, der der Weg der Ungläubigen ist, der zur Verkrümmung des Verstandes und Erniedrigung des Menschen und der Erde, die der Mensch nur durch Gottes Erlaubnis für eine vorübergehende Zeit besitzt und treuhänderisch verwaltet, führen wird.

Ich bete zu Gott, die muslimische Gemeinschaft mit aufrichtigen und rechtschaffenen Muslimen zu segnen, die den Koran in der richtigen Art und Weise lesen und erklären, um der Menschheit zu nützen und ihre Schritte zur Tugendhaftigkeit und zum Glück in diesem und im jenseitigen Leben zu lenken.

3.5

Wie sollten wir reagieren, wenn moderne Wissenschaft und wissenschaftliche Fakten erwähnt werden, um zu zeigen, dass sie mit dem Koran übereinstimmen?

Heutzutage beziehen wir uns auf viele Wissenschaftszweige und wissenschaftliche Fakten und verwenden sie als Brille, durch die wir Dinge, Geschehnisse und sogar religiöse Angelegenheiten betrachten. Manchmal beziehen wir uns auf sie in unseren Diskursen einzeln und manchmal gleichzeitig in großer Anzahl. Auf diese Weise streben wir nach dem Beweis der Existenz und des Einsseins des Schöpfers und versuchen, ihn denen, die eine solche Art von Beweis brauchen, vorzulegen.

Ähnlich weisen wir, wenn wir die Wissenschaft im Licht des Koran betrachten, darauf hin, dass der Koran Informationen über die Natur von Dingen enthält, die nicht im Widerspruch zu den Ergebnissen der wissenschaftlichen Beschäftigung durch den Menschen stehen. Wenn wir die Medizin als Beispiel nehmen, erkennen wir zweifellos, dass uns viele Dinge zum Glauben an den Schöpfer führen. Ich las einmal ein Buch, das den Titel "Medizin ist die Nische des Glaubens" trug. Es ist tatsächlich so; und es ist unmöglich, Gott nicht zur Kenntnis zu nehmen, wenn man unsere körperliche Existenz und Entwicklung studiert. Die koranische Beschreibung des Embryo zum Beispiel entspricht genau dem, was wir heutzutage wissen; auch enthält der Koran nicht eine einzige Aussage zu diesem Thema, die der modernen Wissenschaft Anlass zur Kritik gäbe. Wie konnte mehr als tausend Jahre vor unserer Epoche, als ungebildeter Aberglauben weit verbreitet war, ein nicht ausgebildeter Mann derartige Fakten, wie sie erst viele Jahrhunderte später durch Röntgenstrahlen und andere hochentwickelte Geräte nach intensiver wissenschaftlicher Forschung entdeckt wurden, kennen? Auf diese Weise argumentieren wir, indem wir zahlreiche Vermutungen über die genaue Beschreibung gewisser wissenschaftlicher Tatsachen im Koran anstellen, dass alle diese Themenkreise zur Zeit der Offenbarung des Koran keinem einzigen Menschen bekannt hätten sein können. Ihr Vorhandensein im Koran beweist den himmlischen Ursprung der Offenbarungsschrift. Und das wiederum bestätigt die Wahrheit der Prophetenschaft Muhammeds (s).

Da die geheimnisvolle Natur des Koran schon in Verbindung mit dem, was der Koran an wissenschaftlichen Tatsachen enthält, von uns erörtert wurde, wollen wir dieses Thema hier nicht weiter vertiefen.

Aber warum beziehen wir uns auf Wissenschaft und wissenschaftliche Fakten, wenn wir unsere Religion erklären? Der Grund ist, dass einige Menschen fest entschlossen sind, nichts anderes als wissenschaftliche Fakten zu akzeptieren. Materialisten und die Leute, die gegen Religion sind, strebten danach, sich der Wissenschaft zu bedienen, um sich der Religion zu widersetzen, und nutzten ihr Prestige, um ihre Gedanken zu verbreiten. Mit dieser Methode verformten und korrumpierten sie den Verstand einer großen Anzahl von Menschen. Wenn wir also dieselben Materialien verwenden, dann müssen wir zeigen, dass Wissenschaft und Technik unserer Religion nicht zuwiderlaufen. Oder anders ausgedrückt, wir müssen im Gegensatz zu Marx, Engels, Lenin und anderen Materialisten, die die Thematik auf eigene Weise beurteilten und dadurch in die Irre gingen, die gleiche Thematik beurteilen und die Menschen auf den richtigen Weg führen. Ich persönlich bin nicht gegen diese Art des Argumentierens. Ich bin im Gegenteil der Meinung, dass Gläubige eine gute Kenntnis derartiger Fakten besitzen sollten , um sich gegen Materialismus und Atheismus zur Wehr zu setzen. Die Verse des Koran drängen uns, zu reflektieren und zu studieren, sie weisen uns an, die Sterne und Galaxien zu beobachten. Sie schärfen uns die prachtvolle Herrlichkeit des Schöpfers ein. Sie ermahnen uns, uns unter die Menschen zu mischen und unsere Aufmerksamkeit auf das Wunderbare unserer Organe und physischen Schöpfung zu richten. Die koranischen Verse führen uns von der Welt der Atome bis hin zu den Dingen gewaltigsten Ausmaßes und von des Menschen erstem Dasein auf Erden bis hin zu ihrem Verlassen die gesamte Schöpfung vor Augen. Indem der Koran eine Vielzahl von Fakten anspricht, teilt er uns mit: *"Es fürchten nun aber Allah von SEINEN Dienern die Wissenden..."* (Koran, 35:28). Er ermutigt uns auf diese Weise, nach *"Ilm"* (Wissen) zu streben, nachzudenken und zu forschen. Als erste Voraussetzung sollte man jedoch immer im Auge behalten, dass all dieses Nachdenken und Forschen im Einklang mit dem Geist des Islam stehen muss. Sonst werden wir uns, obwohl wir behaupten, dem Rat und Befehl des Koran Folge zu leisten, tatsächlich von ihm entfernen.

Wissenschaft und die Fakten, die sie präsentiert, können und sollen benutzt werden, um die islamischen Fakten darzulegen. Wenn wir sie aber benutzen, um mit unserem Wissen zu prahlen oder andere durch unsere Autorität zu beeindrucken, wird alles, was wir sagen, die Hörenden, wenn überhaupt, so doch nicht auf die richtige Weise beeinflussen. Worte und Argumente, die an sich brillant und überzeugend sind, verlieren auf Grund unserer Absicht in unserem Herzen ihre Wirkung: sie gehen in das eine Ohr der Zuhörer und verlassen sie durch das andere Ohr. Und genauso werden wir, wenn unser Argument auf das Schweigen der Menschen anstatt auf ihre Überzeugung zielt, des Zuhörers Weg zum Verständnis blockieren und somit bei der Erreichung unserer Ziele scheitern. Wenn wir dagegen versuchen, ganz und gar aufrichtig zu überzeugen, dann werden diejenigen, die derartige Argumente brauchen, um zu glauben, ihren Anteil bekommen und von ihm profitieren - selbst dann, wenn wir diesen Vorgang überhaupt nicht wahrnehmen. Manchmal kann ein Argument, das auf diese Weise aufrichtig vorgetragen wurde, selbst dann, wenn man zu diesem Zeitpunkt das Gefühl hat, es sei ineffektiv, für die Zuhörer einen weitaus größeren Nutzen haben als ein anderes, über das man freier und redegewandter gesprochen hat. Unser Hauptziel bei der Vorstellung der Wissenschaft und wissenschaftlichen Fakten muss darin liegen, das Wohlgefallen Gottes zu erlangen; wir müssen sie auch entsprechend des Niveaus der Zuhörer vortragen.

Es ist nicht richtig, Wissenschaft als irgendwie "höherwertiger" als Religion anzusehen oder substanzielle islamische Themen mit dieser Einstellung zu präsentieren, als ob man Religion rechtfertigen oder ihre Glaubwürdigkeit anhand zeitgenössischer wissenschaftlicher Fakten bestätigen müsse. Dieses Verhalten ist nicht korrekt, weil es darauf schließen lässt, dass wir selbst hinsichtlich der Wahrheiten des Islam Zweifel hätten und die Wissenschaft 'dringend bräuchten'. Ebenso ist es falsch, Wissenschaft oder wissenschaftliche Fakten als absolut und als entscheidende Kriterien für die Authentizität oder den übermenschlichen Ursprung des Koran zu akzeptieren und ihr somit einen Stellenwert beizumessen, durch den der Koran bestätigt wird. Das ist nicht nur absurd, es ist abscheulich und darf auf gar keinen Fall erlaubt oder toleriert werden. Derartige Argumente und Anspielungen auf die Wissenschaft haben bestenfalls einen zweitrangigen und unterstützenden Nutzen und mögen darin Wert finden, dass sie das Tor zu einem Weg aufstoßen, von dessen Existenz sonst bestimmte Leute einfach nichts wüssten.

Wissenschaft muss deshalb als ein Instrument des Aufrüttelns genutzt werden oder um Gedanken in Bewegung zu setzen, die andernfalls schlummern oder unbewegt bleiben. Wir können sie als einen Handfeger ansehen, mit dem wir den Staub von der Wahrheit kehren, sowie als den Wunsch nach Wahrheit, die verborgen in unberührten Bewusstseinsebenen liegen. Wenn wir dagegen davon ausgehen, dass Wissenschaft absolut sei, werden wir dahin gelangen, dass wir danach streben, den Koran und die Hadithe ihr anzupassen; und in den Fällen, in denen Koran und Hadith mit der Wissenschaft nicht übereinstimmen, werden wir dann zu Initiatoren von Zweifel und zu Anstifter von Korruption werden.

Unsere Position muss klar sein, und diese Position sieht wie folgt aus: Der Koran und Hadith sind wahr und absolut. Wissenschaft und wissenschaftliche Fakten sind so lange wahr wie sie in Übereinstimmung mit dem Koran und Hadith stehen, und sie sind falsch insofern als sie eine andere Position einnehmen oder von der Wahrheit des Koran und Hadith wegführen. Selbst die endgültig wissenschaftlich erwiesenen Fakten können nicht die Säulen sein, auf denen die Wahrheiten des "Iman" (Glaubens) ruhen. Sie können und sollen nur als ein Instrument akzeptiert werden, das uns zu neuen Ideen führt oder dazu bringt nachzudenken. Es ist Gott, DER die Wahrheiten des "Iman" in unser Bewusstsein pflanzt. Zu erwarten, dass dies durch die Wissenschaft geschieht oder geschehen kann, ist ein schwerer Irrtum: "Iman" resultiert aus Göttlicher Rechtleitung, und nur aus Göttlicher Rechtleitung. Jeder, der es versäumt, das nachvollzuziehen, befindet sich in einem Irrtum, von dem loszukommen sehr schwer ist. Denn während er versucht, Beweise vom Universum zu suchen und zu sammeln, wird er versuchen, es eloquent im Namen Gottes zum Reden zu bringen, und auf diese Weise wird er selbst immer ein Diener der Natur und ein natürlicher Anbeter Gottes bleiben, auch wenn er sich dessen nicht bewusst ist. Er wird Blumen, das Grünen und den Frühling der Natur erforschen und darüber sprechen, aber in seinem Bewusstsein wird nicht das geringste Grünen oder Wachsen des "Iman" vor sich gehen. Zu seinen Lebzeiten wird er möglicherweise nie die Existenz Gottes in seinem Bewusstsein spüren. Es wird zwar den Anschein haben, er sei frei vom Anbeten der Natur, aber in Wirklichkeit ist es genau das, was er während seines ganzen Lebens tun wird.

Ein Mensch ist *"Mu'min"* (Gläubiger) entsprechend des

"Iman" in seinem Herzen und nicht entsprechend der Menge an Wissen in seinem Kopf. Nachdem eine Person so weit sie kann anhand objektiver und subjektiver Beweisführung zu einem gewissen Verständnis gelangt ist, muss sie sich selbst von der Abhängigkeit von äußeren Verhältnissen und Qualitäten sowie Konditionen all solcher Beweise befreien, wenn sie überhaupt vorankommen soll, spirituellen Fortschritt zu machen. Wenn sie diese Abhängigkeit abgelegt und im Licht und in der Rechtleitung des Koran auf dem Weg seines Herzens und Bewusstseins wandelt, dann wird sie vielleicht, wenn Gott will, die Erleuchtung, nach der sie sucht, finden: wie es der deutsche Philosoph Kant sagte: "Ich fühle die Notwendigkeit, alle Bücher, die ich las, hinter mir zu lassen, um an Gott zu glauben."

Das großartige Buch des Universums, das Buch der wahren Natur des Menschen und die Bücher, die diese kommentieren, haben ohne Zweifel ihren eigenen Platz und ihre Bedeutung. Nach dem Gebrauch dieser Bücher sollte sich der Mensch jedoch von ihnen trennen und sollte sozusagen Auge in Auge mit seinem *"Iman"* leben. Was wir hier sagen, mag jenen, die noch nicht tief in die Erfahrung des Glaubens und Bewusstseins eingetaucht sind, abstrakt erscheinen. Die Seelen jedoch, deren Nächte in Ergebenheit strahlen und die durch ihre Sehnsucht im Streben nach ihrem Herrn Flügel anlegen, werden verstehen.

3.6

Welche Bedeutung hat der Satz: "Während die Zeit älter wird, wird der Koran jünger?"

Der Koran ist zu uns vor dem Beginn der Zeit aus der Ewigkeit gekommen und wird über die Zeit hinaus in die Ewigkeit gehen. Er hat seinen Ursprung im umfassenden Wissen Gottes *(Ilm)*, DER die Vergangenheit, die Gegenwart und die Zukunft vollkommen und in allen Einzelheiten kennt. Es ist eins der Wunder des Koran, dass er die Menschheit über Fragen aufklärte, denen wir jetzt gegenüberstehen, genauso wie er uns in Zukunft über Fragen aufklären wird, die wir noch nicht vorhersehen können - und das, obwohl er vor 14 Jahrhunderten offenbart wurde. Das verhält sich deswegen so, weil der Koran ein Teil des allumfassenden Wissens Gottes ist, DER sogar unsere Herzschläge hört und gleichzeitig ohne Mühe das ganze Universum unter Kontrolle hat.

So wie der Mensch älter wird, wird sein Gedächtnis immer etwas schwächer; Beherrschungsvermögen und Synthese werden jedoch stärker: der Mensch denkt vernünftiger und entscheidet nach sorgfältigerer Überlegung. Auch in der Gesellschaft machen Leute Fortschritte beim Verstehen der

Welt und Wissen über sie. Als Folge von Bemühungen des Menschen haben sich somit Wissenschaften wie Physik, Chemie, Biologie, Astronomie oder Astrophysik etabliert und können die Phänomene, die man früher einfach hinnahm oder gar als geheimnisvolle Rätsel als solche beließ, überzeugend erklären. Wie der Verlauf der Zeit im Leben eines einzelnen Menschen ein fortschreitendes Verstehen und zunehmende Weisheit bewirkt, so scheint auch mit der Zunahme menschlicher Kenntnisse insgesamt unsere Weltansicht klarer und unser Verstehen reifer zu sein.

Sie fragen, wie der Koran jünger wird, während die Zeit und das Wissen fortschreiten. Dies geschieht in dem Sinne, dass seine Bedeutungen verständlicher, frischer und wirkungsvoller werden. Denn die Weiterentwicklung der Wissenschaften und die Offenlegung neuer Einblicke in die Natur lassen besondere Verse im Koran klarer werden. Wir haben früher schon einige Beispiele hierzu erwähnt. Der Aufstieg empor in den Himmel, Ereignisse in der Atmosphäre, die Tatsache der fruchtbaren Winde, wie der Regen zustande kommt, dass es unter der Erde Wasserlager gibt, die Tatsache, dass alles paarweise erschaffen ist, dass das Universum sich ausdehnt, die Rotation und genaue Form der Erde und die stufenweise Umwandlung ihrer Landmassen, die Bewegung der Sonne und des Mondes, die Möglichkeit, zum Mond zu reisen, die zentripedalen und zentrifugalen Kräfte, die die Himmel wie unsichtbare Säulen stützen, die Ordnung und Einheit der Schöpfung und ihre Entstehung, das Schicksal der Sterne, der Sonne und des Mondes, wie ein Fötus entsteht und sich im Uterus entwickelt, wie Milch in Säugetieren produziert wird, und darüber hinaus all die historischen Tatsachen über vergangene Nationen und Staaten, und besondere Prophezeiungen, die sich seit der Offenbarung des Koran erfüllen. Die Liste kann beliebig erweitert werden, denn wir bleiben immer hinter dem Koran zurück und streben nach seiner Weisheit, wie Bergsteiger sich danach sehnen und streben, einen außer ihrer Reichweite gelegenen Gipfel zu erreichen. Wenn sich die Wissenschaften weiterentwickeln, werden wir vielleicht eines Tages in Entfernungen, die Trillionen von Lichtjahren von unserem Standpunkt betragen, vorstoßen. Werden wir dann nicht von der Herrlichkeit und Pracht Gottes, DER solch ein großes Universum schuf und es für uns in SEINER unendlichen Gnade verständlich machte, in atemberaubendes Erstaunen fallen?

Der Koran ist nicht nur voller Weisheiten über die Welt, sondern auch ein Leitfaden der besten Normen und Bestimmungen für das Leben der Menschen, so dass ihr Leben zivilisiert und sicher und ihre Beziehungen stark und dauerhaft sein können. In dieser Hinsicht konnten wir mit den koranischen Lehren nicht mithalten. Im Gegensatz zu den Wissenschaften haben sich die Menschen und insbesondere die Muslime (denn sie sind die im Koran genannten Gläubigen) in diesem Bereich von der Rechtleitung ihres Schöpfers abgewendet und Wege eingeschlagen, die zur Barbarei und ins Elend führen. Muslime haben diesen Teil der Weisheit des Koran gegenüber Ideologien wie Kommunismus oder Kapitalismus, Faschismus oder Liberalismus nicht thematisiert. Dabei befindet sich die Menschheit derzeit in einer äußerst schlimmen Lage: Wir haben nicht einmal die grundlegendsten Fragen, die sich uns stellen, gelöst. Wir hören, wie Leute selbstsicher verkünden, das und das

System wird uns wirtschaftlichen Fortschritt und Sicherheit bringen. Wenn dieses System jedoch eingesetzt wird, sehen wir eine Entwicklung nur hin zu Ungerechtigkeit und Bosheit und Wachstum nur in Ausbeutung, Egoismus, Opportunismus, Betrug und Gefühllosigkeit der Herzen.

Nicht nur in ihren wirtschaftlichen und politischen Beziehungen, sondern auch in ihren persönlichen und familiären Angelegenheiten haben sich die Menschen vom Weg des Koran entfernt. Statt dessen haben sie es zugelassen, sich von Ausbildungs- und Erziehungssystemen, die in der Psychologie bzw. Soziologie im Rahmen vorübergehender Zeiterscheinungen entwickelt wurden, in den Bann ziehen zu lassen. Was sind nun die Folgen dieser nicht islamischen Zeiterscheinungen im sozialen Leben? Das sind Alkoholismus und Abhängigkeiten aller Art; das ist ferner ein enormer Anstieg bei Straftaten übelster Art; und das sind schließlich Männer und Frauen, jung und alt, von Angst in Depression getrieben, ohne zu wissen , wie man liebt und für andere sorgt, erschrocken, allein, verzweifelt. Solange wir uns nicht auf die Rechtleitung des Koran zurückbesinnen, werden weder Ordnung in unsere Gesellschaft noch Wärme und Liebe in unsere Familien zurückkehren.

Wenn wir Menschen mit dem Koran bekannt machen und sie sich ihm mit neuen und vorurteilsfreien Gedanken nähern, dann hören sie eine Botschaft, die sich mit ihrem innersten Wesen deckt und mit den Möglichkeiten und Bedürfnissen , die von dem Einem, DER sie erschaffen hat, dort eingepflanzt wurden, übereinstimmen. Wie könnte es auch anders sein, da doch der Koran und auch wir von IHM sind?

Mit zunehmendem Alter der Zeit nähern wir uns vielleicht den "letzten Tagen" bzw. dem Ende der Zeit. Während wir uns scheinbar in eine Welt des Elends, der Ungerechtigkeit und Grausamkeit verwickelt befinden, ruft uns der Koran mit seinen klaren, jungen und kraftvollen Bedeutungen. Er rüttelt uns wach, gibt uns Lebenskraft und bringt uns Willens- und Schaffenskraft zurück, um zu erkennen und zu tun, was rechtens ist. Obwohl der Koran schon lange bei uns ist, konnten wir unsere Pflicht, ihn mit Ehrerbietung anzuerkennen, noch nicht erfüllen. Sind wir nicht den durstigen Männern und Frauen ähnlich, die wegen ihrer Orientierungslosigkeit die klare kühlende Wasserquelle neben sich nicht bemerken, die ihren Durst löschen und ihnen Entspannung geben kann?

TEIL IV

4.1

Was bedeutet Prophetenschaft? Was bedeutet sie für Menschen? Sind alle Propheten auf der Arabischen Halbinsel erschienen? Gab es irgendein Volk, aus dessen Reihen kein Prophet kam? Wenn dem so ist, können dann jene, zu denen keine Propheten gesandt wurden, für ihre Glaubensrichtungen und Handlungen zur Rechenschaft gezogen werden?

Prophetenschaft ist der höchste Rang, die höchste Ehre, die möglich ist. Sie beweist die Überlegenheit des inneren Wesens eines Menschen im Verhältnis zu anderen Menschen. Ein Prophet ist wie ein Ast, dessen Bogen vom Göttlichen bis in den menschlichen Bereich ragen. Er ist das eigentliche Herz und die Zunge der Schöpfung. Er besitzt nicht nur das, was wir einen höchsten Intellekt nennen, der in die Realität von Dingen und Geschehnissen eindringt, wie es bei Genien der Fall ist, er ist auch ein ideales Wesen, dessen Fähigkeiten alle harmonisch ausgezeichnet und aktiv sind, das ständig zum Himmel strebt und sich dorthin bewegt, das auf die Göttliche Inspiration für die Lösungen der ihm vorliegenden Probleme wartet und das als das Bindeglied zwischen den Dingen und Lebewesen hier und im Jenseits angesehen wird. Sein Körper unterwirft sich und folgt seinem Herzen - er ist figurativ der Sitz des spirituellen Intellekts; und auf ähnliche Weise unterwirft sich und folgt sein Verstand seinem Herzen. Seine Wahrnehmungen und Betrachtungen sind immer auf die Namen und Attribute Gottes gerichtet. Er bewegt sich auf das zu, was er wahrnimmt, und er erreicht den Bestimmungsort, auf den er abzielt.

Die Wahrnehmungskraft eines Propheten, die vollkommen entwickelt ist - Sehen, Hören und damit auch Verstehen - übersteigt die gewöhnlicher Menschen. Auch kann seine Wahrnehmungskraft oder Fähigkeit des Verstehens nicht in Begriffen verschiedener Wellenlängen von Licht oder Akustik oder auf irgendeine andere Weise ausgedrückt oder erklärt werden. Es liegt nicht im Bereich der Macht und Mittel eines gewöhnlichen Menschen, das Wissen eines Propheten zu erlangen, das die Grenzen der menschlichen Natur weit übersteigt. Selbst bei höchstem konzentrierten Einsatz können unsere menschlichen Kräfte der Analyse und Synthese nie das Wissen eines Propheten erreichen.

Durch die Propheten ist der Mensch in die Lage versetzt worden einen Einblick in die Schöpfung zu gewinnen und auf diese Weise ihre Bedeutung herauszufinden und zu kennen. Ohne die Propheten und die Lehren hätte der Mensch weder die wahre Natur und Bedeutung der Dinge und Geschehnisse verstanden noch in das eintreten und mit dem fertig werden können, was in ihm und um ihn ist.

Zusätzlich zum Überbringen der Göttlichen Botschaft und Rechtleitung haben die Propheten den Menschen auch etwas Wissen von Gott und SEINEN Namen und Attributen vermittelt. Ihre erste Aufgabe bestand darin, die Realität dieses Lebens, seinen wahren Zweck und seine Bedeutung zu lehren. Da Gott jenseits jedes menschlichen Wahrnehmens und Verständnisses steht, fiel es den Propheten zu, die gehorsamsten, sorgfältigsten, bewusstesten und selbstbeherrschtesten Menschen zu sein, solange sie ihre Aufgaben wahrnahmen. Wenn es keine wahren Aussagen durch die Propheten über den Schöpfer, den Allmächtigen und Allwissenden, DER die ganze Schöpfung vom kleinsten Atom bis hin zum größten Sternennebel beherrscht, aufrechterhält und liebevoll für sie sorgt, gegeben hätte, dann wäre es für den Menschen niemals möglich gewesen, irgend etwas über Gott richtig und angemessen zu denken, zu wissen oder zu sagen.

Alles im Universum versucht, die Namen und Attribute des allmächtigen und allumfassenden Schöpfers sozusagen auszustellen. Auf dieselbe Weise haben die Propheten der subtilen und geheimnisvollen Beziehung zwischen Gott und SEINEN Namen und Attributen Beachtung geschenkt, sie bekräftigt und sich ihr treu ergeben. Ihre Pflicht bestand darin Gott zu erkennen und über IHN zu reden. Deshalb tauchten sie in die wahre Bedeutung der Dinge und Geschehnisse ein und vermittelten sie direkt und aufrichtig ihren Mitmenschen.

So wie wir selbst bei kleinsten Ausstellungen, öffentlichen Messen und ähnlichen Veranstaltungen von einem Führer oder Platzanweiser profitieren, der unsere Schritte lenkt und unsere Aufmerksamkeit weckt, brauchen wir auch bei der großartigen Ausstellung dieser Schöpfung Führer, die die Aufmerksamkeit auf ihre Realität lenken, uns zu ihrem Zweck und ihrer Bedeutung hinbringen und uns unseren Weg in ihr zeigen.

Ist es möglich, dass der Eine, um über SICH Wissen zu

vermitteln, diese Schöpfung zu ordnen, uns einen Zugang zu SEINEN Werken zu verschaffen und bei uns Verwunderung und ehrfürchtige Scheu hervorzurufen-ist es möglich, dass ER nicht durch einige ausgewählte Diener SEINE Namen und Attribute denen offenbarte, die sich danach sehnen, IHN zu kennen? Wenn es so wäre, würde dies nicht SEINE Schöpfung zu einem nichtssagenden Werk machen? Das Höchste Wesen, DAS alles wie eine Zunge und einen Brief erschuf und SEINE Weisheit und Gnade durch derartige Dinge offenbarte, ist der Nichtigkeit und der Absurdität absolut ledig. Somit erscheint es uns höchst unwahrscheinlich, dass ein Volk in dem einen oder anderen Teil der Welt von Gottes Offenbarung durch SEINE Propheten ausgeschlossen worden wäre. Der Koran ist in diesem Punkt in der Tat deutlich:

> *"WIR haben fürwahr zu jedem Volk einen Gesandten geschickt, mit der Botschaft: 'Betet Allah an und haltet euch von den Götzen fern!'"* (Koran, 16:36)

Die Menschen vergaßen jedoch die Lehren, die von jenen ernannten Dienern überbracht wurden, gingen mit der Zeit in die Irre, vergötterten genau die Männer, die dagegen predigten, und versanken schließlich im Götzendienst.

Überall in der Welt gibt es Beispiele dafür, was des Menschen Vorstellungskraft alles zu Götzen erhoben hat - wie der Olymp der Götter im alten Griechenland oder in der heutigen Zeit der Ganges in Indien. Selbst wenn man akzeptiert, dass es einen riesigen Unterschied zwischen ihrem ersten Erscheinen und ihrer heutigen aktuellen Position geben muss, ist es doch fast unmöglich, die Voraussetzungen zu begreifen, die Konfuzius in China und Buddha in Indien erhöhten. Gleichermaßen ist es schwierig zu vermuten, was sie ursprünglich lehrten, oder zu wissen, inwieweit Zeit und menschliche Degeneration die ursprüngliche Botschaft korrumpiert haben.

Wenn der Koran, der jeden Zweifel beseitigt, uns nicht Jesus Christus vorgestellt hätte, wäre es für uns heute nicht möglich, ein wahres Bild seines Lebens und seiner Lehre zu gewinnen. Denn Priester haben die Wahrheit über Jesus Christus mit den Philosophien der alten Griechen und Römer vermengt, dem Menschen Göttliches zugesprochen und Gott menschenähnlich gemacht. Das Konzept der Trinität ist ohne Zweifel eine priesterliche, menschliche Korrumpierung - die den gesunden Menschenverstand beleidigt und, was noch schändlicher ist, dreist gegenüber Gott ist.

Vielleicht war es eine der Konditionen des Römischen Reiches, das Christentum als offizielle Staatsreligion zu akzeptieren, dass die Feste, Feiertage, Riten und Rituale der Kirchen so offensichtlich und schamlos von den Praktiken der Götzendiener der alten Römer und Griechen abgeleitet oder sogar direkt nachgeahmt wurden. Denn ohne die erhellende Offenbarung des Korans ist es sehr schwierig, den Anbetern von Jesus Christus in der christlichen Kirche von Adonis oder Dionysus zu erzählen.

Wenn man bedenkt, dass das Christentum relativ neu ist, und wenn man bedenkt, was die Christen mit ihrem Propheten und ihrer Offenbarungsschrift taten, dürfen wir uns sehr wohl die Frage stellen, wieviele "Christusse" im Laufe der Zeit von ihren Anhängern in derselben Weise behandelt wurden. Es gibt aus zuverlässiger islamischer Quelle einen Hadith, der sagt: *Einige Jünger eines Propheten werden dessen Aufgabe nach dessen Tod weiterführen, aber einige seiner Anhänger werden später alles, was er begründet hat, wieder umstoßen* (Muslim, *Fada'il as Sahaba*, 210-212; Ibn Hanbal, *Musnad*, 417). Dies ist ein sehr wichtiger Punkt. Viele der Religionen, die wir jetzt als falsch ansehen, kehrten sich im Laufe durch die absichtliche Bosheit ihrer Feinde in Unwahrheiten, Aberglauben und Legenden - trotz der Tatsache, dass sie ursprünglich vielleicht aus der reinsten, Göttlichen Quelle entstanden sind.

Zu behaupten, jemand sei ein Prophet, obwohl er es nicht ist, läuft auf *"Kufr"* (Unglaube) hinaus, genauso wie auch das Verweigern des Glaubens an einen wirklichen Propheten *"Kufr"* ist. Wenn andererseits der Fall dieser falschen Religionen dem des Christentums gleicht, wenn sie also im Laufe der Zeit von ihren Anhängern verdreht dargestellt wurden, dann sollten wir diese Religionen mit Vorsicht betrachten und in einem gewissen Umfang mit einem Urteil zurückhaltend sein. Wir sollten in Erwägung ziehen, was Buddhismus wohl in seinem wahren Ursprung einmal gewesen ist; und ähnlich verhält es sich mit dem Brahmanismus oder den Doktrinen, die Konfuzius zugeschrieben werden, oder dem Schamanismus und anderen ähnlichen: es könnte sein, dass wir in ihnen ein Überbleibsel dessen finden, was sie in ihren Ursprüngen einmal waren.

Was sie waren -ob wahr oder falsch (wir wissen es nicht)-, muss nicht das sein was sie jetzt sind. Nähmen wir einmal das Unmögliche an, dass ihre Begründer wiederkehrten und die Religion sähen, die sie ursprünglich eingeführt hatten, sie würden sie nicht wiedererkennen.

Es hat viele Religionen gegeben, die in der Welt verzerrt wiedergegeben und abgeändert worden sind, und konsequenterweise ist es essenziell zu akzeptieren, dass ihre Originalfassung rein und unverdorben war. Der Koran sagt:

> "...Und es gibt kein Volk, bei dem nicht ein Warner gewesen wäre." (Koran, 35:24)

> "WIR haben fürwahr zu jedem Volk einen Gesandten geschickt..." (Koran, 16:36)

Diese Offenbarungen erklären universell, dass Gott zu jedem Volk auf der ganzen Welt Gesandte geschickt hat. Die Namen einiger von ihnen sind uns durch den Koran bekannt, es gibt aber auch eine große Anzahl, über deren Namen wir keine Kenntnis besitzen. Die Namen, die wir kennen, sind 28 von 124000 (oder vielleicht 224000); und selbst dann wissen wir immer noch nicht ganz genau, wo und wann viele von ihnen lebten.

Im Grunde genommen sind wir nicht verpflichtet, alle Propheten zu kennen. Der Koran sagt:

> "WIR haben schon vor dir Gesandte geschickt; unter ihnen sind einige, von denen WIR dir berichteten, und einige, von denen WIR dir noch nicht berichtet haben..." (Koran, 40:78).

Auf diese Weise warnt uns der Koran davor, uns mit solchen zu beschäftigen, von denen er uns nichts mitgeteilt hat.

Jüngste Studien über vergleichende Religion, Philosophie und Anthropologie zeigen, wie viele Völker, die sehr weit voneinander getrennt leben, gewisse Konzepte und Praktiken gemeinsam haben. Zum Beispiel der Wechsel von der Plural- zur Singularvorstellung von Gott; oder ihr Flehen in Zeiten außergewöhnlichen Stresses, um nur beim

Einen Höchsten Wesen Zuflucht zu suchen, die Hände zu erheben und bei IHM um etwas zu bitten. Es gibt viele solcher Phänomene, die auf eine einzige Quelle und eine einzige Lehre hinweisen. (Wir werden an dieser Stelle nicht bei diesem Thema verweilen; es wird jedoch auch behandelt, und zwar als Beantwortung zur Frage "Wieviele Propheten sind der Menschheit gesandt worden?" im nächsten Kapitel.)

Wenn primitive Stämme von der Zivilisation und dem Einfluss der bekannten Propheten abgeschnitten sind, aber ein fundiertes Verständnis hinsichtlich des Eins-Seins Gottes haben, obwohl sie vielleicht nur wenig Verständnis besitzen, wenn es darum geht, entsprechend diesem Glauben zu leben, dann muss es so sein, dass jedes Volk und jede Nation, wie es uns der Koran berichtet, eine eigene Botschaft und einen eigenen Gesandten gehabt hat:

> *"Und jedes Volk hat einen Gesandten. Wenn also ihr Gesandter kam, wurde zwischen ihnen in Gerechtigkeit geurteilt. Und ihnen wurde kein Unrecht zugefügt."* (Koran, 10:47)

Kein Volk oder Land ist von diesem Gesetz ausgeschlossen.

Das führt uns zur Frage, ob jene, die behaupten, ihnen sei kein Prophet gesandt worden, für ihre Glaubensrichtungen und Handlungen zur Rechenschaft gezogen werden. Wie wir soeben erklärt haben, gibt es keinen Grund zu glauben, dass irgendwelchen Völkern in der Welt das Licht der Propheten vollkommen vorenthalten wurde. Es mag Zeitabschnitte gegeben haben, zu denen die Finsternis vorzuherrschen schien. Aber das waren vorübergehende Finsternisse, nach denen die Gnade und der Segen Gottes das Volk durch Offenbarung an SEINE auserwählten Diener wieder erleuchtete. Jedes Volk hat also mehr oder weniger an irgendeinem Punkt seiner Geschichte die Barmherzigkeit der Offenbarung vollkommen gesehen, gehört oder erfahren. Nichtsdestoweniger müssen wir zugestehen, dass in manchen Fällen die Zerstörung der Glaubensinhalte, die die Propheten etabliert hatten, so absolut war und das Volk in die Religion so viele Entstellungen und bizarre Anbetungsriten eingeführt hat, dass die wahren Lehren im Allgemeinen, teilweise sogar in vollem Umfang, dem Volk verlorenging. In solchen Fällen mag ein langes Interregnum der Finsternis die Erleuchtung ersetzt haben. Obwohl jeder Finsternis eine Erleuchtung folgt und jeder Erleuchtung eine Finsternis, gibt es vielleicht einige Völker, die in Finsternis verharrten, ohne es zu wollen, da sie kein Wissen besaßen. Für solche Völker gibt es im Koran eine frohe Botschaft. Sie werden für das, was sie möglicherweise falsch machen, nicht bestraft, und es werden ihnen dafür keine Vorwürfe gemacht, es sei denn, ihnen ist eine entsprechende Warnung zugekommen: *"...Und WIR straften nicht eher, als bis WIR einen Gesandten schickten."* (Koran, 17:15). Das heißt, die Warnung kommt vor der Verantwortung, und dann kommt Belohnung oder Bestrafung.

Was nun die Einzelheiten betrifft, so haben die Imame der islamischen Denkschulen unterschiedliche Auffassungen. Imam Maturidi und seine Schule zum Beispiel argumentieren, dass kein Volk einen Grund zur Entschuldigung hat, vorausgesetzt, es gibt viele Beweise, die auf den Einen Schöpfer hinweisen und zum Glauben an IHN führen. Die Schule der Aschariten argumentiert dagegen unter Berufung auf den oben zitierten Koranvers, dass Warnung und Rechtleitung einem Urteil vorausgehen müssen und dass ein Volk nur dann zur Rechenschaft gezogen werden kann, wenn ihm ein Prophet gesandt wurde. Es gibt noch eine dritte Gruppe von Gelehrten, die diese beiden Positionen miteinander verbunden haben. Sie meinen, dass jene, denen kein Prophet gesandt wurde und die deshalb auch nicht absichtlich in den Unglauben abgeirrt sind oder Götzen angebetet haben, zum *"Ahlu-n-Nadschat"* gehören (dem Volk, dem Nachsicht gewährt wird, das einer Bestrafung entgeht und, wenn Gott es so will, gerettet wird). Denn einige Völker können faktisch Dinge und Ereignisse um sie herum nicht analysieren und auch nicht in deren Bedeutung eindringen und aus ihnen nicht den richtigen Kurs des Glaubens und Handelns ableiten. Solchen Völkern wird zuerst der richtige Weg gelehrt, und es werden ihnen Erklärungen und Anweisungen gegeben, nach denen sie handeln können; dann sind sie in Übereinstimmung mit ihren Taten verantwortlich und werden entsprechend belohnt oder bestraft. Was aber jene betrifft, die sich willentlich für den Unglauben entscheiden oder eine feindliche, negative Haltung gegenüber Glauben und Religion einnehmen oder wissentlich Gott und SEINE Anordnungen nicht beachten, werden mit Sicherheit dazu befragt und für ihr Abweichen und ihre Verderbtheit bestraft werden, selbst wenn sie im entferntesten, desolatesten und verlassensten Winkel der Welt lebten.

Um zusammenzufassen: Keiner Gegend oder keinem Volk ist insgesamt Göttliche Erleuchtung durch Gottes ausgewählte Diener, SEINE Propheten, entzogen worden. Direkt oder indirekt waren sich alle Völker aller Zeitepochen zu einer gewissen Zeit ihrer Geschichte eines Propheten und seiner Lehre bewusst und haben sie gekannt. Ein Zeitabschnitt, in dem die Namen der Propheten vergessen und ihre Lehren vollständig ausgehöhlt wurden, bis hin zur

Sendung eines weiteren Propheten wird als Interregnum bezeichnet. Es wird allgemein anerkannt, dass Völker, die in jenen Perioden leben, nicht bestraft werden, sondern eher auf Vergebung rechnen können, wenn sie nicht wissentlich und absichtlich in den Polytheismus oder Atheismus abgeglitten sind.

Und Gott, der Allwissende und Allumfassende weiß es am besten.

4.2

Wieviele Propheten sind der Menschheit gesandt worden? Und warum wurde kein Prophet aus den Reihen der Frauen erwählt?

Propheten wurden erwählt und zur gesamten Menschheit in verschiedenen Ländern und zu verschiedenen Zeiten gesandt. Eine Version eines Hadithes legt die Anzahl der zu den Menschen gesandten Propheten auf 124000 fest (Ibn Hanbal, *Musnad*, 5, 169); eine andere auf 224000. Beide Versionen sollten jedoch gemäß der Hadith- Wissenschaft kritisch beurteilt werden. Ganz abgesehen davon ist es nicht wichtig, ob die Zahl 124 oder 224 Tausend lautet. Von Bedeutung ist, dass kein Land, kein Volk und keine Zeit außer Acht gelassen wurden, Propheten wurden zu allen gesandt. Der Koran sagt:

> *"...Und es gibt kein Volk, bei dem nicht ein Warner gewesen wäre."* (Koran, 35:24)

> *"...Und WIR straften nicht eher, als bis WIR einen Gesandten schickten."* (Koran, 17:15)

Ein Volk für etwas, das es falsch gemacht hat, zu bestrafen, ohne dass es vorher durch einen Propheten von Gott gewarnt worden wäre, steht im Gegensatz zu SEINER Glorie und Gnade. Das Warnen geht der Verantwortung voraus, der dann die Belohnung oder Bestrafung folgen kann: *"Wer nun aber auch nur eines Stäubchens Gewicht Gutes tut, wird es sehen; und wer auch nur eines Stäubchens Gewicht Böses tut, wird es sehen."* (Koran, 99:7/8). Wenn einem Volk kein Warner gesandt wurde, dann weiß es nicht, was gut und böse ist, und wird deshalb dafür nicht bestraft. Da jedoch jeder einzelne Mensch für gute und schlechte Taten zur Rechenschaft gezogen werden wird, können wir den Schluss ziehen, dass jedem Volk ein Gesandter geschickt wurde:

> *"WIR haben fürwahr zu jedem Volk einen Gesandten geschickt, mit der Botschaft: "Betet Allah an und haltet euch von den Götzen fern!.."* (Koran, 16:36)

Die Propheten wurden nicht nur, wie manche Leute irrtümlich annehmen, auf der Arabischen Halbinsel erwählt. Eine derartige Behauptung steht im Widerspruch zu den Lehren des Koran und wird nicht durch einen einzigen Beweis belegt. Genau genommen kennen wir gar nicht alle Propheten, die auf der Arabischen Halbinsel erwählt wurden, geschweige denn in anderen Gegenden der Welt. Ob es nun 124 oder 224 Tausend gegeben hat - sicher wissen wir nur von 28, und die Prophetenschaft von drei aus diesen 28 ist auch nicht ganz gesichert. Der Koran nennt uns die Namen aller 28 von Adam als dem ersten bis zu Muhammed als dem letzten (Friede sei mit ihnen!). Wir können auch nicht mit Sicherheit sagen, wo diese 28 erschienen. Man nimmt an, dass das Grab Adams und der Ort des Wiederzusammenkommens mit Eva Dschidda sei, aber diese Information ist nicht sicher und fundiert. Wir wissen keineswegs, wo der erste Prophet seines Amtes waltete. Dagegen wissen wir ein wenig über den Ort Abrahams: Wir wissen, dass er zeitweise in einem Teil von Anatolien, Syrien und Babylon war. Lot wurde in Verbindung gebracht mit Sodom und Gomorrha am Toten Meer; Schuaib mit Median und Moses mit Ägypten; Yahya und Zacharias mit Mittelmeerländern- möglicherweise sind sie nach Anatolien gekommen, zumal Christen Maria und Jesus mit Ephesus in Verbindung bringen. Aber diese Assoziationen sind nicht abgesichert und basieren nicht auf starken Beweisen.

Wir kennen auch die Namen einiger anderen Propheten, die zu den Israeliten gesandt wurden; die von anderen dagegen kennen wir wieder nicht, und wir wissen auch nicht, wo sie erschienen. Darüber hinaus ist es so gut wie unmöglich für uns, irgend etwas darüber auszusagen, wer diese Propheten waren und wohin sie gesandt wurden, weil ihre Lehren verzerrt dargestellt wurden und verloren gegangen sind.

Nehmen wir zum Beispiel den Fall des Christentums. Auf dem Konzil von Nicäa wurde an die Stelle des Eins-Seins Gottes das Prinzip der Trinität gesetzt: Die Anhänger Christi verrieten seine Religion. Das von Gott offenbarte Evangelium wurde durch Menschenhand geändert und ein Mittel zur Trinität. Der Prophet Gottes wurde zum "Sohn" Gottes gemacht, und Maria wurde als "Mutter" Gottes geheiligt. Einige bekannten sich sogar zum verschwommenen Glauben, Gott wohne Dingen innen und sei in ihnen gegenwärtig. Es blieb kein großer Unterschied mehr zwischen den Glaubensrichtungen des Götzentums sowie den Praktiken der alten Griechen und jenen, die das Christentum verdrehten und dessen Anhänger somit in die *"Schirk"* (Assoziation anderer Wesen als "Götter" mit Gott) abglitten. Durch die ganze Geschichte der Menschheit hindurch zogen sich auf diese Weise Abweichungen und

Korruptionen der Wahrheit. Hätte uns der Koran nichts über die Prophetenschaft Christi und über die Reinheit und Größe der Maria mitgeteilt, hätten wir große Schwierigkeiten beim Unterscheiden zwischen den Kulten und Riten des Jupiter (Zeus) und Jesus, Venus (Aphrodite) und Maria.

Es mag eine ganze Reihe von Religionen geben, die einst Göttlichen Ursprungs waren, dann aber verdreht und ihrer Wahrheit verlustig wurden. Aus diesem Grund können wir nicht definitiv sagen, dass diese und jene Personen als Propheten zu diesen und zu jenen Orten gesandt wurden. Wir können spekulieren, ob Konfuzius oder Buddha (oder vielleicht sogar Sokrates?) Propheten waren, aber es kann eben nur Spekulation sein. Wir wollen dazu eins klarstellen: Wir sagen nicht, dass sie Propheten waren. Was uns die Religionsgeschichte über diese Männer mitteilt, ist nicht zufriedenstellend und gründet sich auf Informationen, die aus verschiedenen Quellen zusammengetragen wurden. Es ist jedoch bekannt, dass zu Zeit des Konfuzius und Buddha deren Lehren sehr viele Menschen beeinflussten. Was in unserer Zeit von ihren Anhängern praktiziert wird - zweifelsohne auf Grund von Verdrehungen der ursprünglichen Lehren, findet weder beim Verstand noch bei der Natur Anklang; es ist vielmehr äußerst unnatürlich: Wen können die Heiligsprechung von Tieren, das extreme Asketentum und die Entbehrungen der Gefühlswelt oder solche Bräuche wie die Einäscherung von Ehefrauen mit ihren verstorbenen Männern ansprechen?

Von Sokrates wird gesagt, er sei ein Philosoph unter dem Einfluss des Judaismus, aber es gibt keinen dokumentierten Beweis, um eine derartige Behauptung unterstützen zu können. Von Plato dem Sokrates zugeschriebenen Worte lassen darauf schließen, dass Sokrates schon in sehr jungem Alter "inspiriert" war, Menschen im wahren Verständnis und wahren Glauben zu instruieren. Aber es ist nicht klar, ob derartige Worte richtig zugeschrieben sind; und es ist weiterhin unklar, was diese Worte genau bedeuten sollten. Nur eins ist verlässlich - dass Sokrates in einem Umfeld und in einer Art lehrte, die den Gebrauch des Verstandes belegt. Wir wollen nochmals betonen, dass wir nicht sagen, diese alten Lehrer seien tatsächliche Propheten. Zu sagen, jemand sei ein Prophet, der gar keiner ist, ist *"Kufr"*, ein Unglaube, der genauso schwerwiegend ist wie den Glauben an einen wahren Propheten zu verweigern. Wir sagen lediglich, dass es vielleicht so gewesen sein mag, wenn man zum Beispiel den Hadith nimmt, der erwähnt, dass entweder 124 oder 224 Tausend Propheten in allen Gegenden der Welt erschienen sind. Im Lichte dieses Hadithes sind die Ergebnisse jüngster Studien über religiöse Glaubensanschauungen und Praktiken in verschiedenen Ländern leichter zu verstehen.

Vor allem die Beobachtungen von Professor Mahmud Mustafa bei zwei Stämmen primitiver Afrikaner bestätigen, was wir zuvor gesagt haben. Er bemerkt, dass die Mau-Mau an Gott glauben und IHN Mucay nennen. Dieser Gott ist Einer und nur Einer und handelt bei SEINEN Werken allein. ER zeugt nicht und wurde nicht gezeugt. ER hat keinen Kollegen und keinen Partner. ER wird nicht gesehen oder wahrgenommen und nur durch SEINE Werke erkannt. Sein Aufenthaltsort ist hoch in den Himmeln, und ER bestimmt alles von dort aus. Aus diesem Grund erheben die Mau-Mau, wenn sie beten, ihre Hände nach oben. Ein anderer Stamm, die Neyam-Neyam, spricht ähnliche Themen an. Es gibt nur einen Gott, DER alles bestimmt und will. Was ER sagt, ist absolut. Es geht auf IHN zurück, dass im Wald alles

SEINEM Willen gemäß geschieht, und ER ist es, DER gegen jene, denen ER zürnt, Blitz und Donner schickt.

Es ist offensichtlich, dass die generelle Vorstellung von Gott, wie sie von diesen Stämmen dargelegt wird, dem ähnelt, was wir im Koran finden, und damit ganz bestimmt vergleichbar ist. Das Glaubensbekenntnis der Mau-Mau kommt dem Inhalt der Sure *"Al-Ichlas"* im Koran sehr nahe.

Wie konnten diese primitiven Stämme, Welten abseits und entfernt von Zivilisation und Einfluss der uns bekannten Propheten, zu einer solch reinen und soliden Vorstellung von Gott kommen? Das erinnert uns an den koranischen Vers, der sich ausdrücklich darauf bezieht, dass kein einziges Volk ausgeschlossen wurde:

> *"Und jedes Volk hat einen Gesandten. Wenn also ihr Gesandter kam, wurde zwischen ihnen in Gerechtigkeit geurteilt. Und ihnen wurde kein Unrecht zugefügt."* (Koran, 10:47).

Als ich im Jahre 1968 Adil aus Kirkuk im Irak, der Mathematiker an der Universität von Riad ist, traf, sprach er von den vielen, in Amerika heimischen Indianern, die er kennengelernt hatte, als er für seine Doktorarbeit in den USA studierte. Er war davon beeindruckt, wie viele von ihnen an Einen Gott glauben, DER niemals isst und trinkt und auch nicht unter dem Zwang von Zeit steht; ER herrscht über alles im Universum und lenkt alles; alles ohne Ausnahme ist SEINER Souveränität und Abhängigkeit von SEINEM Willen unterworfen. Sie verweisen auch auf einige Attribute Gottes, dass ER keinen Partner hat und dass es, wenn ER doch einen hätte, mit Sicherheit zu einem Konflikt zwischen beiden Partnern käme. Wie kann man die angebliche "Primitivität" dieser Völker mit einer derartigen Erhabenheit ihrer Vorstellung von Gott in Einklang bringen? Es sieht ganz so aus, als ob wahre Gesandte diese Wahrheiten zu ihnen gebracht haben, Wahrheiten, die immer noch gegenwärtig in dem sind, was in ihrem tatsächlichen, jetzigen Glauben an Fundiertheit besteht. Nachdem die Botschaft gesandt worden war, mag sie in den folgenden Generationen leichte, allmähliche Abänderungen erfahren haben, bis sie konfus und obskur geworden ist.

Zusammenfassend können wir sagen, dass Koran, Geschichte und gegenwärtige Realität bestätigen, dass Gott Propheten erwählt und sie zu jedem Volk in die verschiedenen Gegenden der Welt gesandt hat, wenn wir auch nur die exakten Orte von vier von ihnen und auch ihre genaue Anzahl nicht mit letzter Sicherheit kennen.

Warum wurde kein Prophet aus den Reihen der Frauen erwählt?

Gott schickte zu jedem Volk einen Gesandten aus seinen eigenen Reihen. Diese Propheten wurden ohne Ausnahme aus den Reihen der Männer und nie aus den Reihen der Frauen erwählt. Der überwältigende Konsens der Rechts- und Traditionsgelehrten unter den Sunniten sieht so aus, dass keine Frau als Prophetin gesandt wurde. Mit Ausnahme einer fragwürdigen, ja sogar unzuverlässigen Überlieferung, dass Maria und die Frau des Pharao, die mit einem der grausamsten Tyrannen und starrsinnigsten Ungläubigen der Menschheitsgeschichte verheiratet war, mit tiefster Aufrichtigkeit an Gott glaubten, gibt es keine Quelle im Koran oder in den Hadithen, dass eine Frau im

Rang oder in der Rolle einer Prophetin zu ihrem Volk geschickt worden wäre. Und das ist mit Sicherheit kein Argument dafür, dass Gottes Religionsoffenbarung für SEINE menschlichen Kreaturen aus diesem Grund in irgendeiner Weise unvollkommen oder unvollständig gewesen wäre.

Gott, der Allmächtige, hat alles paarweise erschaffen. Selbst Dinge, also der unbelebte Teil der Schöpfung, sind diesen Prinzipien und Kräften des Paarweisen unterworfen - wie zum Beispiel positive und negative. Dies trifft auf jede Schöpfung zu, betrachtet man sie nun als Mikro- oder Makrokosmos. Würden die winzigen Partikelchen, die die Atome bilden, nicht durch eine subtile Ausgewogenheit von paarweisen, entgegengesetzten Ladungen auseinandergehalten, würde der Kern explodieren oder implodieren. Das menschliche Wesen, das sich ja auch aus Atomen zusammensetzt, ist die gleichgewichtschaffende Größe zwischen Mikro- und Makrokosmos. Der Mensch wurde erschaffen, der Verwalter dieser Schöpfung zu sein, und ist ihr entsprechend angepasst: was für das Universum gilt, trifft auch für den Menschen zu. Mit anderen Worten: Menschen sind auch paarweise erschaffen, nämlich männlich und weiblich, und es gibt eine zwischen ihnen komplexe Beziehung der Sympathie und Antipathie. Während in einem von ihnen sich die Waagschale in Richtung Weichheit, Schwäche und Mitgefühl neigt, neigt sich die Waagschale des anderen in Richtung Stärke, Kraft und von Konkurrenzdenken geprägter Härte. Sie können jedoch zusammenkommen und die Harmonie der Familie gründen - so wie im Mikro- und Makrouniversum die Harmonie zwischen Atomen und Himmelskörpern besteht.

In der heutigen Zeit ist das Thema des Geschlechtes in einem solchen Ausmaß hochgespielt worden, dass einige Menschen alle Grenzen ihrer Vernunft und Erfahrung überschritten haben und es ablehnen, die nun einmal vorhandenen Unterschiede zwischen männlich und weiblich zur Kenntnis zu nehmen; einige versuchen es sogar so hinzustellen, als ob Männer und Frauen in jeder Hinsicht gleich und ähnlich seien. Das Thema ist deshalb zu einem verletzlichen, ja zu einem lächerlichen geworden; durch Überstrapazierung und Übertreibung ist es zu einer Quelle vielen Kummers im Leben des Individuums geworden. Wo in der überaus "modernen" Lebensweise die Frau ihre wirkliche Identität aufgegeben hat, um die Charaktereigenschaften und Funktionen des Mannes zu imitieren, ist das Familienleben vollständig ausgehöhlt worden: Kinder werden in Stillzentren und in Internate geschickt, während die Eltern, die jetzt als 'Individuen' sich ganz auf sich selbst konzentrieren, sich nicht mehr dazu bequemen wollen, Eltern zu sein. Diese Vergewaltigung der Natur und Kultur hat das Zuhause als einen Ort der Ausgeglichenheit zwischen Autorität und Liebe und als einen Schwerpunkt der Sicherheit und des Friedens zerstört.

Gott, der Weise, hat einige Prinzipien und Gesetze im Universum festgelegt und in ihm menschliche Wesen mit einem ausgezeichneten und erhabenen Charakter erschaffen. Hinsichtlich des physischen Seins ist der Mann um einiges stärker und befähigter als die Frau sowie eindeutig dazu bestimmt, zu kämpfen und sich Wettkämpfen zu stellen, ohne aus physischen Gründen sich von diesen Kampf zurückziehen zu müssen. Die Frau ist unbestreitbar nicht so veranlagt. Aufgrund der Menstruationsperiode (die schwierig, ja sogar schmerzhaft sein kann und zuweilen bis zu 15 Tagen dauert) und auf Grund der unausweichlichen Eingeschränktheit vor und nach der Entbindung kann die Frau nicht immer beten und fasten. Auch kann sie nicht ununterbrochen in demselben Ausmaß der Präsenz und des Engagements wie der Mann für öffentliche Aufgaben zur Verfügung stehen. Wie kann die Frau, wenn sie auch Mutter ist, mit einem Baby auf ihrem Schoss Armeen führen, Entscheidungen über Leben und Tod treffen und eine schwierige Strategie gegen einen Feind durchführen und weiterverfolgen? Die Aufgabe eines Propheten besteht darin, der Menschheit in jeder Hinsicht für das soziale und religiöse Leben eine Führung zur Verfügung zu stellen und dies so lange wie Gott es will ohne Unterbrechung oder Zaudern zu tun. Aus diesem Grund ist die Prophetenschaft für Frauen unmöglich. Wenn der Mann Kinder zur Welt brächte, wäre für ihn die Prophetenschaft ebenfalls unmöglich. Der Prophet Muhammed (s) weist auf diesem Punkt hin. Wenn er Frauen beschreibt als solche, *"die die religiösen Pflichten nicht vollständig erfüllen und einige von ihnen nicht realisieren können"* (Bukhari, *Haid*, 6).

Ein Prophet ist ein Beispiel, ein Vorbild für die Verhaltensweisen und aus diesem Grund ein Mensch in jeder Hinsicht, auf dass die Leute keine Ausrede haben, sie sollten einem Weg folgen, der über die Kräfte des Menschen hinausgeht. Was die Angelegenheiten betrifft, die sich ausschließlich auf Frauen beziehen, so werden sie durch die Lehren der Frauen, die zu den Familien der Propheten gehörten, rechtgeleitet.

4.3

War der Prophet Muhammed (s) der Prophet nur für die Araber? Oder für alle Völker und alle Zeiten?

Es gibt keine Quellen und Beweise, die belegen, dass Muhammed (s) ein Prophet ausschließlich der Araber oder derjenigen war, die zu seiner Zeit lebten. Vielmehr bestätigen im Gegenteil alle verfügbaren Quellen und Beweise, dass seine prophetische Mission für alle Zeiten und für alle Menschen gilt. Sogar sein eigenes Leben, in dem er danach strebte, den Islam in der ganzen Welt zu verbreiten, zeugt davon.

Männer wie Alexander von Mazedonien oder die römischen Cäsaren sowie Napoleon und Hitler oder die imperialistischen Eroberer Europas, Russlands und Amerikas begehrten extensive Herrschaft um der weltlichen Macht und Autorität willen. Als der Prophet Muhammed jedoch seine Anhänger dazu aufrief, den Islam in der ganzen Welt zu verbreiten, zielte er darauf ab, die Hindernisse aus dem Weg zu räumen, die die Menschen am Glück dieser und der jenseitigen Welt hindern, und sie (die als Krone der Schöpfung erschaffen wurden, aber auf das allerniedrigste Niveau sinken können) davon abzuhalten, in die Hölle abzugleiten, und sie in die Lage zu versetzen, die Werte wiederzuerlangen, die sie verloren haben, und die reine Lauterkeit wiederzugewinnen, mit der sie geboren wurden. Als letzter Gesandter Gottes bemühte er sich, immer unter SEINER Rechtleitung und gemäß SEINEN Anordnungen, sein ganzes Leben lang, das Licht des Islam so weitreichend wie möglich leuchten zu lassen, auf dass alle anderen die Göttliche Botschaft hören konnten, bevor es für sie zu spät wäre.

Wir wollen einige Punkte betrachten, die die Universalität seiner Prophetenschaft zeigen.

1. Als er noch in Mekka weilte, schickte er einige Muslime nach Abessinien. Durch die Bemühungen dieser Gläubigen erhielten viele Abessinier die Möglichkeit den Islam kennenzulernen und ihn anzunehmen. Der eigentliche Auswanderungsgrund der Muslime bestand zwar darin, der massiven Verfolgung durch die Heiden zu entgehen, die Tatsache aber , dass der Negus und weitere Edelleute in seinem Gefolge zum Islam übertraten, war eines der ersten Zeichen und einer der ersten Beweise der Universalität der Prophetenschaft Muhammeds.

2. Unter den ersten Muslimen befanden sich Bilal aus Abessinien, Suhaib aus Rom (Byzanz), Salman aus Persien, usw. Obwohl sie aus verschiedenen Völkern und Rassen stammten, zählten sie zu den angesehensten Muslimen. Darüber hinaus zeigt die Tatsache, dass die Genannten und viele andere Nicht-Araber höhere Positionen und Wertschätzung genossen als viele Araber, wie der Islam von Anfang an eine universale Perspektive verfolgte.

3. Lange vor der Eroberung des Irak und Persiens, teilte der

Prophet dem Suraqa, der hinter dem Propheten herrannte, als er von Mekka nach Medina auswanderte, die frohe Kunde mit, dass er, Suraqa, die Armreifen von Chosroes, dem Sohn des Ormuz, dem persischen Herrscher (*al kamil*, 2, 74) tragen werde. Das weist darauf hin, dass der Prophet wusste, dass der Islam in den Irak und nach Persien getragen werde, und deutet an, dass er auch dorthin getragen werden musste. Und so geschah es auch, und Suraqa trug nach der Eroberung tatsächlich die Armreifen von Chosroes.

4. Als der Prophet sich im Haus von Umm Haram Bint Milhan (seiner Tante väterlicherseits und der Ehefrau von Ubada Ibn Samit) ausruhte, schlief er eine kurze Zeit. Als er aufwachte sagte er lächelnd: "Mir wurde meine *"Umma"* (die Gemeinschaft der Muslime) gezeigt. Ich sah meine Umma, wie sie eine Seeschlacht führte und wie Könige auf ihren Thronen saßen" (*al bidaya wan-nihaya*, 7, 152). Vierzig Jahre danach starb sie bei der Eroberung von Zypern, als sie ihren Ehemann Ubada begleitete, und wurde auf Zypern begraben. Ihr Grab befindet sich immer noch dort. Wie schon zuvor war auch dies eine Ankündigung des Propheten, dass seine Gefährten die Göttlichen Botschaften über das Meer tragen würden und müssten.

5. Einmal erzählte der Prophet seinen Gefährten:

"Nach mir wird Ägypten erobert werden. Seid zu seinen Einwohnern freundlich und wohlwollend! Behandelt sie zuvorkommend! Denn zwischen euch und ihnen besteht eine Verwandtschaft und Pflicht *(Dhimma* / Sicherheit für nichtmuslimische Einwohner unter muslimischer Herrschaft`) (*at Tabari*, 4, 228). Auf diese Weise informierte er sie, dass das Licht des Islam zu ihren Lebzeiten Ägypten erreichen werde, und bat sie eindringlich, die Verwandtschaftsbande zu achten, die durch seine Heirat mit der Koptin Maria geknüpft worden waren.

6. Vor der *"Khandaq"* - Schlacht (Grabenschlacht) sagte er während des Aushebens der Gräben die Eroberung von Hira, den Zusammensturz der Säulen des Palastes von Chosroes (den Zusammenbruch des persischen Reiches) und die Einnahme von Damaskus voraus. Alles geschah, wie er es prophezeit hatte (*al bidaya wan-nihaya*, 4, 99). Wäre es jetzt noch weise, die Behauptung aufzustellen, die Prophetenschaft Muhammeds sei speziell für die Araber? Setzt eine derartige Behauptung nicht voraus, dass die Leute von Hira, Damaskus und Persien Araber seien? Es gibt viele Hadithe und Verse in Koran, die ausdrücklich darauf hinweisen, dass diese Prophetenschaft für alle Völker und für alle Zeiten galt. Einige von ihnen möchte ich hier nennen:

1. In einem Hadith sagt der Prophet: *"Jeder Gesandte wurde zu seinem eigenen Volk geschickt. Ich wurde der gesamten Menschheit gesandt."* (Bukhari, *Dschihad*, 122). In einer anderen Überlieferung heißt es "den Schwarzen und den Weißen". Dies bestätigend erzählt at Tabari einen weiteren Hadith: *"Ich wurde allen sowohl als Gnade (Rahma) als auch als Prophet gesandt. Vollendet meinen Auftrag! Möge Allah euch gnädig sein!"* (*at Tabari*, 2, 625).

2. Als der Bote von Chosroes zu ihm kam, wandte sich der Prophet mit den Worten an ihn: "Schon sehr bald werden meine Religion und ihre Souveränität den Thron von Chosroes erreichen." (*al kamil*, 2, 146).

3. Jahrhunderte vor der Eroberung von Anatolien und Konstantinopel sagte er voraus, dass die siegreichen Armeen

des Islam an die Tore klopfen würden, und verkündete, dass Konstantin (Istanbul) von den Muslimen erobert werde. Es wurden viele Versuche unternommen, dies zu verwirklichen und der Ermutigung in den folgenden Worten des Propheten gerecht zu werden: *"Konstantinopel wird erobert werden. Gesegnet ist der Kommandeur, der es einnehmen wird, und gesegnet sind seine Truppen."* (Ibn Hanbal, *Musnad*, 4, 335). Da diese Stadt selbst ein Symbol unumschränkter Herrschaft war, hatte der Prophet somit seine Umma angewiesen, den Islam über die ganze Welt zu verbreiten.

4. Die koranischen Verse, die sich auf des Propheten Sendung beziehen, sind alle eindeutig und bedürfen keiner Erklärung und Interpretation. Sie sagen unmissverständlich aus, dass die Göttliche Offenbarung durch den Propheten nicht nur für eine Familie oder einen Stamm, eine Rasse oder einer Gruppe von Menschen gedacht war, sondern für die gesamte Menschheit. Muhammed (s) hatte den Auftrag, alle Lebewesen, seien es Menschen oder Dschinn, zu warnen. Diejenigen, die ihn und die Wahrheit, die er brachte, ablehnen, werden das Schicksal der Ungläubigen erleiden. Hier einige Beispiele:

> *"Fürwahr, er ist nichts als eine Erinnerung für die Welten."* (Koran, 38:87)

> *"...Er ist nun aber nichts als eine Erinnerung und ein deutlicher Koran, auf dass er warne, wer da lebt, und der Spruch wider die Ungläubigen seine Berechtigung habe."* (Koran, 36:69-70)

> *"Und WIR sandten dich der gesamten Menschheit nur als einen Überbringer froher Botschaft und als Warner; die meisten Menschen wissen es jedoch nicht."* (Koran, 34:28)

> "Sprich: "O ihr Menschen! Ich bin fürwahr euch allen der Gesandte Allahs, DESSEN das Königreich der Himmel und der Erde ist..." (Koran, 7:158)

Der Koran teilt uns ausdrücklich mit, dass die früheren Propheten jeweils zu ihrer eigenen Gemeinschaft oder Nation gesandt wurden, und lenkt unsere Aufmerksamkeit auf den Unterschied zwischen ihnen und dem Propheten Muhammed (s). Zum Beispiel:

> "WIR sandten Noah zu seinem Volk, und er sprach: "O mein Volk, dient Allah! Ihr habt keinen anderen Gott außer IHN!..." (Koran, 7:59)

> "Und zu den Ad ihren Bruder Hud. Er sprach: "O mein Volk, dient Allah! Ihr habt keinen Gott außer IHN!..." (Koran, 7:65)

> "Und zu den Thamud ihren Bruder Salih. Er sprach: "O mein Volk, dient Allah! Ihr habt keinen Gott außer IHN!..." (Koran, 7:73)

> "Und Lot, als er zu seinem Volk sprach: ....." (Koran, 7:80)

> "Und nach Midian ihren Bruder Schuaib....." (Koran, 7:85)

Zudem wird fast überall, wo diese Propheten im Koran erwähnt werden, erklärt, dass sie aus den Reihen ihrer eigenen Brüder erwählt und zu ihrem eigenen Volk gesandt wurden. Auf diese Weise lässt der Koran keinen Raum für Mehrdeutigkeit, wer ein Prophet für sein eigenes Volk war und wer für die gesamte Menschheit.

Seit dem Tag, an dem Muhammed (s) die erste Offenbarung erhalten hat, wurde er fast in der gesamten Welt gehört und respektiert. Seine Lehren, die eine Lebensweise für

Menschen bis hin in China oder in Marokko etablierten und die Herzen von Millionen in allen Teilen der Welt berührten, waren und sind eine bleibende Grundlage für ein ausgeglichenes und zivilisiertes Leben und haben eine Richtschnur für menschliche Entwicklung auf jedem Gebiet gegeben. Trotz der bösartigen und anhaltenden Unterdrückung der Muslime, der Zerstörung ihrer Kultur und der falschen Darstellung ihrer Werte und ihrer Historie bleiben die Ideale des Islam frisch und lebendig in den Herzen der großen Mehrheit der Muslime, wo auch immer sie sich aufhalten. Man sieht tatsächlich überall zu ihnen auf, wobei sogar viele Nicht-Muslime zustimmen, dass die gravierenden Probleme, denen sich die Menschheit gegenüber sieht, nur dadurch gelöst werden können, dass man eben diese Prinzipien anwendet. Allein die Dauerhaftigkeit des Islam bei Eroberungen und Verteidigungen inmitten äußerst unterschiedlicher Menschen, Sprachen, Kulturen und Lebensräume ist ein unumstößlicher Beweis dafür, dass die Sendung des Propheten Muhammed nicht nur für eine bestimmte Zeit, sondern für alle Völker und für alle Zeiten gedacht war.

4.4

Welche Gründe stehen hinter den verschiedenen Ehen des Propheten Muhammed (s)?

Einige Kritiker des Islam haben, entweder weil sie sich der Fakten hinsichtlich der Ehen des Propheten Muhammed (s) nicht bewusst waren, oder weil sie nicht ehrlich und objektiv mit diesen Fakten gingen, den Propheten als einen zügellosen Wüstling verleumdet. Sie werfen ihm Charakterschwächen vor, die mit einer durchschnittlichen Tugendhaftigkeit kaum vereinbar seien, geschweige denn mit dem Leben eines Propheten und Gottes letzten Gesandten sowie dem besten Vorbild, dem die ganze Menschheit folgen soll. Wenn man jedoch einfach einmal die Fakten auflistet - und sie sind ohne Schwierigkeiten aus den vielfältigen Biografien und authentischen Aufzeichnungen der Aussagen und Handlungen des Propheten verfügbar -, dann wird es klar, dass der Prophet das in höchstem Maße disziplinierte Leben führte und seine Ehe einen Teil dieser Disziplin und einen Teil der vielen Belastungen, die er als Gottes letzter Gesandter ertrug, darstellte.

Die Gründe für die verschiedenen Ehen des Propheten sind unterschiedlicher Art, aber selbst unter Berücksichtigung des privaten Bereichs einiger dieser Gründe hatten sie alle mit seiner Rolle als Führer der neuen islamischen Umma zu tun, dass er also seine Leute zu den Normen und Werten des Islam führen sollte. Auf den folgenden Seiten wollen wir versuchen, einige dieser Gründe zu erklären und dabei zu zeigen, dass die in diesem Zusammenhang gegen den Propheten erhobenen Vorwürfe nicht nur abscheulich und unanständig, sondern auch vollkommen falsch sind.

Der Prophet heiratete zum ersten Mal im Alter von 25 Jahren, als er noch nicht zu seiner späteren Sendung berufen war. Berücksichtigt man das kulturelle Umfeld, in dem er lebte - gar nicht zu reden vom Klima und anderen Gesichtspunkten wie seine Jugend- dann ist es bemerkenswert, dass er einen ausgezeichneten Ruf ob seiner vollkommenen Keuschheit als auch Integrität und Zuverlässigkeit im Allgemeinen genoss. Als ihm das Prophetenamt übertragen wurde, erwarb er sich Feinde, die sich nicht scheuen, unzutreffende Verleumdungen gegen ihn zu verbreiten - aber nicht ein einziges Mal wagte es irgendjemand von ihnen (obwohl es sich um in ihrer *"Dschahiliya"* (Ignoranz und Unwissenheit) skrupellose Männer handelte), über ihn etwas zu erfinden, was niemand hätte glauben können. Es ist wichtig, sich vor Augen zu führen, dass sich sein Leben von Anfang an auf Keuschheit und Selbstdisziplin gründete und dies auch immer so blieb.

Im Alter von 25 Jahren also, in der Blüte seiner Jahre, heiratete Muhammed (s) Khadidscha, eine Frau, die viele Jahre älter war als er. Diese Ehe war in den Augen des Propheten und Gottes etwas sehr Hochstehendes und Außergewöhnliches. 23 Jahre lang war sein Leben mit Khadidscha eine Zeit ununterbrochener Zufriedenheit und vollkommener Treue. Im achten Jahr seiner Prophetenschaft starb Khadidscha jedoch, und der Prophet war wieder alleinstehend, so wie er es bis zu seinem 25. Lebensjahr gewesen war, wenn auch jetzt mit Kindern. Seine Gegner können nicht bestreiten, ja, sie sind sogar gezwungen zuzugeben, dass während all dieser langen Jahre in seinem moralischen Charakter nicht ein einziger Makel zu finden ist. Zu Lebzeiten Khadidschas nahm der Prophet keine andere Frau, obwohl die öffentliche Meinung unter seinen Leuten ihm das zugestanden hätte, wenn er es denn gewollt hätte. Nach Khadidschas Tod lebte er vier oder fünf Jahre allein. All seine anderen Ehen begannen, nachdem er das Alter von 55 Jahren erreicht hatte, ein Alter, in dem nur noch sehr wenig wirkliches Interesse und Begehren hinsichtlich des Heiratens geblieben ist . Der Vorwurf, dass seine Ehen nach diesem Alter einen Ausdruck der Lüsternheit und Maßlosigkeit darstellten, entbehrt nicht nur jeder Grundlage, sondern ist auch gemein.

Eine Frage, die Leute oft stellen, lautet: Wie kann die Mannigfaltigkeit seiner Ehen mit seiner Rolle als Prophet im Einklang stehen? Es gibt drei Punkte, auf die man bei der Beantwortung dieser Fragen Wert legen sollte; aber zunächst wollen wir Notiz davon nehmen, dass diejenigen, die derartige Fragen ständig aufwerfen, entweder Atheisten (die selber keiner Religion angehören) oder "Leute der Offenbarungsschrift", d.h. Christen oder Juden sind. Diese beiden Gruppen von Kritikern sind gleichermaßen über den Islam und die Religion schlecht informiert oder bringen absichtlich Richtiges und Falsches durcheinander, um andere zu täuschen und Zweifel und Unfriedenheit zu verbreiten.

Diejenigen, die weder an eine religiöse Lebensweise glauben noch diese praktizieren, haben kein Recht dazu, jenen, die dies tun, einen Vorwurf zu machen. Sie haben Beziehungen zu vielen Frauen und Verbindungen mit ihnen, ohne irgendeiner Regel, irgendeinem Gesetz oder irgendeiner Ethik zu folgen. Was auch immer sie vorgeben: was sie tun, ist ungehemmte Zügellosigkeit, ohne in der Praxis die geringste Rücksicht auf die Konsequenzen ihrer Kinder zu nehmen, geschweige denn auf die Jugendlichen im Allgemeinen. In gewissen Kreisen, die öffentlich bekanntgaben, dass sie äußerst "frei" seien, werden sexuelle Beziehungen, die die meisten Gesellschaften als inzestuös verdammen, als erlaubt angesehen; Homosexualität ist für sie genauso "normal" wie jede andere Art der Beziehung. Manche praktizieren sogar Polyandrie - d.h., eine Frau hat zur selben Zeit viele "Ehemänner"-, wobei wir es der Vorstellungskraft des Lesers überlassen, worin die Agonie der Kinder, die wohl nie sicher sein werden, wer denn nun eigentlich ihr Vater ist, besteht. Das einzige Motiv, das auf diese Weise lebende Menschen haben können, die Ehen des Propheten zu kritisieren, ist die falsche Hoffnung, dass sie die Muslime mit sich selber in den Schmutz moralischer Verwirrung und der Lasterhaftigkeit, in den sie gefallen sind, ziehen können.

Juden und Christen, die den Propheten wegen der Mannigfaltigkeit seiner Ehen angreifen, können nur durch ihre Furcht und ihren eifersüchtigen Hass auf den Islam motiviert sein. Sie vergessen ganz einfach, dass die bedeutenden Patriarchen der hebräischen Rasse, die sowohl in der Bibel als auch im Koran als Propheten erwähnt und von den Anhängern aller drei Religionen als Musterbeispiele moralischer hervorragender Eigenschaften verehrt werden, alle die Polygamie praktizierten - und das sogar in einem weitaus größeren Rahmen als der Prophet Muhammed (s).

Die Polygamie ist also nicht von den Muslimen ins Leben gerufen worden. Und wie wir sehen werden, hat im Fall des Propheten des Islam die Mehrehe darüber hinaus aus der Sicht der Aufgabe des Prophetentums eine weitaus größere Bedeutung als sich Menschen im Allgemeinen bewusst sind.

In gewisser Hinsicht war die Mannigfaltigkeit der Frauen für den Propheten eine Notwendigkeit, durch deren Praxis (oder Sunna) die Statuten und Normen des muslimischen Gesetzes etabliert werden sollten. Religion darf nicht von den privaten Beziehungen zwischen Eheleuten und von Angelegenheiten, die nur von den jeweiligen Partnern gewusst werden können, ausgeschlossen werden. Deshalb muss es eine Rechtleitung von Frauen geben, die klare Anweisungen und Ratschläge erteilen können, ohne eine Sprache voller Anspielung, Andeutung und Anzüglichkeiten zu benutzen, die deren Bedeutung obskur und unverständlich erscheinen lassen. Die keuschen und tugendhaften Ehefrauen des Propheten waren Lehrmeisterinnen, die dafür verantwortlich zeichneten, die Normen und Regeln, die das Verhalten der Muslime in ihrem Privatleben betreffen, den Menschen zu vermitteln und weiterzugeben.

Einige Ehen des Propheten Muhammed wurden aus ganz bestimmten Gründen, die mit seinen Frauen zu tun hatten, eingegangen:

1. Da sich unter ihnen Frauen jüngeren, mittleren und höheren Alters befanden, konnten die Erfordernisse und

Normen des islamischen Gesetzes bezüglich verschiedener Lebensabschnitte und Erfahrungen veranschaulicht werden. Diese Gesetzesbestimmungen wurden zuerst innerhalb der Familie des Propheten erlernt und angewendet und dann durch die Lehren seiner Frauen an andere Muslime weitergegeben.

2. Da jede seiner Frauen aus einer anderen Familie oder einem anderen Stamm kam, begründete der Prophet Bande der Verwandtschaft und Verbundenheit, die sich durch die gesamte Umma zogen. Dies ermöglichte es ihm, unter den verschiedenen Menschen der neuen Umma eine tiefgehende Zuneigung zu verbreiten und unter ihnen auf äußerst praktische Weise und auf der Grundlage der Religion Gleichheit und Brüderlichkeit zu schaffen und abzusichern.

3. Jede seiner Frauen aus ihren verschiedenen Stämmen erwies sich sowohl zu Lebzeiten des Propheten als auch nach seinem Tod als großer Nutzen und Dienst für die Sache des Islam. Sie übermittelten seine Botschaft und erklärten sie ihren Clans: äußere und innere Erfahrungen, die Qualitäten, die Verhaltensweisen und den Glauben des Mannes, dessen Leben in allen Einzelheiten - öffentlich und privat - die Verkörperung des Koran darstellte - Islam in der Praxis. Auf diese Weise lernten alle Mitglieder ihres Clans, Männer wie auch Frauen, etwa vom Koran, von den Hadithen, vom *"Tafsir"* (Interpretation und Kommentar des Koran) und vom *"Fiqh"* (Gesetzeswissenschaft des Islam) und wurde sich so voll der Essenz und des Geistes der islamischen Religion bewusst.

4. Durch seine Ehen etablierte der Prophet Muhammed (s) auf der gesamten Arabischen Halbinsel verwandtschaftliche Beziehungen. Dies bedeutete, dass er sich frei bewegen

konnte und in jeder Familie als eines ihrer Mitglieder angesehen wurde; jedes Familienmitglied betrachtete ihn als einen der Ihren. Aus diesem Grund hatte jeder das Gefühl, dass er zu ihm persönlich kommen konnte, um über die Dinge des diesseitigen Lebens und des Jenseits direkt von ihm zu lernen. Und in ähnlicher Weise profitierten die Stämme insgesamt von dieser Nähe zum Propheten; sie schätzten sich glücklich und waren auf diese Beziehung stolz, wie z.B. die Ummaiyaden durch Umm Habiba, die Haschemiten durch Zainab Bint Dschahsch und die Banu Makhzum durch Umm Salama.

Was wir bis jetzt erläutert haben, ist allgemein gehalten und könnte in mancher Hinsicht auf alle Propheten zutreffen. Wir werden jetzt jedoch den Lebenslauf der *"Ummahat al Mu'minin"* (der Mütter der Gläubigen) erörtern, und zwar nicht in der Reihenfolge der Heirat, sondern aus einer anderen Perspektive.

I

Khadidscha (r) war die erste unter den Ehefrauen des Propheten. Zur Zeit ihrer Heirat war sie 40 Jahre alt, und Muhammed (s) war 25. Sie war die Mutter aller seiner Kinder mit Ausnahme seines Sohnes Ibrahim, der nicht lange lebte. Khadidscha war nicht nur Ehefrau, sondern ihrem Ehemann auch eine Freundin, die in bemerkenswerter Weise an seinen Neigungen und Idealen teilnahm. Ihre Ehe war auf wunderbare Weise gesegnet; sie lebten 23 Jahre lang in völliger Harmonie miteinander. Bei jeder von den Götzendienern geäußerten Schmähung und Empörung gegen ihn war Khadidscha seine liebste Gefährtin und

Helferin. Er liebte sie aus ganzem Herzen und heiratete zu ihren Lebzeiten keine andere Frau. Diese Ehe stellte das Ideal der Vertrautheit, der Freundschaft, des gegenseitigen Respektes, der Unterstützung und des Trostes für alle Ehen dar. Obwohl er sich gegenüber all seinen Frauen treu und loyal verhielt, hat er Khadidscha nach ihrem Tod nie vergessen und bei vielen Gelegenheiten ausführlich ihre Tugenden und Verdienste erwähnt. Der Prophet heiratete erst vier oder fünf Jahre nach ihrem Tod wieder. Indem er für die tägliche Nahrung und Versorgung seiner Kinder sorgte und sich mit ihren Sorgen und Nöten auseinandersetzte, kümmerte sich Muhammed (s) um sie und nahm die Pflichten einer Mutter und auch eines Vaters wahr. Einem derartigen Mann vorzuwerfen, er sei ein Genussmensch oder nach Frauen gierig gewesen, ist nicht nur niederträchtig, sondern stellt auch eine dumme Lüge dar, wie man sie sich dümmer gar nicht vorstellen kann: Wäre nämlich daran auch nur ein Fünkchen wahr, hätte er nicht so leben können, wie wir es von ihm wissen.

II

'Aischa (r) war seine zweite Frau, wenn auch nicht in der Reihenfolge seiner Trauungen. Sie war die Tochter seines engsten Freundes und ergebensten Anhängers Abu Bakr. Als einer der ersten, die zum Islam übergetreten waren, hatte Abu Bakr lange gehofft, die tiefe Zuneigung zwischen ihm und dem Propheten dadurch zementieren zu können, indem er ihm seine Tochter zur Frau gibt. Durch die Heirat mit 'Aischa gewährte der Prophet die Ehre und Gefälligkeit einem Mann, der mit ihm während seiner gesamten Sendung alle guten und schlechten Zeiten teilte. Auf diese

Weise erwarben Abu Bakr und 'Aischa Siddiqa die Auszeichnung, dem Propheten spirituell und physisch nahezustehen. 'Aischa, die sich als eine bemerkenswert intelligente und weise Frau erwies, verfügte darüber hinaus über das Temperament das Werk der prophetischen Mission weiterzuführen. Ihre Ehe war die Lehrzeit, durch die sie zu einer spirituellen Führerin und Lehrerin für die gesamte weibliche Welt vorbereitet wurde. Sie wurde eine der Hauptschülerinnen und Mitstreiterinnen des Propheten. Durch ihn wurden, wie bei so vielen Muslimen jener gesegneten Zeit, ihre Fähigkeiten und Talente reifer und vollkommener, so dass sie mit ihm in der Wohnung der Glückseligkeit sowohl als Ehefrau als auch als Schülerin verbunden war. Ihr Leben und ihre Dienste für den Islam nach ihrer Heirat beweisen, dass es eine derart außergewöhnliche Person wert war, die Frau des Propheten zu sein. Zu gegebener Zeit erwies sie sich nämlich als eine der höchsten Hadith-Autorität, als eine ausgezeichnete Koran-Exegetin und als überaus distinguierte und kenntnisreiche Expertin im islamischen Recht *(Faqih)*. Sie repräsentierte wirklich die inneren und äußeren Qualitäten und Erfahrungen *("zahir" und "batin")* des Propheten Muhammed durch ihr einzigartiges Verständnis. Das ist sicherlich der Grund, warum dem Propheten in seinem Traum mitgeteilt wurde, er werde 'Aischa heiraten. Deshalb war sie, als sie unschuldig war und nichts über Männer und irdische Angelegenheiten wusste, vorbereitet und fand so in die Familie des Propheten Einlass.

III

Umm Salama (r) stammte aus dem Stamm der Makhzum.

Zuerst war sie mit ihrem Cousin verheiratet. Das Ehepaar hatte den Islam gleich von Anfang an angenommen und war nach Abessinien ausgewandert, um den Nachstellungen der Kuraisch zu entgehen. Nach der Rückkehr aus Abessinien emigrierte das Paar mit seinen vier Kindern nach Medina. Ihr Ehemann nahm an vielen Kriegszügen teil und erlitt bei der Schlacht von Uhud schwere Verletzungen, an denen er später starb. Abu Bakr und 'Umar trugen Umm Salama die Ehe an, da sie um ihre Bedürfnisse und ihr Leiden als mittellose Witwe mit zu unterstützenden Kindern wussten. Sie lehnte dies jedoch ab, da sie der Meinung war, dass niemand besser als ihr verstorbener Gatte sein könne.

Einige Zeit später bot der Prophet ihr an, dass er sie heirate. Dies war ganz recht und vernünftig. Denn diese großartige Frau, die sich nie gescheut hatte, für ihren Glauben an den Islam Opfer zu bringen und zu leiden, war nun allein, nachdem sie viele Jahre lang im edelsten Stamm von Arabien gelebt hatte. Man konnte sie nicht unbeachtet und sich durch das Leben betteln lassen. Unter Berücksichtigung ihrer Frömmigkeit, Aufrichtigkeit und all ihrem Leiden verdiente sie es ohne Zweifel, unterstützt zu werden. Dadurch, dass der Prophet sie in seine Familie aufnahm, tat er das, was er schon seit seiner Jugendzeit getan hatte, nämlich denen ein Freund zu sein , denen es an Freunden mangelte, die zu versorgen, die unversorgt waren, und die zu beschützen, die schutzlos waren. Unter den Umständen, in denen sich Umm Salama befand, gab es keinen gütigeren oder liebenswerteren Weg, um ihr das zukommen zu lassen, an dem es ihr mangelte.

Wie 'Aischa war auch Umm Salama intelligent und hatte eine schnelle Auffassungsgabe. Ihr standen alle Fähigkeiten und Talente zur Verfügung, um eine geistige Führerin und Lehrerin zu werden. Als der großzügige und mitfühlende Prophet sie unter seinen Schutz nahm, wurde eine neue Schülerin, der später die gesamte weibliche Welt zu Dank verpflichtet sein sollte, in die Schule des Wissens und Leitens aufgenommen. Wir wollen an dieser Stelle in Erinnerung rufen, dass der Prophet zu jener Zeit auf das Alter von 60 Jahren zuging. Dass er eine Witwe mit vielen Kindern geheiratet und die damit verbundenen Ausgaben und Verpflichtungen auf sich genommen hatte, kann nur als demütige Bewunderung für die unbegrenzten Reserven seiner Menschlichkeit und seines Mitgefühls aufgefasst werden.

IV

Umm Habiba (r) war die Tochter von Abu Sufyan, der lange Zeit der entschlossenste Feind der Sendung des Propheten sowie der entschlossenste Unterstützter des *"Kufr"* (Unglaubens) war. Dennoch gehörte seine Tochter zu den ersten, die den Islam annahmen. Sie wanderte nach Abessinien aus, weil sie von den Ungläubigen verfolgt wurde. Während ihres dortigen Aufenthalts trat ihr Mann zum Christentum über. Da sie Muslimin blieb, trennte sie sich von ihm. Als ihr Mann kurze Zeit später starb, war sie allein im Exil und völlig verzweifelt.

Es gab damals nur sehr wenige Gefährten des Propheten, und die hatten kaum materielle Mittel, um sich selbst zu versorgen, geschweige denn andere. Welche Optionen standen da Umm Habiba praktisch offen? Sie hätte zum Christentum übertreten und auf diese Weise von den

Christen Unterstützung erhalten können; aber das war undenkbar. Sie hätte in das Haus ihres Vaters zurückkehren können , das nun ein Hauptquartier des Krieges gegen den Islam geworden war ; aber auch das war unvorstellbar. Sie hätte von Haus zu Haus als Bettlerin wandern können; aber dies war eine ebenso nicht auszudenkende Option für jemanden, der zu einem der wohlhabendsten und edelsten arabischen Familien gehörte und durch ein derartiges Verhalten über den Namen dieser Familie Schande gebracht hätte.

Gott entschädigte Umm Habiba für alles, was sie verloren oder für den Islam geopfert hatte. Sie hatte unter einem Exil in einer unsicheren Umgebung unter Leuten, die einer anderen Rasse und Religion als der eigenen angehörten, gelitten; außerdem hatten sie das Konvertieren ihres Mannes und sein Tod unglücklich gemacht. Als der Prophet von ihrem Elend hörte, reagierte er, indem er durch den Negus einen Heiratsantrag übermitteln ließ. Hierbei handelte es sich um ein nobles wie auch generöses Verhalten und einen praktischen Beweis des Verses: *"Und WIR entsandten dich nur als eine Barmherzigkeit für die Welten."* (Koran, 21:107).

So kam also Umm Habiba als Ehefrau und Schülerin in die Familie des Propheten und trug viel zum moralischen und spirituellen Leben der Muslime bei, die von ihr lernten und ihr Wissen wiederum an die nachfolgenden Generationen weitergaben.

Durch diese Heirat trat die mächtige Familie Abu Sufyans mit der Person und der Familie des Propheten in enge Verbindung, was sie dazu brachte, eine ganz andere Haltung gegenüber dem Islam einzunehmen. Es ist ebenso richtig, aus dieser Heirat den Einfluss über die Familie Abu

Sufyans hinaus auf alle Umaiyaden, die die Muslime fast einhundert Jahre lang beherrschten, abzuleiten. Der Clan, dessen Mitglieder am fanatischsten in ihrem Hass auf den Islam gewesen waren, brachten einige der berühmtesten Kämpfer, Administratoren und Gouverneure der Frühzeit des Islam hervor. Dieser Umschwung begann zweifelsohne mit der Heirat von Umm Habiba: die Tiefe der Weitherzigkeit und des Großmuts des Propheten haben sie ohne Frage überwältigt.

V

Zainab Bint Dschahsch (r) war ebenfalls eine Frau edler Abstammung und eine nahe Verwandte des Propheten. Darüber hinaus war sie eine äußerst fromme Frau, die viel fastete, lange Nachtwachen hielt und großzügig für die Armen spendete. Als der Prophet um die Hand von Zainab für Zaid anhielt, waren Zainab und ihre Familie zunächst nicht einverstanden. Die Familie hatte gehofft, ihre Tochter dem Propheten zur Frau zu geben. Als sie erkannten, dass es der Wunsch des Propheten war, dass Zainab den Zaid heiraten sollte, willigten sie natürlich alle aus Respekt für ihre Liebe zum Propheten und seine Autorität ein. Somit fand die Heirat statt.

Zaid war als Kind im Verlauf von Stammesfehden gefangen genommen und als Sklave verkauft worden. Die noble Khadidscha, deren Sklave er war, schenkte ihn Muhammed anlässlich ihrer Hochzeit mit dem späteren Propheten. Der Prophet gab Zaid sofort frei und nahm ihn kurz darauf als seinen Sohn an. Der Grund dafür, dass er auf eine Heirat Zaids mit Zainab bestand, lag darin, die Gleichheit unter den Muslimen zu etablieren und zu stärken, sein Ideal also Wirklichkeit werden zu lassen. Er wollte das aus alter Zeit stammende arabische Vorurteil gegen die Heirat eines Sklaven oder freigelassenen ehemaligen Sklaven mit einer 'frei geborenen' Frau aus der Welt schaffen. Der Prophet nahm diese schwere Aufgabe deshalb mit seinen eigenen Verwandten in Angriff.

Die Ehe war aber weder für Zainab noch für Zaid glücklich. Zainab, die Dame edler Abstammung, war eine gute, sehr fromme Muslimin mit außergewöhnlichen Eigenschaften. Zaid, der freigelassene ehemalige Sklave, gehörte zu den ersten, die den Islam angenommen hatten, und auch er war ein guter Muslim. Beide liebten den Propheten und gehorchten ihm, aber ihre Ehe war auf Grund der Unvereinbarkeit der Charaktere der Ehepartner nicht länger fortzusetzen. Zaid fand es nicht mehr erträglich und brachte bei mehreren Gelegenheiten seinen Wunsch auf Scheidung zum Ausdruck. Der Prophet bestand jedoch darauf, dass er geduldig durchhalten und sich von Zainab nicht trennen solle. Als sich dann bei einer Gelegenheit der Prophet im Gespräch befand, kam der Erzengel Gabriel und überbrachte ihm eine göttliche Offenbarung (Bukhari, *Tauhid*, 22). In den Versen wurde des Propheten Heirat mit Zainab als ein bereits vollzogener Bund verkündet: "*...verheirateten WIR sie mit dir ...*" (Koran, 33:37). Diese Anordnung war eine der härtesten Prüfungen, der sich der Prophet jemals zu stellen hatte. Er wurde nämlich aufgefordert, etwas gegen die Traditionen seiner Leute zu tun, ja sogar ein Tabu zu brechen. Um Gottes willen musste jedoch so gehandelt werden wie ER es befohlen hatte. 'Aischa berichtete später: "Hätte der Gesandte Allahs jemals den Wunsch gehabt, etwas von dem, was ihm offenbart wurde, zu unterdrücken, dann hätte er mit

Sicherheit diesen Vers unterdrückt." (*Bukhari* und *Muslim*)

Göttliche Weisheit verordnete die Notwendigkeit, eine so distinguierte und edle Person wie Zainab in die Familie des Propheten aufzunehmen, um sie auf diese Weise mit wahrhaftem Wissen zu versorgen und sie auf die Aufgabe vorzubereiten, die Muslime zu führen und zu erleuchten. Nachdem die Hochzeit schließlich stattgefunden hatte, erwies sich Zainab jedenfalls als würdig, die Ehefrau des Propheten zu sein; sie war sich stets der Pflichten als auch der ihrer Rolle charakteristischen Höflichkeit bewusst und nahm diese Verantwortung unter allgemeiner Bewunderung wahr.

In der "*Dschahiliya*", der Zeit der Unwissenheit vor dem Islam, wurde ein angenommener Sohn wie ein leiblicher Sohn angesehen, und die Ehefrau eines adoptierten Sohnes wurde somit wie die Ehefrau eines leiblichen Sohnes betrachtet. Dem koranischen Vers zufolge fallen diejenigen, die "Ehefrauen eurer Söhne, die aus euren Lenden hervorgegangen sind" gewesen sind, unter den Personenkreis, dem die Heirat verboten ist. Dieses Verbot gilt jedoch nicht für adoptierte Söhne, zu denen also keine reine Blutsverwandtschaft besteht. Was jetzt ganz offensichtlich erscheint, war es damals durchaus nicht. Das heidnische Tabu gegen das Heiraten ehemaliger Ehefrauen von adoptierten Söhnen war tief verwurzelt. Um diesen Brauch auszurotten, wurde der Prophet durch die Offenbarung aufgefordert, Zainab zu heiraten.

Um eine unanfechtbare Genehmigung für nachfolgende Generationen zu besitzen, musste der Brauch mit diesem Tabu durch die Autorität des Propheten selbst an einem Beispiel vollzogen werden. Es ist nur ein weiterer Beweis für die Glaubensstärke des Mannes, dass er das göttliche Gebot gegen die festverankerten Sitten seiner Leuten beachtete. Das Ergebnis war, dass die Araber von ihrem heidnischen Durcheinander einer legalen Fiktion, wie auch immer sie mit der biologischen und natürlichen Realität vereinbar war, befreit wurden.

VI

Dschuwairiya Bint Harith (r) gehört zu den vielen Gefangenen, die die Muslime bei einer militärischen Expedition genommen hatten. Sie war die Tochter von Harith, dem Oberhaupt des besiegten Clans der Banu Mustaliq. Wie die anderen Mitglieder ihrer stolzen Familie wurde auch sie zusammen mit den "gewöhnlichen" Leuten ihres Stammes gefangengehalten. Als Dschuwairiya zum Propheten gebracht wurde, befand sie sich in höchster Verzweiflung, nicht zuletzt deshalb, weil ihre Verwandten alles verloren hatten und ihre Gefühle die eines tiefsitzenden Hasses und die einer Feindschaft gegen die Muslime waren. Der Prophet verstand den verletzten Stolz und die gekränkte Würde sowie das Leiden dieser Frau. Und mehr als das verstand er es auch in seiner sublimen Weisheit, wie man dieses Problem lösen und den verletzten Stolz wieder aufrichten konnte. Er erklärte sich damit einverstanden, das Lösegeld für sie zu zahlen, schenkte ihr die Freiheit und machte ihr einen Heiratsantrag. Man kann sich leicht vorstellen, wie gern Dschuwairiya dieses Angebot annahm.

Als die *Ansar* (die Helfer) und die *Muhadschirun* (die Emigranten) erfuhren, dass die Banu Mustaliq durch Heirat nun zu des Propheten Verwandten gehörten, wurden etwa einhundert Familien, die noch nicht freigekauft worden waren, freigelassen. Ein Stamm, dem eine solche Ehre widerfahren war, durfte nicht länger in der Sklaverei bleiben (Ibn Hanbal, *Musnad*, 6, 277). Auf diese Weise wurden die Herzen von Dschuwairiya als auch von ihren Leuten gewonnen. Hundert Familien, die ihre Freiheit erlangt hatten, priesen die Heirat Dschuwairiyas mit Muhammed (s). Durch seine mitfühlende Weisheit und Großzügigkeit kehrte er die Niederlage einiger in einen Sieg aller um; was einst Feindschaft und Verzweiflung war, wurde nun Freundschaft und Freude.

VII

Safiya (r) war die Tochter von Huyaiy, eines der Häuptlinge des jüdischen Stammes von Khaibar, der die Banu Quraiza überredet hatte, ihren Vertrag mit dem Propheten zu brechen. Von Kind auf sah sie ihre Familie und Verwandten von Feindschaft gegen den Propheten geprägt. Sie hatte ihren Vater, Bruder und Ehemann an die Muslime verloren und wurde selbst zu einer ihrer Gefangenen. Die Verhaltens- und Handlungsweisen ihrer Familie und Verwandten mögen in ihr einen tiefen Unwillen gegen die Muslime und den Wunsch auf Rache genährt haben. Aber drei Tage vor der Ankunft des Propheten in Khaibar und der Gefangennahme Safiyas während des Kampfes hatte sie in einem Traum einen glänzenden Mond gesehen, der von Medina kam und sich in Richtung Khaibar bewegte und in ihren Schoss fiel. Später berichtete sie: "Als ich gefangengenommen wurde, begann ich zu hoffen, dass sich mein Traum erfüllen werde." Als sie zum Propheten als Gefangene gebracht wurde, ließ er sie großzügig frei und bot ihr an, entweder eine Jüdin zu bleiben und zu ihren Leuten zurückzukehren oder den Islam anzunehmen und seine Frau zu werden. "Ich wählte Allah und SEINEN Gesandten", erzählte sie. Kurz darauf heirateten sie.

Nachdem sie in die Familie des Propheten berufen worden war, hatte sie den Titel 'Mutter der Gläubigen'. Die Gefährten des Propheten ehrten und respektierten sie als 'Mutter'; sie wurde aus erster Hand Zeuge von der Vornehmheit und aufrichtigen Höflichkeit der Männer und Frauen, deren Herzen und Gedanken nur Gott gehörten. Ihre Einstellung zu ihren früher gemachten Erfahrungen änderten sich ganz und gar; sie wusste die große Ehre, die Ehefrau des Propheten zu sein, zu schätzen. Infolge dieser Heirat änderte sich auch die Haltung vieler Juden, da sie nun den Propheten aus der Nähe betrachten und kennenlernen konnten. Es ist an dieser Stelle zudem erwähnenswert, dass durch eine derartige enge Beziehung zu anderen die Muslime dazu kamen zu verstehen, wie diese anderen denken, fühlen und leben. Und durch dieses Verständnis können die Muslime lernen, wie sie diese anderen beeinflussen und rechtleiten können, so Gott will. Ohne ein Maß an Vertrauen, das durch so großzügige Handlungen wie des Propheten Heirat mit Safiya begründet wurde, können weder gegenseitig Respekt noch Toleranz soziale Normen werden.

VIII

Sauda Bint Zam'ah Bint Qais (r) war die Witwe eines gewissen Sakran. Sakran und Sauda gehörten zu den ersten, die den Islam annahmen und nach Abessinien fliehen mussten, um der Verfolgung der Götzendiener zu entgehen. Sakran starb im Exil und hinterließ seine Frau vollkommen mittellos. Der Prophet Muhammed war zwar selbst ob des täglichen Lebensunterhaltes in Sorge, sah aber als einzige Möglichkeit, der armen Sauda zu helfen, sie zu heiraten. Diese Heirat fand einige Zeit nach dem Tod der edlen Khadidscha statt.

IX

Hafsa (r) war die Tochter von 'Umar ibn al Khattab, dem späteren zweiten Kalifen des Islam. Diese gute Frau hatte ihren Ehemann, mit dem sie nach Abessinien und Medina ausgewandert war, dadurch verloren, dass er an den Wunden starb, die er in einem Kampf für die Sache Allahs erlitten hatte. Eine Zeit lang blieb sie ohne Gatten. Wie schon Abu Bakr sehnte sich auch 'Umar nach der Ehre und dem Segen, dem Propheten in dieser und der nächsten Welt nahe zu sein, so dass der Prophet (s) Hafsa zu seiner Frau nahm, um die Tochter seines gläubigen Anhängers zu beschützen und ihr zu helfen.

Das waren also die Begleitumstände und die edlen Motive für die verschiedenen Ehen des Propheten Muhammed. Wir sehen, dass mit diesen Ehen beabsichtigt wurde, hilflose oder verwitwete Frauen mit einer ehrwürdigen Lebensweise, aber ansonsten ohne Mittel, zu versorgen; aufgebrachte oder entfremdete Angehörige von Stämmen zu beruhigen und ihnen Ehre zuteil werden zu lassen; diejenigen, die Feinde gewesen waren, in ein gewisses Maß der Verwandtschaft und Harmonie zu bringen; für den Islam zuverlässige, unübertrefflich begnadete Individuen, insbesondere einige außergewöhnlich talentierte Frauen zu gewinnen; neue Normen der Beziehungen zwischen unterschiedlichen Menschen innerhalb des vereinenden Bandes des brüderlichen Geistes zu etablieren; und die Männer durch Familienbande zu ehren, die nach dem Propheten die ersten Führer der muslimischen *"Umma"* sein sollten. Diese Ehen hatten überhaupt nichts mit Maßlosigkeit oder körperlicher Begierde oder Gelüsten und auch nichts mit irgendwelchen anderen der absurden und abscheulichen Anschuldigungen, die die erbitterten Feinde des Islam gegen den Propheten erhoben haben, zu tun. Mit Ausnahme von 'Aischa waren alle Frauen des Propheten Witwen , und jede Heirat von ihm (nach der von der mit der edlen Khadidscha) wurde vollzogen, als er schon in fortgeschrittenem Alter war. Alle Eheschließungen waren also weit entfernt von Akten der Maßlosigkeit, sie waren vielmehr Akte der Selbstdisziplin.

Zu dieser Disziplin gehört auch, dass der Prophet für jede seiner Frauen mit gewissenhaft beachteter Gerechtigkeit sorgte und alles, was er seiner Familie an knappen Mitteln für deren Unterhalt, Wohnraum und finanzielle Unterstützung im Allgemeinen gewährte, gleichmäßig aufteilte. Er ließ auch jeder von ihnen die gleiche Zeit zukommen und betrachtete und behandelte sie mit gleicher Freundschaft und mit gleichem Respekt. Dass seine Frauen (trotz der Tatsache, dass sie aus verschiedenen gesellschaftlichen Schichten kamen und unterschiedliche Vorlieben und Temperamente hatten) gut miteinander auskamen, ist nicht zuletzt seinem Genius, Friede und Harmonie zu schaffen, zu verdanken. Er war nicht nur für jede von ihnen der Ernährer, sondern auch ein Freund und Gefährte.

Ein letzter zu erwähnender Punkt ist, dass die Anzahl der Frauen des Propheten durch eine besondere Dispensation sich innerhalb des islamischen Gesetzes befand und nur auf seine Person beschränkt war. Einige der Verdienste und Weisheiten dieser Dispensation, wie wir sie verstehen, haben wir schon erläutert. Die Anzahl der Ehefrauen darf für jeden anderen Muslim vier Frauen zur selben Zeit nicht überschreiten. Als jene Offenbarung, die die Polygamie beschränkte, kam, waren die Ehen des Propheten schon alle vollzogen worden. Danach war es auch dem Propheten verboten, noch einmal zu heiraten. Möge Gott ihn segnen und ihm Frieden schenken, und möge ER uns in die Lage versetzen, sein edles Vorbild zu verstehen und ihm zu folgen!

TEIL V

5.1

Der Koran sagt: *"...Und so lässt Allah in die Irre gehen, wen ER will, und leitet recht, wen ER will..."* (Koran, 74:31). Wir wissen aber auch aus dem Koran, dass Gott dem Menschen Vernunft, Denkvermögen und freien Willen geschenkt hat und es ihm überlässt, zwischen dem Weg des Guten und dem Weg des Schlechten zu wählen. Wie sind diese beiden Dinge miteinander vereinbar?

"Hidaya" (Rechtleitung) bedeutet Rechtschaffenheit und ist der gerade Weg, der Weg zum Islam, der Weg derer, denen Gott SEINE Segnung gewährt; und *"Dalala"* (In-die-Irregehen) bedeutet Verderbtheit, Irrtum sowie Weg und Zustand derer, die ständig an falschen Glaubensvorstellungen festhalten und willentlich Gottes Gesetz übertreten, oder derer, die es ablehnen, die Stimme der Wahrheit zu hören, und somit in Rücksichtslosigkeit oder Nachlässigkeit abirren.

Sowohl das Rechtgeleitet-Sein als auch das In-die-Irregeleitet-Sein sind reale Vorkommnisse, die zweifelsohne im Zusammenhang mit Gott stehen und von SEINEM Willen abhängig sind. Es gibt nichts, was nicht mit IHM im

Zusammenhang stände; alles hängt von SEINEM Willen ab. ER erschafft *Dalala*, um SEINEN Namen *"al-Mudil"* (der Irreführende), und *Hidaya*, um SEINEN Namen "al Hadi" (der Führer) zu manifestieren. Gott erschafft also, d.h., ER ermöglicht oder 'gibt' das Rechtgeleitet- oder das In-die-Irre-geleitet-Sein. Es ist das Ergebnis der eigenen Absichten und Handlungen dieses Individuums, eine Folge seiner eigenen Standpunkte und Neigung, nicht aber das Ergebnis einer willkürlichen 'Prädestination'.

Man erhält *"Hidaya"*, indem man zum Beispiel in eine Moschee geht, Predigt, Vorträge und den Koran hört, ernsthaft über die Koranverse und ihre Bedeutung nachdenkt, seine Zeit mit frommen Leuten verbringt, Ratschläge von aufrichtigen spirituellen Führern und Religionslehrern entgegennimmt, versucht, aus ihrer Reinheit und Erhabenheit des Ethos um sie herum Nutzen zu ziehen, und lernt, über die wahre Beschaffenheit von Leben und Tod nachzusinnen. Auf diese Weise wird man im Verstand und im Geist erleuchtet. Das alles sind besondere Wege, um die Rechtleitung zu erlangen. Wenn man zu solchen Dingen neigt und sich auch daranmacht, sie in die Tat umzusetzen, dann wird Gott, wie gering die Bemühungen auch zu sein scheinen (und tatsächlich auch sind), es als eine Möglichkeit betrachten, Rechtleitung zu gewähren. Gott ist also der Eine, DER führt, aber es ist das Individuum, das an die Tür Göttlicher Fürsorge mit seinem Erwerb klopft. Andererseits hat ein Individuum, wenn es ständig Bars, Kneipen oder Orte falscher Anbetung aufsucht und sich dort entsprechend verhält, an die Tür des *"Mudill"* (des Einen, DER in die Irre führt) geklopft und darum gebeten, in die Irre geleitet zu werden. Und wenn Gott will, dann lässt ER ihn auch in die Irre gehen. Will ER es nicht, bewahrt ER ihn vor solch einem Schicksal durch irgendeine Art und Weise, wie ER sie will.

Es sollte darauf hingewiesen werden, dass ein Mensch an all dem in Wirklichkeit nur einen so geringen Anteil hat, dass seine Bemühung nicht als der wirkliche Grund für das Rechtgeleitet- oder In-die-Irre-geleitet-Sein anzusehen sind. Es ist Gott, DER den Menschen rechtleitet oder in die Irre gehen lässt. Es wäre falsch, den Anteil, den der Mensch daran hat, überzubewerten, selbst wenn es sich nur um ein Tausendstel Prozent handelt - und noch nicht einmal so viel ist es. Der Anteil 'freier' menschlicher Handlung ist derart unabsehbar unbedeutend, wo es um tatsächliches Erschaffen und Erschaffenes geht, dass es in der Tat nebensächlich ist. Gott, der Herr sowohl der irdischen als auch der spirituellen Herrschaftsgebiete, erschafft alles, was in ihnen oder zwischen ihnen ist; da ER der Besitzer, der Herr und der Souverän all dessen ist, haben alle Dinge einen Bezug zu IHM. Wenn ein Individuum den Weg der *"Dalala"* beschreitet, erschafft Gott die Folgen aus den Handlungen dieser Person in Übereinstimmung mit den Gesetzen von Ursache und Wirkung, die ER für SEINE gesamte Schöpfung festgelegt hat, und sei es nur eine Tat wie das Drücken eines Knopfes in einem zentralen Kraftwerk, das das Beleuchten einer ganzen Stadt bewirkt. Es ist eine notwendige Bedingung moralischer Verantwortung, dass der Mensch frei ist, Handlungen auf dem Weg der *"Dalala"* zu initiieren d.h. also in die Irre zu gehen, wenn er sich entscheidet so zu handeln, obwohl er Warnungen und Instruktionen erhalten hat. Später wird Gott diese Person entweder bestrafen oder ihr vergeben - ganz wie ER will.

Lasst uns über dieses Beispiel nachdenken! Wenn man dem

Koran oder einem Vortrag zuhört oder ein Werk über Religion liest, macht man die Erfahrung verschiedener Gefühle, eine Art innere Erbauung und Erleuchtung. Es kann jedoch sein, dass jemand, der direkt neben einer Moschee lebt und jeden Gebetsruf hört sowie die Vorträge und das in der Moschee durchgeführte überaus aufrichtige Flehen zu Gott zufällig mitbekommt, sich dadurch lediglich gestört fühlt und sich darüber als Ruhestörung oder nervendes Ärgernis beschwert. Jedenfalls ist die Reaktion auf das Mögen oder Nichtmögen auch ein kleines Ergebnis, so winzig und kaum der Erwähnung wert. Wie immer er aber auch reagieren mag, Gott erschafft und ermöglicht in völliger Abhängigkeit von SEINEM Willen die notwendigen Folgen, die sich aus dieser Reaktion ergeben können.

Wir wollen uns ein weiteres Beispiel anschauen. Wir nehmen die unterschiedlichsten Arten von Nährstoffen zu uns, Proteine, Vitamine, Kohlenhydrate, usw., die unser Körper dringend braucht. Der bloße Wunsch oder das bloße In-den-Mund-Nehmen von Nahrung reicht noch nicht zur Nahrungsaufnahme. Zuerst müssen die Fähigkeiten, die notwendig sind, die Nahrung zu identifizieren und in den Mund zu bringen - eine komplexe Koordination von Gehirn und Muskelaktivität - in Anspruch genommen und wirksam werden; es gibt keinen Teil, der vom Individuum, das von ihm profitiert, bewusst kontrolliert oder verstanden wird. Wenn dann ein Bissen in den Mund kommt, beginnen die Speicheldrüsen zu arbeiten, Daten über Geschmack und Aroma werden an das Gehirn weitergereicht, verarbeitet und an den Magen geleitet, um ihn über die präzise Kombination der chemischen Substanzen zu informieren, die erforderlich sind, diese ganz bestimmten Speisen zu verdauen und in Nährwerte umzuwandeln. Wir könnten hier noch fortfahren und darüber reden, wie sich das, was für den Körper nützlich ist, von dem unterscheidet, was für ihn nicht nützlich ist, und wie die Ausscheidung stattfindet, usw., usw. Und wenn wir das getan hätten, dann hätten wir immer nur noch den kleinsten Bruchteil all dessen wiedergegeben, was dann folgt, um den Zweck, Lebensmittel in unseren Mund zu führen, zu realisieren: wie gering ist in der Tat unser Anteil daran, unseren Körper mit Nahrung zu versorgen! Es ist weitestgehend anerkannt, dass der Mensch kein bewusstes Wissen oder keine bewusste Kontrolle hinsichtlich der Fähigkeiten und Organe hat, deren harmonisches und gesundheitsförderndes Funktionieren eine unabdingliche Voraussetzung für das Leben darstellt. Wenn somit ein Individuum sich erdreistete zu sagen: "Ich habe die Nahrung in meinen Mund geführt; ich habe alles für das Mahl geplant und arrangiert; ich habe es verdaut, ich habe es den Teilen, die es brauchen, zugeteilt, und habe meine Körpertemperatur festgelegt, damit alles ordentlich und effizient funktioniert, ich habe das alles selbst bewirkt!" - würde diese Person in Wirklichkeit nicht einen Teil von Gottes Werk für sich beanspruchen und auf diese Weise IHM einen Partner zugesellen? Die Realität sollte eingestanden werden: "Als ich die Nahrung in meinen Mund geführt habe, begannen erstaunliche Prozesse abzulaufen. Eine unsichtbare, mächtige Hand setzt diese Prozesse für den (wunderbarerweise) nur dafür erforderlichen Zeitaufwand in Bewegung. Der Eine, DER all diese Prozesse in mir initiiert und aufrechterhält, ist Gott."

Wenn der Mensch seinen Willen und seine Neigung auf die Göttliche Rechtleitung lenkt, kann er sich ihrer fähig und würdig erweisen. Zum Beispiel: Ich sehne mich stets danach, in Vollständigkeit und Ungezwungenheit über Religion zu reden und meine aus dem Herzen kommenden Gefühle so gut zum Ausdruck zu bringen, dass andere davon bewegt werden und somit daraus Nutzen ziehen. Es misslingt mir jedoch, das zu erreichen, was ich zu erreichen wünsche, und ich kann lediglich so viel wie möglich tun. Ich möchte gerne das koranische Gesetz und die Gebote Gottes durch überzeugende, aber dennoch aufrichtige Worte vermitteln. An manchen Stellen komme ich jedoch nicht weiter und bringe keinen Ton heraus. Ich sehne mich danach, in die Verzückung des Gebets zu Gott zu versinken und während des Gebetes aller weltlichen Sorgen ledig zu sein. Aber ich kann kaum ein einziges Gebet von Tausenden auf diese Weise bewerkstelligen. Zusammengefasst steuere ich also einen Wunsch oder auch, wenn ich aufrichtig in ihm bin, den Willen dazu bei, selbst wenn ich nicht in der Lage sein sollte, ihn zu verwirklichen. Der Rest, nämlich die Realisation, gehört vor den Allmächtigen. Ich möchte betonen, dass die Liebe und Freude des *"Iman"*, das ernsthafte Streben nach dem Himmel und eine Neigung, angesichts dessen, was auch immer der Göttlichen Vorsehung entspringt, zufrieden und ergeben zu sein, alles Geschenke sind, die Gott lediglich in das Herz und in die Seele des Menschen legt. Der Mensch wählt nur aus und setzt etwas in Bewegung, und Gott akzeptiert das und verteilt entsprechend SEINE Segnung und Rechtleitung. Saduddin Taftazani sagte: *"Iman* ist eine *"Scham'a"* (Kerze), die Gott in der Seele eines Menschen als Folge des Gebrauches seines freien Willens entzündet." Um eine derart große Gnade zu erlangen, wird vom Menschen gefordert, seinen freien Willen anzuwenden. Man drückt einen Knopf, und das Leben ist hell erleuchtet. Diese anscheinend geringe Willensanstrengung, dieses Sich -Hinwenden zum *"Iman"*, wird zum Mittel, die Rechtleitung zu erlangen und durch das Göttliche Licht erleuchtet zu werden.

Man könnte nun noch fragen, ob es so ist, wie der Koran sagt: *"...Und so lässt Allah in die Irre gehen, wen ER will, und leitet recht, wen ER will..."* (Koran, 74:31), und nach welchen Kriterien Gott SEINE Diener für ihre Handlungen verantwortlich sein lässt.

Die erste Antwort muss wieder lauten, dass Gott der Souverän und der Herr sowohl der irdischen als auch der spirituellen Herrschaftsbereiche ist. ER will etwas und erschafft in ihnen, was auch immer ER will. *"Gesegnet sei DER, in DESSEN Hand sich die Herrschaft befindet; und ER hat Macht über alle Dinge."* (Koran, 67:1). Niemand kann gegen IHN einschreiten oder sich in das einmischen, was ER erschafft, ohne dass ER es will.

Darüber hinaus dürfen wir Gott nichts Schlechtes zuschreiben. Der Koran teilt uns ausdrücklich mit, dass das Gute von IHM und das Schlechte von uns selbst kommt: *"Was dich Gutes trifft, ist von Allah; und was dich Böses trifft, ist von dir selbst..."* (Koran, 4:79). Wenn ein Mensch leidet, dann hat er sich das ausschließlich selbst zuzuschreiben, denn: *"Fürwahr, Allah begeht auch nicht nur eines Stäubchen Gewicht Unrecht..."* (Koran, 4:40). Was auf ein Individuum zukommt, resultiert aus dem, was der Mensch gewählt und getan hat und das steht im Einklang mit dem Gesetz von Ursache und Wirkung, das Gott für SEINE gesamte Schöpfung festgelegt hat, wonach eine Person, die sich ständig falschen Glaubensvorstellungen hingibt und es ablehnt, Gottes Anweisungen zu hören und ihnen zu gehorchen, die Fähigkeit verliert, die Wahrheit zu erkennen, bis ihr Herz versiegelt ist: Da Gott diese Gesetze in Kraft gesetzt hat, sind auch das Versiegeln des Herzens und das In-die-Irre-Führen auf IHN zurückzuführen. Aber sie sind offensichtlich eine Folge der freien Wahlmöglichkeit und Hinwendung des Menschen, und nicht prädestiniert, geschweige denn ungerecht. Glück im Leben zu erlangen ist die natürliche Konsequenz des Menschen geringer Anstrengung, Rechtschaffenheit und Erleuchtung in dieser Welt zu erwerben:

> *".... und ER führt nur die Frevler in die Irre, die den Bund Allahs nach seiner Errichtung brechen und zerschneiden, was Allah gebot, verbunden zu sein, und Unfrieden auf der Erde stiften ...."* (Koran, 2:26-27).

Gott lässt nur den in die Irre gehen, der es gemäß SEINER Kenntnis ablehnen wird, nach dem Glauben zu streben. Hierbei bedeutet "in-die-Irre-gehen-Lassen", dass Gott das Individuum sich selbst überlässt und ihm SEINE Gnadenerweise entzieht. Gott kann durchaus jemand allein lassen, von dem ER weiß, dass er sich willentlich dafür entscheiden wird, die Wahrheit zu leugnen und in seinem Leugnen zu verharren. Gottes Gnade und Segnung zu verdienen oder ihren Entzug zu bewirken hängt von des Menschen freien Wahlmöglichkeit ab und beruht nicht auf Zwang.

5.2

Was wird im Jenseits mit denen geschehen, die in nicht-islamischen Ländern geboren wurden und leben?

Wer diese Frage stellt, will damit sagen: "Da wir an Gott und SEINEN Propheten glauben, werden wir ins Paradies kommen. Wer aber in nicht-islamischen Ländern geboren wurde und lebt, profitiert nicht vom Göttlichen Licht und von der Göttlichen Rechtleitung und wird somit in die Hölle kommen." Diese Frage ist ein Debattiertrick, wobei auf der einen Seite für die nicht-islamischen Leute ein größeres Interesse als für Gott vorgeschoben und auf der anderen Seite eine verstohlene Kritik am Islam eingeschmuggelt wird.

Zunächst einmal bleibt festzuhalten, dass es im Islam keine generelle Aussage oder Verordnung gibt, dass diejenigen, die in nicht-islamischen Ländern leben, in die Hölle kommen. Vielmehr lautet die Bestimmung wie folgt: Wenn jene, die die Botschaft und Einladung des Propheten Muhammed gehört haben und Zeuge der Wahrheit und des Lichtes des Islam geworden sind, aus boshaftem Starrsinn alles rundum ablehnen, ihre Ohren verschließen und sich abwenden, dann werden sie in die Hölle geworfen werden. Einen Anspruch auf mehr Barmherzigkeit und Mitgefühl als das Mitgefühl Gottes zu erheben ist die schlimmste Art der Unverschämtheit. Ob jene, die die Göttliche Botschaft gehört haben, in islamischen Ländern leben, ist von geringerer Bedeutung als die Frage, ob sie dieser Botschaft Beachtung schenken und ihr folgen: wer das nicht tut, wird in der Tat in die Hölle kommen und dort ewig leiden.

Die Frage ist eine von denen, die in breiter Ausführlichkeit von islamischen Theologiegelehrten, die über dieses Thema aus der Sicht des Koran und der Hadithe umfassend gesprochen und geschrieben haben, behandelt wurde. Aber warum befassen sich die Leute so ausgiebig mit einem derartigen Thema, wo es doch heutzutage so viele drängende Fragen gibt? Wenn sie die Antwort darauf bekommen, wie wird es dann ihr Leben beeinflussen und verändern? Was werden sie im Jenseits erlangen? Inwieweit wird sich die Antwort auf das tägliche Leben und den Lebensstil jener auswirken, die diese Frage stellen oder um derentwillen sie gestellt wird?

Gibt es einen Unterschied zwischen denen, die sich dem Unglauben wissentlich hingeben, und jenen, die keine Gelegenheit gehabt haben, etwas über den Islam zu hören? Werden Letztgenannte in die Hölle kommen und dieselbe Strafe erleiden? Wir werden die Antwort im Lichte der Ansichten der Imame der islamischen Theologie geben.

Die Asch'ariten meinten, dass jemand, der den Namen Gottes nicht gehört hat und mit dem darüber nicht gesprochen worden ist, wo und wie auch immer er lebt, nicht bestraft, sondern ihm 'vergeben' wird: Gott belohnt solche Leute nach SEINEM Willen auf Grund des Ausmaßes ihrer guten Taten, und sie erfreuen sich der Segnung des Paradieses.

Die Maturiden vertreten eine Ansicht, die der Mu'taziliten ähnlich ist. Sie meinen, dass jemand gerettet sein wird, wenn er seinen Schöpfer auf Grund des Gebrauchs seines Verstandes findet, auch wenn er SEINE Namen oder Attribute nicht kennt. Wenn er aber den Schöpfer durch seinen Verstand nicht findet oder erkennt, wird er nicht gerettet sein. Eigentlich unterscheidet sich diese Position nicht sonderlich von der der Asch'ariten, wenn dies zuerst auch so klingen mag. Den Maturiden zufolge spielt es überhaupt keine Rolle, wo jemand lebt. Ob ein Mensch in den Bergen, in einer Wüste oder auf einer Insel lebt, er kann den Auf-und Untergang von Sonne und Mond beobachten, das funkelnde Licht der Sterne, die Ausgewogenheit und das Ordnungsgefüge der Schöpfung, die Pracht und Ebenmäßigkeit inmitten der enormen Vielfalt auf der Oberfläche der Erde, die Erhabenheit der Berge und die sanften Brisen an ihren Hängen, und die überwältigenden Farben und Bewegungen der Blumen, Bäume und Tiere. Bei all diesem handelt es sich um Zeichen des Besitzers, Schöpfers, Erhalters und Administrators aller Dinge .

Man kann also die absolute Existenz, Macht und Gnade des Schöpfers beobachten und zur Kenntnis nehmen, ohne SEINE Namen, Attribute, Offenbarungsschriften und Gesandten zu kennen. Eine solche Person gehört zu denen, denen verziehen wird. Deshalb sollte man nicht voreilig behaupten, dass Menschen, die in nicht-islamischen Ländern leben, in die Hölle kommen, wenn sie nicht an Gott glauben. Im Hinblick auf die Ansichten der Imame des Islam sollte man vielmehr zumindest schweigen .

Imam Asch'ari leitet sein Urteil aus dem koranischen Vers ab: *"...Und WIR straften nicht eher, als bis WIR einen Gesandten schickten."* (Koran, 17:15). Danach kann niemand für etwas Falsches bestraft werden, wenn ihn nicht durch einen wahren Gesandten Gottes eine Warnung erreicht hat.

Den Maturiden zufolge ist der Verstand (*'Aql*) ein wichtiges Instrument, das es ermöglicht, Gutes von Bösem zu unterscheiden; es wäre jedoch falsch, so weit zu gehen und zu behaupten, dass der Verstand in der Lage sei, alles selbst zu ergründen. Deshalb gebietet Gott das Gute und verbietet das Böse und überlässt diese Angelegenheit niemals in vollem Umfang dem menschlichen Urteil und menschlicher Erfahrung, die beide fehlbar sind. ER übermittelte SEINE Gebote und Verbote den Menschen durch die Gesandten und ließ sie somit nie im Unklaren. Die Maturiden führen ihren Beweis wie folgt: *'Aql* kann herausfinden, dass Ehebruch und Unzucht Übeltaten sind, weil die Genealogie einen Bruch erfährt bzw. ganz verloren geht und dies Probleme wie zum Beispiel das Aufteilen von Erbschaften zur Folge hat. *'Aql* kann auch herausfinden, dass Diebstahl eine Übeltat ist, denn wenn es normal wäre, Dinge von jemanden zu stehlen, der sie durch lange, harte Arbeit erworben hat, könnte niemand mehr in Sicherheit leben. *'Aql* könnte auch feststellen, dass das Trinken von Alkohol ein Übel ist, denn es führt zu einem getrübten Bewusstsein, schadet der Gesundheit, macht einen anfällig für Krankheiten und kann sogar Auswirkungen auf Nachkommen haben. Dasselbe gilt auch entsprechend für Gutes: so werden zum Beispiel Gerechtigkeit und das gute Behandeln anderer vom *'Aql* als etwas Gutes angesehen.

Auch der Glaube an Gott ist etwas, das *'Aql* begreifen kann, weil der Glaube uns zur Zufriedenheit und zum Seelenfrieden führt. Schon in dieser Welt beginnen wir die Zufriedenheit zu spüren, die wir im Paradies erfahren werden. Der Weg zum Glauben ist für *'Aql* weder schwierig noch unerreichbar. Dafür spricht das Beispiel des Beduinen, der zum Propheten kam und darlegte, wie er zum Glauben gelangte: "Der Kot von Kamelen weist auf das Vorhandensein von Kamelen hin. Fußspuren im Sand erzählen von einem Reisenden. Der Himmel mit seinen Sternen, die Erde mit ihren Bergen und Tälern und die See mit ihren Wellen - weisen sie nicht auf den Erschaffer, den Allmächtigen, den Allwissenden, Weisen und Fürsorglichen hin?" Dieser Beduine fand den Glauben an Gott durch den Gebrauch seines Verstandes; wir dürfen deshalb die Rolle der Intelligenz und des Denkens beim Glauben nicht unterschätzen. Davon ausgehend sagt Maturidi, dass man den Schöpfer durch den Gebrauch seines Verstandes finden kann: Es gibt viele gute Beispiele aus der vorislamischen Zeit. Eines davon ist Waraqa İbn Naufal, Cousin von Khadidscha, der Mutter der Gläubigen und der ersten Frau des Propheten Muhammed. Waraqa hatte das Gefühl, dass das Erscheinen des Propheten zu seinen Lebzeiten stattfinden werde. Als die erste Offenbarung zu Muhammed kam, sah er den Engel Gabriel, der in seiner erhabenen Größe den Horizont und die Himmel ausfüllte. Der Prophet kam nach Hause und erzählte mit immer noch bebendem Herzen Khadidscha, was er gesehen und gehört hatte, und bat sie, ihn zuzudecken. Khadidscha ging zu Waraqa, um seinen Rat einzuholen, und er bestätigte die Echtheit von Muhammeds Prophetenschaft und Offenbarungen. Waraqa gehörte zu denen, die viele der angekündigten Zeichen hinsichtlich des Erscheinens des Propheten, die schon in

Erfüllung gegangen waren, kannten und spürten. Da er verstanden hatte, dass von den Götzen niemals etwas Gutes kommen werde, hatte er sie ignoriert und glaubte dank seiner eigenen Urteilskraft an die Existenz des Einen Gottes. Eine andere derartige Person war Zaid Ibn 'Amr, der Onkel von 'Umar Ibn al Khattab. Auch er wandte sich nicht den Götzen zu und erzählte den Leuten, dass sie falsch seien und von ihnen nichts Gutes kommen könne. Er wusste, dass das Kommen eines Propheten nahe bevorstand. Nach Gottes Willen lebte er allerdings nicht lang genug, um die Prophetenschaft Muhammeds zu erleben, wusste aber intuitiv um des Propheten Erscheinen. Er rief seinen Sohn Sa'id sowie 'Umar und andere Familienangehörige an sein Sterbebett und sagte: "Das Licht Gottes befindet sich am Horizont . Ich glaube ganz sicher, dass es schon sehr bald in vollem Umfang sichtbar werden wird. Ich spüre schon seine Zeichen über unseren Köpfen. Sobald der Prophet erscheint, geht ohne die geringste Zeit zu verlieren zu ihm und schließt euch ihm an !" Was Menschen selbst gemacht haben, kann nicht Gott sein oder ihre Bedürfnisse befriedigen. Denn derartige Dinge bedürfen ja selbst der Menschen. Wie kann etwas, was selbst bedürftig ist und Wünsche hat, auf Erfordernisse des Menschen reagieren und ihnen nachkommen? Durch solch einfaches Nachdenken kann der Mensch dazu kommen, um die Notwendigkeit zu wissen, den Herren der Erden und der Himmel kennenzulernen.

Wenn jedoch jemand seinen Verstand und seine Vernunft auf die Offenbarung richtet, dann ist er seinem Wissensbedürfnis nachgekommen, und der Weg zum ewigen Glück liegt offen vor ihm.

Zusammengefasst werden also diejenigen, die den

Propheten gesehen und von ihm und dem Koran gehört haben, aber nicht das Gefühl hatten, darüber Forschungen anzustellen und von ihnen zu lernen, in die Hölle kommen. Bei denjenigen aber, die ohne zu wollen im Dunklen blieben und auch nicht die geringste Chance hatten, vom Koran und dem Propheten zu hören und aus ihnen Lehren zu ziehen, können wir hoffen, dass sie vielleicht von der Göttlichen Gnade profitieren und ihnen für Fehler, die sie in ihrem unbeabsichtigten Nichtwissen begangen haben, keine Vorwürfe gemacht und sie dafür nicht bestraft werden.

Diese Frage macht den Unterschied zwischen den ersten Muslimen und den Muslimen der heutigen Zeit sowie die Pflichten der Muslime gegenüber den Nichtmuslimen bewusst.

Die ersten Muslime lebten ganz und gar nach dem Islam und repräsentierten die Muhammed offenbarte Botschaft und verbreiteten sie über einen großen Raum und erweckten das kollektive Bewusstsein der Menschheit. Wenn wir ihre Lebensgeschichten lesen, können wir viele Jahrhunderte später eine derartige Größe in ihrem islamischen Denken und Leben sehen, da es offensichtlich wird, warum sie gegenüber der Botschaft, die sie brachten, nicht gleichgültig waren. Sie waren so furchtlos und so unerschütterlich und schätzten die Sorgen, Freuden und Leiden des irdischen Lebens so gering, dass sie auf die Welt einen bleibenden Eindruck hinterließen. Dank ihrer Aufrichtigkeit und ihres Eifers hörten sehr viele Menschen innerhalb kürzester Zeit die Botschaften des Islam. Sie waren in ihrem Verhalten und in ihrer Geisteshaltung so erhaben, solide und gründlich, dass zur Zeit des Kalifen 'Uthman sich das Licht des Islam von der Straße von Gibraltar bis zum Aralsee sowie von den

Gebieten Anatoliens bis zur chinesischen Großen Mauer erstreckte. Während der Zeit Mu'awiyas erreichten die Muslime den Atlantischen Ozean. Über ganz Marokko, Tunesien und Algerien wehte die siegreiche Fahne des Islam. In weniger als 30 Jahren nach der letzten Offenbarung an den Propheten brachten die Muslime die Religion des Islam in diese Länder. Da sie selbst den Islam durch und durch lebten, respektierten und liebten sie die meisten Bewohner jener Länder und bewunderten auf diese Weise den Islam und nahmen diesen an. Die Christen und Juden in jenen Ländern zogen eine Regierung der Muslime der ihrer eigenen Leute vor. Als dann die Muslime Damaskus verlassen mussten, versammelten sich die Christen zusammen mit ihren religiösen Führern in den Kirchen und beteten dafür, dass sie nicht gehen sollten; als die Muslime dann aber doch gingen, versprachen ihnen die Christen, unter ihrer Herrschaft zu leben und die fällige Steuer zu zahlen, wenn die Muslime in der Lage wären, in der Zukunft zurückzukehren. Darüber hinaus brachte die Aufrichtigkeit der Muslime viele Menschen dazu, den Islam anzunehmen. Es ist in der Tat unmöglich, sich vorzustellen, wie es anders hätte sein sollen, als jene Menschen die ersten Muslime erlebten, wie so viele von ihnen hinsichtlich Aufrichtigkeit und Engagement wie "'Umar" waren. Sie verbrachten lange Nächte im Gebet und waren tagsüber legendäre berittene Krieger *(rukhbanun fil laili wa fursanun finnahar)*. Sie gewannen so viele Herzen und beeindruckten die Leute, dass alle glaubten, dass ihnen bald die Tore der ganzen Welt offen stehen würden.

Wenn wir uns nun ansehen, wie es in unserer Zeit die Leute nicht schaffen, selbst für ein kleines Gebiet Sicherheit nur für ihre eigene Gemeinschaft erfolgreich zu gewährleisten, dann beginnen wir zu verstehen, um was für eine bedeutende Leistung es sich bei den ersten muslimischen Regierungs- und Verwaltungsformen handelte. Als Gegenleistung für ihre Sicherheitsgewährung, Verlässlichkeit, Weisheit, Scharfsinnigkeit ihres Verstandes und Subtilität ihrer Frömmigkeit öffneten sich ihnen die Tore vieler Schlösser und Städte - nicht als Ehrentitelträger oder Besucher, sondern als Gouverneure bzw. Herrscher.

Als die Muslime Syrien und Palästina einnahmen, forderten ihre Kommandeure die Schlüssel für die Al Aqsa-Moschee. Der für die Schlüssel verantwortliche Patriarch teilte ihnen mit, dass ihm die Beschreibung dessen, der die Schlüssel übernehmen werde, bekannt sei und es unmöglich sei, sie irgendeiner anderen Person auszuhändigen. Während sie darüber stritten, brach der Kalif 'Umar von Medina auf. Niemand wusste, wie er reisen werde. Dem Patriarchen und den Priestern war es jedoch bekannt, wie derjenige, der die Schlüssel in Empfang nehmen werde, ankommen werde. 'Umar hatte sich ein Kamel vom Schatzhaus der Muslime (Baitu-l-Mal) geliehen. Er hätte sich auch ein Pferd leihen können, aber er hatte es nicht getan. Er wechselte sich beim Reiten mit seinem Diener, der ihn auf der Reise begleitete, ab. Als die Kommandeure der Muslime von dieser Art der Reise 'Umars hörten, beteten sie, dass 'Umar beim Überqueren des Jordans nicht an der Reihe sein möge, zu Fuß zu gehen. Denn die Byzantiner waren es gewohnt, Pomp und Herrlichkeit bei ihren Herrschern zu sehen, und die muslimischen Kommandeure dachten, dass es für den Kalifen beschämend sein müsste, von ihnen gesehen zu werden, wie er ein Kamel führt, auf dem sein Diener reitet, während der Kalif mit den Zügeln in der Hand und mit hochgekrempelten Hosen den Fluss durchquert. In Wirklichkeit bedeutet ja jeder politische Pomp Ungerechtigkeit und Unbilligkeit, und 'Umar versuchte stets, dies zu vermeiden. Alles wird nun aber von Gott bestimmt, und es geschah gerade das, was die Kommandeure am meisten fürchteten. Und nicht nur das: 'Umars bei der Reise getragene und verschlissene Kleidung hatte viele Flicken. Als der Patriarch diese Gestalt sah, schrie er auf: "Das ist der Mann, dessen Beschreibung wir in unseren Büchern haben. Ihm werde ich jetzt den Schlüssel aushändigen." Durch ihr spezielles Wissen aus ihren Büchern hatten die Priester schon gewusst, wie 'Umar aussehen und den Fluss überqueren werde. Die Aushändigung des Schlüssels und die Übergabe der Al Aqsa-Moschee veranlassten viele, den Islam anzunehmen.

'Uqba Ibn Nafi' gehörte zu denen, die sich mit aus ganzem Herzen kommender Begeisterung dafür einsetzten, dass die Menschen in der ganzen Welt die Wahrheit hören konnten. Ihm fiel die Aufgabe zu, Afrika zu erobern. Nach mehreren aufeinanderfolgenden Siegen beneideten ihn einige Leute um seinen Ruhm und verleumdeten ihn beim Kalifen. Das veranlasste diesen, 'Uqba seines Postens zu entheben, ihn festzunehmen und an der weiteren Verbreitung des Islam zu hindern. Während der fünfjährigen Inhaftierung brachte er seinen einzigen Kummer und seine größte Sehnsucht mit den Worten zum Ausdruck: "Ich hätte so gern den Islam in ganz Afrika verbreitet. Man hat mich daran gehindert, dies zu erreichen. Das ist das einzige, was ich zutiefst bedauere." Um seine vielen Ungerechtigkeiten auszugleichen, tat Yazid das eine Gute, 'Uqba wieder freizulassen und ihn zum Gouverneur von Afrika zu ernennen. Er öffnete den Weg der Eroberung Afrikas und der Verbreitung des Islam in dieser Region, die ja durch die Gefangennahme 'Uqbas so plötzlich ein Ende gefunden hatte, von neuem. In einem einzigen Feldzug erreichte er den Atlantischen Ozean. Er konnte nicht anders, er musste mit seinem Pferd einfach ins Meer reiten und laut rufen: "O Allah! Wenn dieses dunkle Meer mich nicht daran gehindert hätte, weiterzumarschieren, dann hätte ich DEINEN heiligen Namen bis ans andere Ufer getragen!"

Hätte 'Uqba jemand etwas über die amerikanischen Kontinente erzählen können, hätte er sich sicher darangemacht, einen Plan zu entwerfen, wie man das Meer überqueren könnte.

Derartige Geschichten werden erzählt, um uns zum Nachdenken zu bewegen, wie der Islam in der Vergangenheit repräsentiert wurde, und wie es heute geschieht. Die Muslime aus der Frühzeit des Islam eroberten die Gebiete, die heute Azerbeidschan, Iran, Irak, Nordafrika, Bukhara, Taschkent und Samarkand heißen - Gegenden, aus denen Bukhari, Muslim, Tirmidhi, Ibn Sina, Al Farabi und Biruni stammen - innerhalb von 25 Jahren, also in weniger als einer Generation. Es scheint fast so, als ob dies alles im wahrsten Sinne des Wortes in einem einzigen Atemzug erreicht wurde. Jene Muslime aus der Anfangszeit des Islam trugen die Botschaft des Islam in fast jeden Teil der damals bekannten Welt und ließen die ruhmreiche Fahne *Außer Allah gibt es keinen Gott, Muhammed ist SEIN Gesandter* in vielen Ländern wehen. Was uns nun selbst betrifft, so sind wir kaum in der Lage, mit den Leuten um uns herum über die Wahrheit zu reden, geschweige denn in fremde Länder zu ziehen und sie den Menschen dort zu erzählen. Es mag zwar einige Leute in unserer Umgebung geben, die bereit sind, uns zuzuhören, aber leider sind wir unfähig, selbst diese zu überzeugen. Unsere Worte kommen zu uns zurück, wie von Eiswänden, kalt. Unsere Worte verlassen zwar unseren Mund, aber sie dringen nicht in die Herzen und Seelen der Menschen ein. Wir wollen mit diesen Worten nicht den Undank für die uns erteilten Segnungen zum Ausdruck bringen; wir wollen lediglich die Aufmerksamkeit auf die große, in der Tat unermessliche Entfernung zwischen uns und der Qualität der Männer, die die Gefährten des Propheten waren, lenken. Sie brachten die Botschaft zu allen Völkern und betrachteten diese Aufgabe als den eigentlichen Grund ihres Daseins; wenn sie nicht so handeln konnten, empfanden sie Kummer und Schmerz für die Länder und Menschen, die sich der Wahrheit noch nicht bewusst waren. Im Gegensatz dazu sind wir nicht in der Lage, den Islam voll und ganz in unserem individuellen Leben zu repräsentieren, und schon gar nicht, seine Botschaft zu der Vielzahl von Menschen im Ausland zu tragen. Wir haben unsere persönlichen Bedürfnisse und privaten Beschäftigungen noch nicht aufgegeben; wir haben dem Wirken auf dem Wege Gottes noch nicht die höchste Priorität eingeräumt. Wir erinnern uns leider nur zu gut an die Wege in unsere Wohnungen und zu unserer Arbeit und an unser irdisches Leben. Jene von uns, die ins Ausland in nicht-muslimische Länder fuhren, taten dies, um Dollars, Pfund, Mark oder Francs zu verdienen - und nicht, um den Namen Gottes in jene Länder zu tragen. Deshalb sind wir auch nicht in der Lage, ihnen die großartige Wahrheit zu Gehör zu bringen. Wenn die Nicht-Muslime in der heutigen Zeit auf Grund unserer Nachlässigkeit, Ignoranz, Unfähigkeit, Faulheit und Inkompetenz in Deviation, Korruption und Unglauben leben, dann werden wir mit Sicherheit zusammengerufen werden, um Rechenschaft abzulegen. Wenn sie im Jenseits zu etwas befragt werden, dann werden bestimmt auch wir dazu befragt werden. Vorträge zu halten sowie Seminare und Diskussionsrunden zu organisieren sind nicht der einzige Weg, um den Islam zu verbreiten. Solche Aktivitäten können als ein Schritt dahin angesehen werden, auf dem Wege Gottes zu sein, aber sie stellen an sich nicht den wahren Dienst für den Islam dar. Wenn man den wahren Dienst für den Islam mit einem großen Palast vergleicht, dann sind unsere bisherigen Bemühungen ein Umherlaufen um den ersten Eingang zum Palast: wir sind in das Aufgabengebiet noch nicht eingetreten. Aus diesem Grund gehen viele Leute in die Irre. Gelegentlich sind wir zu diesen Menschen hingegangen, um über den Islam zu reden, aber wir haben uns selbst noch nicht von sinnlosen Diskussionen und Konflikten in unseren eigenen Reihen befreit. Beim Repräsentieren des Islam sind wir zweifelsohne noch nicht auf dem Niveau von 'Umar, 'Uqba ibn Nafi' und anderer Männer gleicher Qualitäten angelangt. Wer weiß denn schon, wie ihre Gegenspieler beim Anblick ihres entschlossenen Mutes und ihrer unersättlichen Gottergebenheit von Furcht befallen wurden; oder über ihre Verlässlichkeit, Großzügigkeit, Gerechtigkeit und Menschlichkeit staunten und schließlich so erstaunt waren, dass sie den Islam annahmen. Die Tatsache, dass viele der Länder, in denen jetzt Muslime wohnen, mit wenigen Ausnahmen von jenen Muslimen des frühen Islam erobert wurden, ist ein ausreichender Beweis für das, was absolute Aufrichtigkeit auf dem Wege Gottes bewirken kann.

Betrachtet man die Frage über Nicht-Muslime, besonders der, die in nicht-islamischen Ländern leben, aus dieser Perspektive, dann sieht sie ganz anders aus. Wir müssen diese Nicht-Muslime mit mehr Toleranz betrachten und sagen: "Schande über uns! Wir sind nicht in der Lage gewesen, die Botschaft des Islam zu übermitteln und sie aus der Finsternis, in der sie leben, zum Licht zu führen." Es wird hilfreich sein, an dieser Stelle die wahre Geschichte einer deutschen Familie zu erzählen.

Ein türkischer Arbeiter fand im Haus dieser deutschen Familie Unterkunft. Er schenkte seinen religiösen Pflichten große Aufmerksamkeit und verrichtete sie gewissenhaft. Mit Ausnahme seiner Arbeitszeit versäumte er es nie, über den Islam zu reden, wenn er mit der Familie zusammen war. Nach einer Weile wurde der Hauseigentümer Muslim. So wie die Frau von Amir Ibn Tufail sagte auch seine Frau zu ihm: "Wir sind bis jetzt immer zusammen gewesen. Lass uns auch in Zukunft zusammen sein. Zusammen auf der Brücke Sirat und auch im Paradies. Wenn der Islam wirklich ins himmlische Königreich führt, wie du sagst, warum sollte ich hinter einer derartigen Segnung zurückstehen, während du dich ihrer erfreust?" Sie beendete ihre Worte mit *Kalimatut Tauhid*: Außer Allah gibt es keinen Gott, und Muhammed ist SEIN Gesandter. Als auch ihre Kinder den Islam annahmen, war die Familiengruppe des Islam komplett und das Haus ein Außenposten des Paradieses. Einige Tage später kam der Hauseigentümer und sagte zum türkischen Arbeiter die folgenden, überraschenden Worte: "Ich weiß gar nicht, wie ich Ihnen gegenüber meine Liebe und Dankbarkeit zum Ausdruck bringen könnte, da Sie für uns immer ein ehrenwerter Gast gewesen sind. Manchmal aber ärgere ich mich und möchte Sie am liebsten schlagen. Sie sind gekommen, und der Koran, der Prophet und Gott folgten Ihnen. Mein Haus wurde ein himmlischer Aufenthaltsort. Ich hatte jedoch einen Vater. Er war ein sehr aufrichtiger und guter Mann. Er starb einige Tage vor Ihrer Ankunft.

Warum konnten Sie nicht ein bisschen früher kommen und ihm auch vom Islam erzählen?" Diese Worte repräsentieren in der Tat die Stimme, den Vorwurf und den Tadel der gesamten nicht-muslimischen Welt. Wir haben dabei versagt, ihr den Islam zu bringen. Selbst in unseren eigenen Ländern sind wir nicht in der Lage gewesen, ausreichende Anstrengungen aufzubieten und der Sache des Islam genug Unterstützung zu gewähren, um unsere eigenen Leute den Islam richtig kennenlernen zu lassen.

Ein anderer Aspekt der Frage ist der folgende: Diejenigen, die uns vom Islam weggeführt haben, haben immer ein westliches Leben in westlichem Standard versprochen. 150 Jahre danach sind wir immer noch Bettler an den Türen des Westens. Wenig hat sich verändert, und wir können nicht sagen, dass wir in irgendeiner wichtigen Hinsicht Fortschritte erzielt haben. Eineinhalb Jahrhunderte hindurch hat uns der Westen als Diener betrachtet und behandelt: Diener, die ihre Länder verlassen, um dafür einen armseligen Lohn zu erhalten. Selbst wenn wir ihnen die goldenen Prinzipien des Islam bringen, die beste aller Botschaften, die für sie die Pforten des Paradieses öffnen würde, dann werden die Christen und Juden sie nicht von uns annehmen und die Qualität und den Wert des Islam in uns nicht wahrnehmen. Zum Teil liegt das daran, dass wir zu ihrer Verfügung stehende, verachtete Arbeiter sind. Wie immer hat der reiche Mann Schwierigkeiten, sich vorzustellen, dass auch er etwas vom Bettler an seiner Tür braucht.

In der heutigen Zeit hat sich die muslimische Welt für die weitere Welt nicht als ein würdiges Modell erwiesen. Sie ist ganz im Gegenteil von den westlichen Ländern auf vielen

Gebieten oftmals besiegt worden und in deren Abhängigkeit geraten. Nur wenn wir den Islam von Grund auf leben und repräsentieren und in die nicht-muslimischen Länder mit eindrucksvollem Selbstvertrauen in unsere eigene Ehre, Würde und Bedeutung gehen und dies nur um Gottes willen tun, wie es auch unsere Vorfahren und ersten Muslime taten, haben wir das Recht zu hoffen, dass sie dem Ruf des Islam zuhören und ihn akzeptieren werden. Wir können es doch nicht wollen und noch viel weniger gutheißen, dass sie uns im Lichte von Dienern und Bettlern sehen, während wir unsere wahre, islamische Identität nicht wiederfinden und ihnen dadurch immer wieder einen Grund liefern, uns so zu betrachten. Wenn sie im Jenseits für ihre Verhaltensweisen und ihren Charakter zur Rechenschaft gezogen werden, dann werden mit Sicherheit auch wir, die wir dabei versagt haben, ihnen den Islam zu überbringen, für dieses Versagen zur Verantwortung gezogen und gescholten werden. Wir müssen also die Verantwortung sowohl der Muslime als auch der Nicht-Muslime gemeinsam und gleichermaßen betrachten. Wenn wir über sie urteilen, dann sollten wir dies in gerechter und aufrichtiger Weise tun. Wir sind weit davon entfernt zu verstehen, wenn wir alle Nicht-Muslime nur deswegen in die Hölle verdammen, weil sie eben Nicht-Muslime sind. Gleichermaßen dürfen wir uns auf gar keinen Fall leeren Tagträumen hingeben und annehmen, dass wir die Leute dadurch, dass wir an einem einzigen Tag der Form halber hinausgehen und den Wert des Islam mal eben erwähnen, dazu bringen, uns zu folgen.

Wir glauben, dass es in naher Zukunft in der Balance der Welt Veränderungen geben wird. Besonders in der Türkei, den türkischen Ländern, Ägypten, Pakistan und einigen anderen Gebieten werden die Muslime ihr Bewusstsein wiedererlangen und starke Persönlichkeiten hervortreten, die in der Lage sein werden, sich von der Beschäftigung mit weltlichen Interessen um der Etablierung des Islam und seiner hohen Werte auch in anderen Völkern und Ländern willen fernzuhalten. Nur durch ausdauernde und aufrichtige Anstrengungen werden der Islam zu einem bedeutenden Faktor in der Balance der Welt und respektiert sowie die Stimme der Muslime, die die Nicht-Muslime zum Islam aufrufen, gehört werden.

Das ist durchaus nicht unmöglich. Es wird vielmehr mit Sicherheit eintreten. Aber diejenigen, die das schaffen werden, werden Männer und Frauen guten Charakters sein, deren Seelen mit dem Islam verbunden sein werden. Es werden nicht jene unbeständigen und unzulänglichen Leute sein, die von ihren körperlichen Bedürfnissen geprägt sind und sich mit dem Islam sozusagen nur in ihrer Freizeit beschäftigen.

5.3

Gott hat manchen Menschen materiellen Reichtum und Komfort, Status und Prestige gewährt, für andere jedoch Armut, Not und Bedrängnis bestimmt. Bedeutet dies, dass Gott die Reichen bevorzugt hat oder dass die Armen wirklich schlechter und sündig sind? Welche Bedeutung liegt in derartigen Unterschieden?

Derartige Fragen sollte nur jemand stellen, der den aufrichtigen Wunsch hat, die Göttlichen Absichten für das Vorhandensein solcher Unterschiede kennenzulernen. Göttliche Anordnungen in einem anderen Geist zu hinterfragen ist Sünde.

Gott gewährt materiellen Reichtum, wem ER will und in einer Art und Weise wie ER will. Genauso verteilt ER absolute Armut, an wen ER will, und in einer Art und Weise, wie ER will. So kann zum Beispiel Reichtum durch Vererbung von einem Familienangehörigen auf den anderen übergehen, so dass es dann einem ehemals Armen besser geht. Es gibt auch gewisse Fähigkeiten oder persönliche Wesenszüge wie zum Beispiel Intelligenz, Aufgewecktheit und Scharfsinn beim Umgang mit Reichtum usw., die genetisch vererbt sind. Und doch gibt es bei Gott Individuen, die zwar in der Lage sind, mit Reichtum, Stellung und günstigen Gelegenheiten umzugehen, deren Verhältnisse ihnen aber keinen Zugang zu diesen Fähigkeiten erlauben.

Vom Propheten wird berichtet, er habe gesagt, dass Gott die Güter dieser Welt, an wen ER will, verteilt, dass ER aber Wissen (`Ilm) demjenigen gewährt, der IHN darum ersucht. Dieser Hadith ist, wenn auch fehlerhaft überliefert, äußerst vielsagend. Es ist ganz klar, dass materielle Besitztümer nicht notwendigerweise als etwas Gutes (Khair) an sich angesehen werden sollten. Gott gewährt manchmal materielle Sicherheit und materielles Glück denjenigen, die IHN um derartige Dinge ersuchen, manchmal tut ER es aber auch nicht. Die Wahrheit ist, dass es etwas Gutes (Khair) in SEINEM Gewähren gibt, sei es nun Reichtum oder Armut. Für einen gläubigen Menschen, der rechtschaffen handelt und mit dem, was ihm gegeben wurde, wohltätig umgeht, ist Reichtum ein Mittel des Guten. Wenn ein Mensch jedoch einen schwachen Glauben hat und vom Pfad der Rechtschaffenheit und Wohltaten abgewichen ist, wird Reichtum zu einem Mittel des Übels. Und auf gleiche Weise kann für einen Menschen, der den Pfad der Rechtschaffenheit verlassen hat, Armut ein Mittel des Unglaubens (Kufr) und ausschlaggebend dafür sein, dass diese Person innerlich und äußerlich jeden Tag gegen Gott rebelliert. Wer auch immer sein Herz, seinen Verstand und seine Seele nicht ganz und gar Gott unterwirft und nicht aufrichtig versucht, den Lehren des Islam gemäß zu handeln, wird finden, dass jedwede Stufe von Reichtum in seinem bzw. ihrem Besitz ein Mittel der Sorge werden wird, ein strenger und anstrengender Test:

> *Und wisset, dass eure Reichtümer und eure Kinder nur eine Versuchung sind; und fürwahr, bei Allah ist gewaltiger Lohn.*
>
> (Koran, 8:28)

An dieser Stelle sollten wir einen Ausspruch des Propheten in Erinnerung rufen:

> *Es gibt unter euch Leute, denen Allah, wenn sie ihre Hände heben und bei IHM schwören, alles gewährt, was sie wünschen, und die ER niemals etwas Falsches schwören lässt. Zu diesen Leuten gehört Bir'a Ibn Malik.* (Bukhari, *Sulh*, 8; Muslim, *Qasama*, 24).

Bir'a Ibn Malik, der jüngere Bruder von Anas, lebte in vollkommener Armut auf dem untersten Existenzniveau und hatte weder viel zu essen noch einen Platz zu schlafen. Leute wie Bir'a wurden jedoch trotz ihres armseligen und zerlumpten Aussehens sehr geliebt und ob ihrer aufrichtigen Frömmigkeit geschätzt. Es handelt sich um diejenigen, die in der Zusicherung des Propheten, dass sie in den Rängen derer ständen, die Gott niemals einen falschen Eid schwören lässt und deren Versprechen Gott also SELBST einhält, gelobt und deren Handlungen hochgeschätzt wurden.

Es ist überliefert, dass 'Umar, als er bei irgendeiner Gelegenheit das Zimmer des Propheten betrat, auf dessen Rücken die Spuren der rauhen Matte, auf der er geschlafen hatte, sah. In 'Umars Augen traten Tränen, und er bemerkte, wie es denn sein könne, dass die Herrscher von Byzanz und Persien in einem solchen Pomp und Luxus lebten, während der Gesandte Allahs auf einer solch harten Matte schlafe. Der Prophet sagte zu ihm: *"Akzeptierst du nicht, dass sie die diesseitige Welt haben sollen und wir die jenseitige?"* (Ibn Madscha, *Zuhd*, 11). Aus diesem Grund führte 'Umar, als einige Jahre später während seines Kalifats die Reichtümer der byzantinischen und persischen Reiche in die Schatzhäuser der Muslime flossen, selbst auch weiterhin ein Leben äußerster Bescheidenheit, wobei er niemals mehr wollte.

Es ist nicht die Armut selbst, die das Gute ist, sondern eher der Zustand des Verstandes, der das weltliche Selbst *(Nafs)* diszipliniert (und darüber triumphiert) hat und seinen Blick auf das ewige Leben richtet. Armut kann in der Tat ein Mittel sein, diesen Geisteszustand zu erreichen. Bei einigen Menschen kann Armut aber auch ein Anlass für Verzweiflung und Verbitterung sowie Undankbarkeit gegenüber Gott sein, was eine Wurzel des Unglaubens in sich trägt. Auf ähnliche Weise können Wohlstand und materielle Sicherheit gewisse Leute in die irrigen Gefühle des Stolzes und der Selbstüberschätzung führen, so dass sie sowohl die Bedürfnisse ihrer Mitmenschen als auch ihre Schuld gegenüber Gott nicht ausreichend beachten - ihre Arroganz und ihre Undankbarkeit sind ebenso eine Wurzel des Unglaubens.

Der sicherste Weg für einen Gläubigen ist deshalb zu verstehen, dass alles, was Gott gegeben hat, ER deshalb gegeben hat, damit sich dieses Individuum vervollkommne. In welchen Verhältnissen ein gläubiger Mensch auch immer leben mag, er sollte immer danach streben, das Wohl seiner Mitmenschen zu steigern, und innerlich wie auch äußerlich dem Allmächtigen und Allbarmherzigen vertrauen. Die beste Einstellung zu allen Umständen dieser Welt, die ja nur ein Rastplatz auf dem Weg zu unserer immerwährenden Bestimmung ist, ist im folgenden kurzen Gedicht sehr gut zum Ausdruck gebracht:

Ich akzeptiere, o mein Gott, alles, was von DIR zu mir kommt,
Denn alles, was von DIR zu mir kommt, ist gut;
Ob ein Gewand der Ehre kommt oder ein Totenhemd,
Ob ein scharfer Dorn oder eine süße, frische Rose,
Wenn es mit DEINEM Segen kommt, ist es mein Gutes, was kommt.

5.4

Warum hat Gott SEINE Diener nicht gleichermaßen ausgestattet? Warum hat ER einige von ihnen blind oder behindert erschaffen oder in sonst irgendeiner Art und Weise heimgesucht?

Zunächst einmal ist zu sagen, dass Gott der Souverän und der Herr sowohl der irdischen als auch der spirituellen Herrschaftsbereiche ist. ER will etwas und erschafft in ihnen, was auch immer ER will: *Gesegnet sei DER, in DESSEN Hand sich die Herrschaft befindet; und ER hat Macht über alle Dinge.* (Koran, 67:1). Niemand hat einen Anteil an SEINER Souveränität, und niemand kann sich in das, was ER erschafft, einmischen, ausgenommen bei dem, was ER will und in welchem Ausmaß ER es will.

Gott ist es, DER jede Gewebezelle eines jeden Lebewesens und daneben auch die gesamte unbelebte Schöpfung erschaffen hat. Und Gott ist es, DER uns unsere menschlichen Wesenszüge geschenkt hat. Wir haben Gott nichts gegeben, aber ER hat uns alles gegeben, ohne dass wir es verdient hätten. Welchen Anspruch oder welches Recht auf irgend etwas haben wir überhaupt? Wenn wir Gott etwas für das, was ER uns geschenkt hat, gegeben hätten, könnten wir vielleicht den Anspruch auf zwei Augen anstatt auf nur ein Auge erheben oder Widerspruch dagegen erheben, einen Arm anstatt zwei Arme zu haben? Mit welchem Recht wagen wir es, Gott eines Unrechts zu bezichtigen, da wir IHM doch nichts gegeben haben? Ungerechtigkeit entsteht dann, wenn etwas nicht gegeben wird, was einem zusteht. Gott, DER jeder Ungerechtigkeit ledig ist, da ER alles gibt, was wir haben, benutzen oder sehen, etwas derartiges vorzuwerfen wäre sowohl unangebracht als auch irrational. Was haben wir denn für das, was wir erhalten haben, dargebracht?

Gott, der Allmächtige, hat jeden von uns aus nichts erschaffen. Ja noch mehr: ER hat jeden von uns als Menschen erschaffen; es hätte ja auch anders sein können - es hätte auch überhaupt nicht zu sein brauchen! Wenn man alles, was um einen ist, betrachtet und untersucht, wird man sicher erkennen, dass es eine Menge Geschöpfe gibt, die anders sind als man selbst ist, davon solche, die man als geringwertiger und schlechter einstuft und mit denen man nicht tauschen möchte - so wie es vielleicht auch andere geben mag, mit denen man gerne tauschen würde, ohne dabei schlecht zu denken oder neidisch zu sein.

Hinsichtlich dieser Frage gibt es noch einen zweiten Aspekt, nämlich die Vorsehung Gottes. Gott mag zwar einem Individuum etwas vorenthalten, auf das es Wert legt, aber für diesen Verlust gewährt ER ihm im Jenseits eine mannigfaltige Entschädigung. Anhand dieses Verlustes vermittelt Gott einem das Gefühl der Ohnmacht und Armseligkeit im Vergleich zu IHM. Auf diese Weise lässt ER einen sich zu IHM in einer ausgeprägteren Aufrichtigkeit und mit einem weiteren Herzen hinwenden und SEINER Segnungen und SEINER Gunst würdiger werden. Der scheinbare Verlust ist in Wirklichkeit also ein Gewinn. Dies ist vergleichbar mit dem Sterben auf dem Wege Gottes oder mit dem Märtyrertod, dessen Belohnung das Paradies ist. Wenn jemand auf dem Schlachtfeld den Märtyrertod erleidet, wird er am Tage des Gerichtes in einen solchen Rang erhoben, dass sich selbst die Rechtschaffensten und Aufrichtigsten nach dem sehnen, was jenem gewährt wird, und wünschen, auf dieselbe Art und Weise zu sterben bzw. gestorben zu sein. Selbst wenn ein derartiger Mensch zerstückelt wäre, würde das im Verhältnis zu dem, was er erlangt hat, keinen Verlust bedeuten. Was er in der Ewigkeit erhält, ist unendlich größer und wertvoller als jedweder Verlust in der zeitlich begrenzten Welt.

Wenn es auch eine kleine Anzahl benachteiligter oder behinderter Menschen geben mag, die sich geschädigt und niedergeschlagen fühlen und infolge ihrer Behinderungen vom Glauben abkommen oder sich von ihm sogar ganz lossagen, so ist doch eine weitaus größere Anzahl in ihrem Glauben gefestigt. Es ist nicht richtig, unter dem Vorwand des Unglaubens eine übertriebene, in Wirklichkeit aber falsche, Sympathie mit den Behinderten vorzutäuschen. Es ist weitaus besser, ja sogar essenziell, dass bei diesen Menschen eine leidenschaftliche Sehnsucht nach dem ewigen Leben erweckt wird, denn in diesem Fall sind sie einer immensen Belohnung im ewigen Leben würdig.

Wenn die Behinderungen einiger Menschen diejenigen, die in gutem Gesundheitszustand sind, dazu bewegen, all das, wofür sie dankbar sein sollten, zu bejahen und zur Kenntnis zu nehmen und in ihrer Persönlichkeit, ihrem Menschsein und ihrer Nähe zu Gott Fortschritte zu erzielen, dann wird auch die Weisheit in der Göttlichen Vorsehung bejaht und zur Kenntnis genommen und in einem für den Menschen möglichen Grad verstanden.

5.5

Wenn die Art und Weise sowie der Zeitpunkt des Todes eines jeden Menschen vorherbestimmt ist, worin liegt dann die Schuld eines Mörders?

Wie jedes andere Geschehnis sind auch die Art und Weise sowie der Zeitpunkt des Todes vorherbestimmt. Mit anderen Worten: Was geschieht und in der Welt der Natur wahr ist, ist auch für den Menschen wahr. Der Prozess des Eintretens in das Dasein, der Entwicklung und des Sterbens ist für absolut jedes Lebewesen unvermeidbar. Alles geschieht innerhalb der grundlegenden Struktur des weitestreichenden und umfassendsten Planes, nämlich einer Göttlichen Anordnung, und auch innerhalb eines individuellen Plans für jedes einzelne Lebewesen. Derartige Pläne stehen stets mit anderen im Einklang. Es handelt sich hierbei um ein von Gott etabliertes System im *Abad* (der künftigen Ewigkeit) und ändert sich nie und dauert nie im *Azal* (der vergangenen Ewigkeit) an.

Die etablierten und allgemein anerkannten Prinzipien der empirischen Wissenschaften bestätigen, dass vom Mikrokosmos bis hin zum Makrokosmos alles auf Grund eines derartigen Entwurfes und einer derartigen

Bestimmung erschaffen worden und in Bewegung ist. Es ist in der Tat niemals möglich, die Ordnung, Harmonie und Großartigkeit im Universum ohne solch eine Vorherbestimmung zu verstehen oder zu erklären. Selbst bedeutende Fortschritte in den Wissenschaftsdisziplinen hätten nicht erreicht werden können, wenn es nicht eine derartige Vorherbestimmung gegeben hätte. Es liegt an diesem vorherbestimmten, mathematischen und geometrischen Entwurf, dass wir in den Labors auf Grund verlässlicher Prinzipien Forschungen betreiben können und in der Lage sind, sowohl die Menschheit als auch den Raum zu erforschen.

Wir können uns keinen Wissenschaftszweig in einem Universum ohne Harmonie, in einer Welt ohne Plan und Programm oder in einer Natur ohne Ordnung vorstellen. Alle Wissenschaften werden in der Tat zu einem Mittel, all das, was bereits in der gesamten Schöpfung existiert, zu reflektieren und allgemein bekanntzumachen. Sie verleihen lediglich den herrschenden Prinzipien ein paar Namen und Titel.

Wir wollen nicht versäumen, darauf hinzuweisen, dass wir keinesfalls wissenschaftliche Entdeckungen oder technische Erfindungen abwerten wollen. Wenn wir ihren Stellenwert und ihr Gewicht hervorheben, dann wollen wir nur die wichtige Tatsache in Erinnerung rufen, dass Ordnung und Harmonie im Universum schon lange vor derartigen Entdeckungen und Erfindungen vorherrschten. Wie verehrungswürdig ist der Allmächtige und Allwissende Schöpfer, DER solch eine Ordnung und Harmonie als Grundlage des Universums durch SEINE Göttliche Anordnung vorherbestimmte.

In der heutigen Welt gibt es einige Soziologen, die versuchen, die Prinzipien, die für alle anderen Lebewesen im Universum vorzuherrschen scheinen, auf menschliche Gemeinschaften anzuwenden. Das ist extremer Fatalismus, oder genauer gesagt, extreme *Dschabriya* (islamische Richtung, die die Unabänderlichkeit des verhängten Geschickes lehrt), die wirklich strenge Kritik verdient. Und doch mag sie in einem Ausmaß nützlich sein, dass sie die Vorherbestimmung, von der das Universum und seine Anordnung abhängt, eingesteht.

Jede Tatsache, die sich auf Glauben bezieht, verhält sich so, weil sie so ist. Derartige Fakten bedürfen keiner weiteren Unterstützung, Annahme oder Eingeständnisse durch den Menschen, weil sie von Gott kommen; sie sind sublim und erhaben; und sie brauchen keinerlei Bestätigung oder Ermitteln durch den Menschen, nur um als verständlich angesehen zu werden können. Beim Versuch, einige Leute, deren Herz und Geist in die Irre geführt wurden, auf den rechten Weg zurückzurufen, nehmen wir jedoch an, dass es von Nutzen sein werde, die Behauptungen jener aufzuzählen, die vom richtigen Weg abgekommen sind. Das ist der Grund, warum wir uns an einem derartigen Diskurs beteiligen. Andererseits ist es offensichtlich, dass sich alles von Atomen bis hin zu Galaxien exzellent in Balance, Harmonie und Ordnung bewegt, und das reicht schon für einen Beweis, dass alles von einem Allmächtigen Souverän absolut vorherbestimmt ist; vom Anfang des Seins geschieht alles in vollem Gehorsam und in vollständiger Unterwerfung in SEINEN Willen, SEINE Macht und SEINE Vorherbestimmung.

Aber obwohl die Erschaffung dieser lebenden Dinge, die

über Willen und Freiheit verfügen, aus einer Notwendigkeit her ist und sie zur selben Zeit wie die übrigen Geschöpfe erschaffen wurden, sind diejenigen mit freiem Willen von den anderen entsprechend ihrer Taten, die sie auf Grund ihres freien Willens ausgeübt haben, später unterschieden worden. Gott gab dem Menschen die moralische Freiheit, zu glauben, nachzudenken, sich Meinungen zu bilden und Entscheidungen zu treffen. Sonst hätte es ja auch keine Persönlichkeit, keine Individualität oder keinen Charakter geben können. Deshalb hat die Vorherbestimmung für Lebewesen wie den Menschen eine unterschiedliche Essenz. Die Frage stellt sich jedoch nur, weil einige Leute den unterschiedlichen Charakter der Schöpfung des Menschen im Vergleich zu anderem Erschaffenen nicht wahrnehmen können und es so ansehen, als ob sie dieselbe wie die Schöpfung der Dinge sei. Den Unterschied zwischen dem Menschen und anderen Geschöpfen zumindest zum Teil zu verstehen könnte deshalb vielleicht das Problem lösen. Der Rest besteht dann darin, einzugestehen, dass das Wissen (`Ilm) Gottes alles umfasst.

Dem Menschen wird Willensfreiheit zusammen mit einer realen Entscheidungskraft und Inklination zugestanden. Infolge des Gebrauchs dieser seiner Willensfreiheit und Wahlmöglichkeit verdient er Gutes oder Schlechtes bzw. Belohnung oder Bestrafung. Was auch immer das Gewicht der Entscheidung eines Menschen im Verhältnis zu den jeweiligen Konsequenzen seiner Wahl sein mag, wenn der Schöpfer urteilt, dass sein Wille eine ausreichende Bedingung und Begründung für jene einzelnen Folgen, die sich aus dieser Wahl ergeben, sei, dann hängt seine Schuld bzw. Unschuld davon ab, wie er seine Wahlmöglichkeit und Inklination zum Bösen oder Guten genutzt hat. Selbst wenn die Ergebnisse seines Willens oder seiner Inklination gewichtiger erscheinen als der Mensch selbst vorhersieht oder denkt, die Verantwortung oder Schuld fallen in vollem Umfang auf ihn zurück, weil er jene Ergebnisse durch die Anwendung seiner Wahlmöglichkeit und Inklination herbeigeführt hat. Das Höchste Wesen, DAS diese Verantwortung oder Schuld im Voraus kennt, vorherbestimmt und erschafft (in dem Sinne, dass ES sie in die Lage versetzt, real zu sein), ist davon absolut frei und ausgenommen.

Nehmen wir einmal an, Gott hätte bestimmt, dass ein Klimawechsel durch unser Atmen hervorgerufen werde, indem ER gesagt hätte: *"Wenn ihr mehr als eine ganz bestimmte Menge atmet, werde ICH die Konditionen eures Lebensbereiches verändern."*

Da wir keinerlei direkte Beziehung zwischen der Menge unseres Atems und Veränderungen im Klima sahen, atmeten wir mehr als uns gesagt wurde, und taten somit etwas, was verboten war. Daraufhin änderte ER wie versprochen das Klima. Wenn nun auch eine derartige Veränderung jenseits unserer Macht liegt, sind wir nicht trotzdem dafür verantwortlich, da wir ja dafür sorgten, dass es so geschah?

Auf dieselbe Weise wird ein Mensch hinsichtlich der Konsequenzen dessen, was er durch den Gebrauch seines freien Willens (*Ikhtiyar* und *Iradatul-dschuz`iya*; Willensfreiheit und teilweise Willenskraft) bewirkt hat, entweder für schuldig befunden und deshalb bestraft oder als treuer Gläubiger angesehen und deshalb belohnt. Aus diesem Grund ist jemand, der eines anderen Tod bewirkt, schuldig, und wenn ihm am Tag des Göttlichen Gerichts nicht vergeben wird, wird er zweifelsohne bestraft werden.

Wir wollen nun den zweiten Aspekt dieser Frage betrachten, nämlich wie der freie Wille des Menschen mit dem allumfassenden Wissen Gottes im Einklang steht.

Im Wissen Gottes sind die Existenz und alles, was darüber hinausgeht, mit ihren Ursachen und Wirkungen verbunden, und sie befinden sich jeweils innerhalb anderer. In SEINEM Wissen werden das Vorher und Nachher sowie Ursache und Wirkung zu zwei Seiten ein und derselben Münze. Innerhalb dieses Wissens sind das Vorher und Nachher sowie Ursache und Wirkung zu ein und demselben Zeitpunkt schon bekannt, bevor sie überhaupt passieren. Sie sind vorhergesehen und entsprechend festgelegt. Da alles - egal welche Inklination zu was auch immer besteht und egal wer seinen Willen für was auch immer und wie auch immer benutzt - im Voraus bekannt ist, wird der freie Wille eines Menschen durch das Festlegen der Wirkungen der Ursachen weder gebunden noch gestärkt oder eingeschränkt. Vielmehr ist das Gegenteil der Fall: da das Vorherbestimmen unter Berücksichtigung der Inklination des Menschen vorgenommen wird, bedeutet das, dass sein freier Wille berücksichtigt und ihm Bedeutung beigemessen wird. Wenn zum Beispiel ein Vorgesetzter seinen Untergebenen mitteilt, dass sie belohnt werden, wenn sie ihr Husten unter Kontrolle halten, dass sie dagegen nicht nur der Belohnung verlustig, sondern ihnen auch Vorwürfe gemacht werden, wenn sie unnötigerweise husten, dann bedeutet dies, dass ihr freier Wille zur Kenntnis genommen und gefördert wird. Wenn Gott also einem SEINER Diener offenbart, dass ER erschaffen wird, wozu auch immer das Individuum neigt, und, da ER die Folgen dieser seiner Inklination vorhersieht, ER diese Folgen entsprechend vorherbestimmt, dann heißt das, dass ER dem Willen dieses Individuums volle

Beachtung geschenkt hat. Deshalb bedeutet Vorherbestimmung weder, dass ein Mensch an etwas gebunden oder zu etwas gezwungen wird zu tun, was er eigentlich gar nicht tun will, noch, dass etwas im Voraus beurteilt oder verdammt wird. Es gibt keinen Zwang auf Individuen, einem vorgeschriebenen Kurs zu folgen. Aber es gibt eine Verantwortlichkeit für das, was jemand tut.

Schicksal und Vorherbestimmung sind Programme, die auf der Grundlage von Gottes Wissen ablaufen: das heißt, es sind Pläne und Programme, die eine Kombination dessen sind, was ER über die Inklinationen des Menschen im Voraus weiß und was ER in Verbindung mit ihnen zu erschaffen gedenkt. Etwas im Voraus zu wissen legt nicht fest oder verursacht nicht, dass es so ist oder geschieht wie es dann ist oder geschieht. Göttlicher Wille und Göttliche Macht bewirken, dass etwas auf der Grundlage der Inklination des Menschen ins Dasein tritt. Die Dinge, die geschehen sind und ins Dasein getreten sind, sind also nicht deshalb, weil sie vorhergesehen wurden. Sie sind im Gegenteil als das bekannt, was sie sind. Dasselbe gilt für die Vorherbestimmung. Ein Meteorologe mag zwar das Wetter mit einem großen Maß an Genauigkeit vorhersagen, aber das bedeutet nicht, dass er es verursacht. Gleichermaßen bedeutet auf der Basis dessen, was beobachtet wird, Gottes Allmacht, die Ergebnisse der Entscheidungen und Inklinationen eines Menschen im Voraus zu kennen und zu sehen und somit sicherzustellen, dass dieser Wille in Erfüllung gehen wird, nicht, dass ER sie verursacht.

Um es zusammenzufassen: Durch SEIN Wissen, das die Vergangenheit und die Zukunft umfasst, kennt Gott alle Ursachen und Wirkungen im voraus. ER weiß im Voraus, wer zu was Inklinationen haben wird und wer versuchen wird, seine Inklinationen zu realisieren, und dementsprechend bestimmt ER, was ER hinsichtlich dieser Inklinationen zu erschaffen gedenkt. Wenn die Zeit für ein Ereignis gekommen ist, wird ER schöpfend tätig, wie ER es unter Berücksichtigung des freien Willen des Menschen, seiner Entscheidung und seiner Inklinationen bestimmt und will. Gott kennt natürlich die Art und den Zeitpunkt des Todes einer Person im Voraus, was auch den Fall beinhaltet, dass diese Person umgebracht wird. Dieses Vorherwissen befreit den Mörder nicht davon, für sein Verbrechen schuldig gesprochen und verantwortlich gemacht zu werden. Der Mörder wird bestraft werden, weil Gottes Wille den Willen des Mörders in Betracht ziehen lässt.

Es ist wichtig, dass dieses Thema unter Beachtung der diesbezüglichen islamischen Quellen diskutiert wird. Was wir hier gesagt haben, stellt das Thema lediglich auf einfache Art und Weise dar, um es für alle verständlicher zu machen.

5.6

Die Leute von Sodom und Gomorrha sowie einige andere Zivilisationen wurden wegen ihrer abscheulichen Sünden vernichtet. Heutzutage gibt es mehr Sünder und viel mehr beispielloses unsittliches Verhalten, das überall praktiziert wird. Warum verfügt Gott gegen diese Nationen keine Strafe, keine Geißel vom Himmel bzw. keine vollständige Zerstörung?

Seit dem Beginn der Menschheitsgeschichte sind viele Zivilisationen zerstört worden, weil sie sich gegen Gott und SEINE Propheten rebellisch verhalten und sich unsittlichen Verhaltens schuldig gemacht haben. Obwohl Gott sie mit Sicherheit im Jenseits bestrafen könnte, sendet ER manchmal SEINE Strafe schon in dieser Welt.

Eines der bekanntesten dieser Ereignisse war die Zerstörung der Städte Sodom und Gomorrha. Die Leute dieser Städte wurden das Volk Lots genannt, d.h. das Volk, zu dem der Prophet Lot gesandt worden war, um sie zu warnen und auf den rechten Weg zu führen. Sie waren jedoch in ihren Begierden unnatürlich und gaben sich unmoralischen und abscheulichen Praktiken hin. Obwohl der Prophet Lot sie viele Male warnte, wollten sie von ihren schändlichen Sünden nicht ablassen. Schließlich entsandte Gott SEINE Engel, um den Propheten Lot wissen zu lassen, mit denen, die seinen Warnungen Beachtung schenkten, die Stadt zu verlassen und einen sicheren Platz aufzusuchen, da Gottes Zorn über die aufsässigen Leute kommen werde. Daraufhin wurde das von diesen Leuten bewohnte Land innerhalb einer einzigen Nacht völlig zerstört.

Wie die Geschichte über das Volk Lots erzählt der Koran auch in allen Einzelheiten die Geschichte über die Leute des Propheten Noah. Auch sie waren ignorant und beteten seit langer Zeit Götzen an. Der Prophet Noah lud sie zu Gott ein, versuchte sie dazu zu bewegen, für einen wohlverdienten Lohn Gutes zu tun, und untersagte es ihnen, Schlechtes zu tun; sie aber steckten sich ihre Finger in ihre Ohren. Er drohte ihnen mit dem Zorn Gottes, aber sie weigerten sich zu hören. Da kam die Strafe Gottes über sie. In diesem Fall wurden die Sünder durch eine Flut bestraft. Es begann ganz plötzlich und heftig zu regnen und aus dem Boden brachen Wasserströme hervor. Die Hügel wurden überflutet. Das Wasser breitete sich weiter aus und bedeckte die verlassenen Gebiete und sogar die Berge. In ihrem Toben umschlossen die verheerenden Fluten die Ungläubigen in ihrer fürchterlichen Umarmung und wurden zu einem Friedhof für sie. Einigen Hadithen zufolge (wenn auch mit einer unvollständigen Überliefererkette) überlebten nur sechzig oder siebzig dieser Leute die Katastrophe. Noch heute suchen Archäologen die Arche Noahs. Wir lassen sie bei ihrer Suche und wenden uns nun unserer Frage zu: Warum verhängt Gott nicht eine derartige Strafe gegen die abscheulichen Sünder in der heutigen Zeit?

Um die Antwort herauszufinden müssen wir in der Geschichte einen Blick zurück werfen. Vom ersten Menschen an hat Gott immer wieder Propheten gesandt, um SEINE Diener zum rechten Weg und somit zur ewigen Glückseligkeit einzuladen. Jeder dieser Gesandten wurde zu einem bestimmten Volk, einer bestimmten Rasse oder einer bestimmten Zivilisation geschickt, d.h., sie waren nur für ihre eigenen Leute verantwortlich. Der letzte der Propheten jedoch, der Prophet Muhammed wurde der gesamten Menschheit und sogar der gesamten Schöpfung geschickt. Die Leute dieses Propheten werden seine *Umma* genannt. Die *Umma* umfasst sowohl diese vom Propheten direkt angesprochenen Leute als auch diejenigen, die seinen Ruf indirekt hörten und ihm folgten.

Die meisten in der heutigen Zeit in Europa, Amerika und anderen Gebieten lebenden Menschen haben - ob sie nun zu den Leuten gehören, die zum Islam aufgerufen wurden, ihn aber abgelehnt haben *(Ummatud-da`wa)*, oder zu denen, die die Einladung angenommen und den Islam angenommen haben *(Ummatul-idschaba)* - Sünden begangen, die zu Zeiten der Propheten Lot, Salih und Hud noch gänzlich unbekannt waren. Aber die Tatsache, dass der Prophet Muhammed zu allen Menschen entsandt wurde, schützt sie vor der vollständigen Vernichtung oder Bestrafung, die die Leute von Lot, Salih oder Hud heimgesucht hat. Der Koran versichert uns, dass es keine vergleichbare Zerstörung hinsichtlich der *Umma* von Muhammed geben wird:

> *"Und Allah wollte sie nicht strafen, während du unter ihnen warst; und ER wollte ihnen kein Strafender sein, während sie um Vergebung baten."* (Koran, 8:33)

In einem weiteren Vers erklärt uns der Koran die Allgemeingültigkeit und Umfassenheit der Prophetenschaft Muhammeds und die Großartigkeit und Bedeutung seiner Person. Der Prophet vor ihm war Marias Sohn Jesus. Der Koran führt sein dringendes Flehen für seine Leute an: *"Wenn DU sie bestrafst, so sind sie fürwahr DEINE Diener; und wenn DU ihnen vergibst, so bist allein DU der Allmächtige, der Allweise."* (Koran, 5:118). Andererseits sagte der Allmächtige zum Propheten Muhammed: *"ICH werde keine Strafe schicken, solange du unter ihnen weilst und sie um MEINE Vergebung bitten."*

Aus diesen Versen können wir lernen, dass die *Umma* des Propheten Muhammed zwei bedeutende Schutzschilde gegen den Zorn Gottes besitzt. Der erste besteht darin, dass uns zu seinen Lebzeiten die physische Existenz und danach sein spirituelles Sein vor einem derartigen Zorn bewahren. Der zweite besteht darin, dass für den Fall, dass es einige aufrichtige und gehorsame Leute in einem Land gibt, die konstant Gott dienen und andere zur Wahrheit aufrufen sowie erkennen, dass sie nachlässig, leichtsinnig und der Sündhaftigkeit schuldig gewesen sind, und Gottes Vergebung suchen und danach streben, sich zu bessern, sowie für den Fall, dass solch aufrichtige Gottgläubige nicht in Gefahr gestürzt, unterdrückt und durch andere verfolgt werden, die Hoffnung besteht, vor dem Zorn Gottes bewahrt zu werden (Ibn Hanbal, *Musnad*, 2, 159).

In den Hadithen des Propheten Muhammed wird ferner berichtet, dass er sehr oft für die Rettung seiner *Umma* betete (*al-Bidaya wan-Nihaya*, 5, 159; Muslim, *Hadsch*, 147). Eines dieser Gebete wurde während seiner Abschieds-Pilgerfahrt am Berge Arafat und in Muzdalifa verrichtet. Dort bat er

Gott neben anderen Dingen, auf seine *Umma* keine Strafe herabzusenden. Einige seiner Gebete wurden erhört und andere nicht. Seine Gefährten gaben seine Worte wie folgt wieder:

> *Ich habe Allah gebeten, auf meine Umma keine Göttliche Strafe herabzusenden. Er nahm meine Gebete an und antwortete: "ICH werde auf sie keine Strafe hinabsenden, aber sie werden sich selbst gegenseitig vernichten; wenn sie sündig werden, werde ICH sie streiten und untereinander kämpfen lassen." Dann bat ich Allah erneut, Derartiges von meiner Umma fernzuhalten, doch dies akzeptierte ER nicht."* (Muslim, *Fitan*, 19-20).

Dieser Hadith bedeutet, dass die Muslime Uneinigkeit, Konflikte und Kriege untereinander erleiden werden, wenn sie zu Sündern werden. Der Prophet Muhammed bat, dass diese Konsequenz ihres freien Willens ebenso von ihnen ferngehalten werde, aber aus Gründen, die nur Gott kennt, wurde diese Bitte nicht erfüllt.

Zusammenfassend kann man sagen, dass es keine massive Vernichtung eines ganzen Volkes auf Erden geben wird, solange es unter den sündigen Mengen einige gibt, die aufrichtig glauben, anbeten, Gott dienen und SEINEN Namen und SEIN Wort verbreiten, und solange einige von ihnen SEINE Vergebung suchen und danach streben, sich und andere zu bessern.

Und Gott weiß es am besten!

TEIL VI

6.1

Reicht die Absicht eines Menschen, um sich zu retten?

Eine Absicht *(Niya)*, die zur entsprechend beabsichtigten Handlung führt, kann durchaus dazu führen, eine Person zu retten. Eine Absicht, die nicht zur Entschlusskraft führt, das beabsichtigte Ergebnis mit jeder nur möglichen Anstrengung zu erreichen, kann das nicht.

Eine Absicht zu haben bedeutet, ein Ziel und einen Plan zu haben; es bedeutet auch einen Geisteszustand und eine Verpflichtung. Eine klare Absicht zu haben bedeutet, sich klar bewusst geworden zu sein, was man wünscht, und die Richtung zu kennen, die man einschlagen will. Eine klar bewusst gewordene Absicht bedeutet, den entsprechenden Geisteszustand zu erlangen und dann nach den Mitteln zu suchen, das anvisierte Ziel zu erreichen.

Die Absicht ist die Quelle aller Handlungen. Ob bewusst oder unbewusst - die Absicht gibt einer Person das Recht, für jede einzelne Handlung Verantwortung zu beanspruchen; sie ist auch die solide Grundlage des Willens und der Kraft, die jeweiligen Ergebnisse zu erzielen. Alles, was den Menschen selbst und die Welt im Allgemeinen betrifft, hängt von Anbeginn an ständig von Absichten ab. Ohne Absicht ist es unmöglich, etwas zu Stande zu bringen und dessen Fortbestand zu sichern.

Am Anfang steht immer eine Idee, und dann geht man dazu über, dafür Pläne zu schmieden. Später wird die Idee als Ergebnis von Entschlusskraft und Ausdauer vielleicht Realität. Ohne initiierende Idee, die als Absicht klargestellt wird, wird es schwierig, ja möglicherweise sogar sinnlos sein, ein Projekt zu starten. Ohne Ausdauer und eine Absicht, die durch festen Willen und Entschlusskraft aufrechterhalten wird, kann kein Projekt zum beabsichtigten Abschluss gebracht werden.

Hinsichtlich guter und schlechter Taten spielt die Absicht eine ausschlaggebende Rolle. Die Qualität einer Absicht kann wie ein Allheilmittel wirken, das jede Krankheit besiegen oder jeden Nachteil beseitigen kann; gleichermaßen kann es die verborgene Katastrophe sein, die in einem einzigen Moment alles das, was man erreicht hat, zerstört. Einige Handlungen scheinen nur winzig oder unscheinbar zu sein, aber die Wirksamkeit und die Kraft der Absicht können in ihnen derart sein, dass sie Konsequenzen riesigen Ausmaßes hervorrufen können - so wie ein einziges Korn zu einer mächtigen Ernte führen kann. Umgekehrt können Anstrengungen, die so gewaltig wie massive Gebirgszüge erscheinen, zu etwas führen, was nichts oder unbedeutend ist - als Ergebnis schlechter Absichten.

Alle Handlungen, die im Bewusstsein, Gott zu dienen, vorgenommen werden, wie zum Beispiel das Sitzen, Stehen oder Sich-Verbeugen beim Gebet, oder das Fasten bzw. auf andere Weise Sich-Enthalten von untersagten Gelüsten über einen bestimmten Zeitraum, vermehren den Lohn eines

Menschen und heben seinen geistigen Status auf ein hohes Niveau. Andererseits münden genau dieselben oder ähnliche Handlungen, die in einem Bewusstsein, das weit davon entfernt ist, Gott zu dienen, vorgenommen werden, nur in Leiden und in Bestrafung. Der Mensch stellt Gott als Ergebnis verrichteter oder unterlassener Handlungen zufrieden und gelangt somit zur schönsten Gestalt *(Ahsani Taqwim)*. Und dennoch mag er vielleicht die eine oder andere Handlung tausendmal ausführen, aber ohne die richtige Absicht, so dass diese Handlungen in den Augen Gottes nichts darstellen.

Der Märtyrertod auf dem Schlachtfeld ist eine der höchsten Belohnungen im Islam. Aber jemand kann nicht auf die Belohnung des Märtyrertums hoffen, selbst wenn er im Kampf auf dem Schlachtfeld von Feinden des Islam getötet wurde, falls er an diesem Kampf teilnahm, um seine eigenen Launen oder Wünsche zu befriedigen. Andererseits kann ein Muslim ohne Zweifel auf die Belohnung des Märtyrertums und das Paradies von Gott hoffen, wenn er immer wieder aufrichtig um den Märtyrertod auf dem Wege Gottes bittet, aber in der Bequemlichkeit des eigenen Bettes stirbt und nicht auf Grund seiner Absicht, den Islam zu verteidigen und den Muslimen eine bessere Zukunft hinsichtlich ihres islamischen Lebens zu verschaffen.

Die Absicht ist ein Schlüssel, der die Tür des Unendlichen in dieser begrenzten, vergänglichen Welt öffnet. Richtig angewandt öffnet dieser Schlüssel die Tür zum ewigen Glück. Denn wenn die täglichen, wöchentlichen und monatlichen Pflichten korrekt und aufrichtig ausgeübt werden, dann werden die Vorteile und Belohnungen für sie nicht nach der für sie in dieser Welt verbrachten Zeit bemessen, sondern nach dem Grad, mit dem sie auf das ganze Leben auswirken. Wenn dieser Schlüssel nicht richtig benutzt wird, führt er zu ewigem Leid und Elend.

Jeder Soldat, der zum Dschihad bereit ist, auch wenn er nicht tatsächlich an einem Kampf beteiligt ist, ist berechtigt, auf denselben Lohn zu hoffen wie ihn diejenigen erhalten, die tatsächlich kämpfen. Für einen Wachposten, der zur Pflichtausübung in der Kaserne wartet, kommt Belohnung ebenso in Frage wie für jemanden, der tatsächlich Wache steht. Der Lohn für das Wachestehen auf dem Wege Gottes ist ein genauso hoher Lohn wie der Lohn für jemanden, der sich monatelang Gebeten hingibt.

Aus diesem Grund kann ein Gläubiger das Paradies durchaus auch nach einem nur sehr kurzen Leben in dieser Welt erreichen, wohingegen ein Ungläubiger, der lange gelebt hat, ewige Strafe und ewiges Elend erleiden wird. Im übrigen muss jeder Mensch gemäß der äußeren Gerechtigkeit ebensoviel für sein Gutes und für seine Tugendhaftigkeit belohnt wie auch für seine Fehler und Sünden bestraft werden, was dann bedeutete, dass er im Paradies so lange bliebe wie er im Diesseits rechtschaffen gelebt hat oder in der Hölle so lange bliebe wie er im Diesseits Schlechtigkeiten begangen hat. Die Ewigkeit ist jedoch das unwiderrufliche Ende für das Gute wie auch für das Böse, und darüber hinaus gibt es keine andere Wahl. Ewiges Glück und ewige Verdammnis sind somit in der Qualität und im Gehalt der Absicht eines Menschen begründet. Die Absicht, immer gewissenhaft und rechtschaffen zu leben, wird zum ewigen Glück führen. Auf dieselbe Weise wird die Absicht, immer in Leugnen, Ablehnung und Verderbtheit zu leben, zur ewigen Unglücklichkeit führen.

Wenn jemandem, dessen Herz vom Bewusstsein, Gott zu

dienen, erfüllt ist, die Möglichkeit gegeben würde, weitere tausend Jahre zu leben, würde er bestimmt ein Leben des Gehorsams und der Unterwerfung unter den Willen Gottes führen. Da er es beabsichtigt, sich so zu verhalten, wird seine Absicht angenommen und entsprechend belohnt werden. Die Absicht eines Gläubigen ist wohlwollender als seine Handlung (*Madschma`az-zawa`id*, 1.69; 1.109). Und auf ähnliche Weise würde ein Ungläubiger, der die Absicht hat, in seinem Leugnen und Ablehnen Gottes zu leben, mit Sicherheit so weiterleben wie zuvor, wenn ihm die Chance gegeben würde, weiterzuleben. In Übereinstimmung mit seiner Absicht wird der Ungläubige deshalb auch für alle Ewigkeit bestraft. Das Paradies oder die Hölle zu verdienen hängt dem Wesen nach also von der Absicht ab, wie sie über die gesamte Lebensdauer reflektiert wird, und nicht von einer vorübergehenden Gelegenheit, zu der jemand die eine oder andere bestimmte Sache unternahm. Die Absicht, sich wahrhaften Glauben anzueignen und ihn sich nach seinem Erwerb rechtschaffen zu bewahren, führt zu ewigem Glück; das Gegenteil führt zur ewigen Verdammnis.

In gleichem Maße gilt, dass jeder Ungläubige, der willentlich seinen Unglauben oder den eines anderen hegt und pflegt, dafür die Folgen zu tragen hat; der Satan, der Menschen in die Irre führt und alle Arten von Übel und Verderbtheit hervorruft, wird also im vollen Umfang für die Folgen des nicht aufhörenden Unglaubens, zu dem er ermuntert bzw. den er nährt, zahlen.

Der Satan übt auf Menschen unleugbaren Einfluss aus, in dessen Folge einige von ihnen ihre angeborenen Fähigkeiten weiterentwickeln und die in ihrem Wesen verborgenen Werte und Tugenden entdecken und verfeinern sowie in Geist, Herz und Seele wachsamer und bewusster werden.

Der Satan attackiert Individuen und Völker. Indem er giftige Samenkörner in die Herzen der Menschheit sät, bemüht er sich, in das Umfeld von Sünde und Übel jeder Art zu treiben. Gegen die Versuchungen und die Verderbtheit des Satans schlagen die spirituellen Kräfte des Menschen Alarm und führen somit einen Kampf, genauso wie im Körper bestimmte Zellen Alarm schlagen und Widerstand leisten, wenn eine Infektion eindringt. Und so wie der Widerstand gegen die Krankheit die Immunität des Körpers stärkt, so gewinnt auch der spirituelle Status des Menschen an Gewicht, wenn er gegen die Versuchungen bei Gott, dem Allmächtigen, Zuflucht sucht. Deshalb wird ein Mensch aus den Bemühungen des Satans gegen ihn wohl eher Nutzen ziehen als Gefahr laufen, Nachteile zu erleiden. Jedes Testen seines Geistes vermehrt seine Wachsamkeit, sein Bewusstsein und seine Kraft, dem Satan zu widerstehen; und all das macht seinen Geist noch entschlossener, noch sehnender nach dem Guten und im Falle einer Gefahr noch umsichtiger. Durch ein derartiges Testen werden aus Soldaten Veteranen auf dem Wege Gottes sowie Märtyrer und Heilige; durch ein derartiges Testen werden sie von sündigen Menschen getrennt und unterschieden - genauso wie reines Gold von minderwertigem Erz und anderen Unreinheiten durch den Verfeinerungsprozess getrennt und unterschieden wird.

Der Satan, dessen sinnlose Bemühungen derart gute Folgen haben, hat jedoch keinerlei Anteil an der Belohnung derer, die durch das Kämpfen gegen ihn zu hohen Tugenden gelangen. Denn die Absicht des Satans bestand ja niemals darin, etwas Gutes zu bewirken; vielmehr war seine Absicht immer, die Menschen in die Irre zu führen und sie aus reiner Gehässigkeit und Boshaftigkeit zu verderben. Für seine schlechten Absichten und Taten wird er deshalb ewig verdammt:

> ER sprach: *"Was hinderte dich, dass du dich nicht niederwarfest, als ICH dir den Befehl gab?"* Er sprach: *"Ich bin besser als er. DU hast mich aus Feuer erschaffen, und ihn hast DU aus Lehm erschaffen."* ER sprach: *"Steige aus ihm hinab! Denn es ziemt sich nicht für dich, dass du in ihm hochmütig bist. Entferne dich also, du gehörst fürwahr zu den Gedemütigten."* Er sprach: *"Gewähre mir Aufschub bis zum Tage, an dem sie auferweckt werden."* ER sprach: *"Du gehörst fürwahr zu denen, denen Aufschub gewährt wird."* Er sprach: *"Da DU mich nun vom rechten Weg abgebracht hast, werde ich ihnen gewiss auf DEINEM geraden Weg auflauern."* (Koran, 7:12 - 16)

Der Satan wählte nach seinem eifersüchtigen und arroganten Ungehorsam willentlich den Weg der Rebellion und des Unglaubens. Sein Schwur, die Menschen vom Geraden Weg hinweg in die Irre zu führen, ist der Beginn der nie endenden Tragödie der Menschheit.

Zusammengefasst ist also für einen Gläubigen die Absicht fast alles. Sie kann selbst seine routiniertesten Handlungen aufwerten und sein Leben ertragreich machen. Die Qualität und der Gehalt der Absicht öffnen die Tür, die zum ewigen und paradiesischen Leben führen. Die Absicht bewirkt aber auch ewige Bestrafung und ewiges Leiden. Die Handlungen bekommen durch die sie hervorrufenden Absichten Wert: *"Handlungen werden nur nach ihren Absichten beurteilt, und ein Mensch wird nur das haben, was er beabsichtigt hat."* (Bukhari, Bad'ul-wahy, 1; Muslim, Imara, 155; Abu Dawud, Talaq, 11).

6.2

Im Islam sind fünf Gebete am Tag Pflicht. In den äußersten Polarregionen dauern ein Tag und eine Nacht jedoch jeweils sechs Monate, das heißt also, die Sonne ist entweder immer sichtbar oder immer unsichtbar. Wie soll nun dort jemand beten?

Dieser Einwand wurde schon oft von anti-religiösen und atheistischen Menschen vorgebracht, um die Universalität des Islam in Frage zu stellen. Sie streben danach, als Argument vorzubringen, dass der Islam, während er den Anspruch erhebe, als weltweite bzw. universale Religion anerkannt zu werden, hinsichtlich seiner Vorschriften (wie z. B. Fasten oder die Pflichtgebete) in den äußersten Polargebieten nicht praktizierbar sei.

Von Anfang an muss man verstehen, dass kein System, z. B. in der Wirtschaft oder in der Finanzwelt, die Universalität erreicht hat, die der Islam realisiert hat und auch weiterhin aufrechterhalten wird. In der heutigen Zeit verfügen wir über eine ganze Reihe unterschiedlicher Systeme, in denen derart viele Fehler stecken, dass man sich schämen muss, sie als wahr oder universal zu bezeichnen. Zu ihnen gehören viele, die noch zu Lebzeiten ihrer Gründer überarbeitet wurden. Um ein Beispiel zu nennen: Das marxistische Wirtschaftssystem wurde mit der Unterstützung von Engels von Marx selbst überarbeitet, und bei jeder "Internationalen" wurde es erneut modifiziert; jedesmal nahm es eine unterschiedliche Gestalt an.

Was auf die uns heute zur Verfügung stehenden Wirtschaftssysteme zutrifft, trifft auch auf alle anderen beliebigen von Menschen geschaffenen Systeme zu. Der offensichtliche Grund für ihre Mängel und ihr Scheitern liegt darin, dass sie eben von Menschenhand sind.

Wieviel Prozent der Weltbevölkerung leben denn überhaupt in den äußersten Polarregionen? Kann es berechtigt sein, den Islam dafür zu kritisieren, er sei für höchstens ein Fünftel von einem Prozent der Weltbevölkerung nicht praktizierbar? Für die überwiegende Mehrheit der Menschheit sind die Normen und Vorschriften des Islam praktizierbar: Das ist ein berechtigtes Motiv, die Universalität dieser Normen und Vorschriften zu beanspruchen. Den extremen Ausnahmefall heranzuziehen, um die Vorschrift zu kritisieren anstatt (wie uns ein wohlbekanntes Sprichwort auffordert) zu verstehen, dass die Ausnahme die Regel bestätigt, zeigt doch, dass diejenigen, die diese Zweifel aufwerfen, dies mit Motiven tun, die weder mit Aufrichtigkeit noch mit wahrhaft wissenschaftlichem Interesse erklärt werden können. Die gestellte Frage ist eine abstrakte, hypothetische Frage. Leben denn in jenen entlegenen Polarregionen überhaupt Muslime? Wird die Frage gestellt, weil es dort Muslime gibt, die wirklich mit dem Problem konfrontiert sind, in diesen Gebieten regelmäßig Gebete verrichten zu müssen?

Wir wollen jedoch denen, die diese Frage mit aufrichtiger

Absicht aufwerfen, versichern, dass der Islam die Muslime nicht ohne Mittel zur Lösung derartiger Probleme gelassen hat. Diese Frage ist nämlich schon in der Frühzeit des Islam geklärt worden. Zwischen dem Propheten Muhammed und seinen Gefährten fand nämlich einmal eine Unterhaltung statt, die im *Sahih* von Bukhari und im *Musnad* von Ahmad Ibn Hanbal überliefert ist. In diesem Hadith sagt der Prophet: *Wenn sich die Leute von der Religion abwenden, wird der Dadschal (Scharlatan, Betrüger, Antichrist) erscheinen.* Und in einem anderen Hadith heißt es weiter: *Der Dadschal kommt aus dem Osten und bereist in vierzig Tagen die ganze Welt vom Anfang bis zum Ende. Einer seiner Tage entspricht einem Jahr von euch. Und ein weiterer seiner Tage ist einer eurer Monate, und wiederum ein anderer seiner Tage ist eine eurer Wochen, und die anderen Tage sind so wie eure. Die Gefährten fragten: Werden die fünf Gelegenheiten für die Gebete für einen Tag, der ein Jahr lang ist, reichen? Und der Prophet erwiderte: Nein! Aber zu jener Zeit soll man Berechnungen anstellen!* (Tirmidhi, Fitan, 57; Madschma` az-Zawa`id, 7, 351). Das bedeutet, man muss jene Monate, die einen Tag und eine Nacht lang sind, in Abschnitte aufteilen und entsprechend beten.

Wenn islamische Rechtsgelehrte diesen Themen ihre Aufmerksamkeit schenken, können sie erleichtert sein: das Problem ist einfacher, und die Frage scheint nicht mehr so schwierig zu sein. Von *Al-Umm* des Imam Schafi`i zum *Minhadsch* der Rechtsschule von Schafi`i bis hin zu den Büchern der Rechtsschule von Hanafi sowie im Kommentar von at-Tahtawi - in allen von ihnen wird dieses Problem behandelt und einmütig gelöst. Das Urteil dieser bedeutenden Gelehrten des Islam kann man in ihren Kapiteln über Gebete und ihre Wahl des richtigen Zeitpunktes finden. Wir streifen nur ein paar der von ihnen aufgeworfenen Punkte, die für unsere Frage relevant sind.

Die Grundlagen für das Gebet sind Sonnenaufgang, Sonnenuntergang und die dazwischenliegenden Sonnenstände. Es ist also Pflicht, während einer bestimmten Zeitdauer, die auf Sonnenstand oder -bewegung in jedem einzelnen Gebiet basiert, zu beten. Wenn es sich bei dem Gebiet um eins in der Welt handelt, in dem eine derartige Sonnenbewegung oder ein derartiger Sonnenstand nicht feststellbar ist, müssen die dort lebenden muslimischen Einwohner der Zeit folgen, die für die Gebete in der nächstgelegenen Region, in der derartige Bewegungen oder Positionen entsprechend festzustellen sind, bestimmt ist.

So wie es notwendig und natürlich ist, am Morgen aufzuwachen, zu essen, zu trinken, usw., und in der Nacht zu schlafen, so ist es auch natürlich, die Gebete innerhalb der festgelegten Zeitperioden zu verrichten. Wir folgen für unsere physischen Bedürfnisse angeborenen, instinktiven Gesetzen selbst in Gebieten, in denen die Sonne monatelang nicht auf- bzw. untergeht. Deshalb folgen wir auch im Einklang damit den Gesetzen der Religion hinsichtlich des Betens, des Fastens und der Pilgerfahrt.

Zusammengefasst ist es also sicher, dass der Islam nicht versagt hat, die hier aufgeworfene Frage vorauszusehen - aus was für einem Grund auch immer sie gestellt wurde. Der Islam hat das Prinzip eingeführt, dem Zeitplan der nächstgelegenen Region, für die ein Zeitplan entsprechend aufgestellt wurde, zu folgen.

Es ist an dieser Stelle angebracht, bei einem anderen Thema zu verweilen. Einige Leute haben vorgebracht, dass für den Fall, dass eine Zeitdauer für das Gebet nicht vorkommt, das

Gebet keine Pflicht sei. Bei diesem Argument wird die Zeit als eine Ursache oder Voraussetzung für das Gebet angesehen. Die eigentliche Ursache für das Gebet ist jedoch die Tatsache, dass Gott es vorgeschrieben hat. Deshalb muss ein Gebet, auch wenn die Zeitspannen, die ein Gebet sozusagen veranlassen, nicht vorkommen, zu den nächstverfügbaren Zeiten verrichtet werden. Das ist eine weitere Verwertung der Art der Argumentation, die die Frage betraf, ob und wie in den äußersten Polarregionen zu beten ist.

6.3

Ein Hadith sagt: "Für denjenigen, der an meiner Sunna festhält, wenn meine Umma verschandelt ist, gibt es einen Lohn, der einhundert Märtyrertoden entspricht." Worin liegt die Bedeutung des Verstehens der Sunna in der heutigen Zeit? Wie sollen wir sie in unserem Zeitalter anwenden?

Sunna bedeutet wörtlich einen Weg oder eine Art und Weise, sein Leben zu gestalten. Als Terminus technicus im Islam bezieht sich Sunna auf die Art und Weise, in der der Prophet Muhammed (s) lebte. Insbesondere bezieht sie sich auf die Richtungen und Praktiken, von denen er wünschte, dass die Muslime ihnen folgen sollten, sowie auf die Handlungen und auf die Normen, denen zufolge der Prophet lebte und die er empfahl, aber nicht zur Pflicht machte.

Mit diesem Thema haben sich die islamischen Gelehrten sehr eingehend beschäftigt, und es gibt darüber ausgezeichnete Bücher. Es herrscht Übereinstimmung darin, dass der Weg der Sunna der Weg des *Din* (Religion) ist, und die Sunna einer Treppe oder einer Leiter gleicht, auf der man *al-Haqq* (die Wahrheit; einer der Namen Gottes) erreicht.

Die Sunna ist ein derart verdienstvoller Weg, dass alle Systeme und ihre Prinzipien - selbst wenn sie von Tausenden von Gelehrten und Heiligen *(Auliya)* etabliert wären - daneben schwach, trüb und obskur erscheinen. Alle Mystiker, spirituellen Lehrmeister und Wahrheitssuchenden haben die Sunna in diesem Sinne anerkannt und über sie gesprochen und somit jeden ermutigt, ihr zu folgen.

Gott erwählte die Propheten und offenbarte durch sie die Art und Weise zu leben *(Din)*, von den obligatorischen Pflichten bis hin zur guten Moral und zu anständigen Verhaltensweisen. Gott sandte Muhammed als den letzten SEINER Propheten und leitete ihn bei all seinen Handlungen und machte durch ihn *Fard* (unbedingte Pflicht), *Wadschib* (Notwendiges), *Sunna*, *Mustahabb* (Wünschenswertes) und sogar *Adab* (gutes Benehmen) bekannt; er war und ist immer noch die perfekte Verkörperung all dessen, das beste Vorbild und ein Muster für die gesamte Menschheit. Wer also der Lebensweise des Propheten folgt, kommt Gott näher und erreicht einen Grad, wie er im folgenden *Hadithul-qudsi* (ein Hadith, in dem Allah selbst redet) beschrieben wird: *MEIN Diener kommt MIR nur mit den von MIR am meisten geliebten religiösen Pflichten, die ICH ihm auferlegt habe, näher; und MEIN Diener wird sich MIR durch freiwillige Mehrleistungen noch mehr nähern, auf dass ICH ihn lieben werde. Wenn ICH ihn liebe, dann bin ICH sein Gehör, mit dem er hört, sein Sehvermögen, durch das er sieht, seine Hand, mit der er greift, und sein Fuß, mit dem er geht* (Bukhari). Zum einen bedeutet dieser *Hadithul-qudsi*, dass Gott solch einen Gläubigen die wahre Realität aller Dinge sehen lässt und ihn auf diese Weise in die Lage versetzt, die Dinge korrekt und effizient zu beurteilen; indem Gott ihm neue Tore und Horizonte öffnet, führt ER ihn zur Wahrheit. Dann erhält der Gläubige Flügel, mit denen er so leicht zur Rechtleitung fliegt wie er dem Irrtum und der Verderbtheit entkommt. Wenn er eine Stimme hört, die zur Wahrheit aufruft, kommt er zu sich selbst, findet wieder zum Enthusiasmus, beginnt erhabene Ziele zu erlangen, fasst Beschlüsse und fängt an, moralisch und spirituell aufzublühen. Wenn er spricht, lässt Gott ihn die Wahrheit sprechen. Wenn er etwas tut, führt ihn Gott zum Guten und zu günstigen Ergebnissen und lässt ihn keinen einzigen Augenblick mit seinem Selbst *(Nafs)* allein. Da der Diener nach der Anerkennung und Zufriedenheit *(Rida)* Gottes strebt, gewährt ihm Gott Möglichkeiten und lässt ihn gemäß SEINER Göttlichen Zufriedenheit *(Mardiatus-subhaniya)* handeln. Deshalb überwachte und leitete Gott das Leben des Propheten Muhammed und der Repräsentanten SEINER Religion in weiteren Zeitaltern, blockierte mit Ausnahme des einen zu SEINER Zufrieden-heit führenden Weges alle Wege, hielt sie davon ab, andere Wege als SEINEN EIGENEN zu wählen, und führte sie somit zur einen und einzigen Sunna. Dem Weg der Sunna sind schon so viele Leute gefolgt, dass er zur klaren Straße, ja zur Haupt-Autobahn zur Errettung geworden ist. Die Sunna ist in der heutigen Zeit der einzige Weg, der frei von jeder Fehlleitung ist und bestimmt zum Ziel, zum Erfolg und zum Glück in dieser und in der kommenden Welt führt.

In einer Zeit, in der Bosheit, Verderbtheit und Intrigenspiel so weit verbreitet sind, ist es von allerhöchster Wichtigkeit, danach zu streben, die Sunna wiederzubeleben und wiedereinzusetzen, sie neben *Fard* und *Wajib* zu praktizieren, ihre zentrale Position in der Gesellschaft der Zukunft zu sichern sowie dafür zu sorgen, dass sie bis zum Tage des Jüngsten Gerichtes Bestand hat. Gesegnet sind die, die diese

Aufgabe in Angriff nehmen und somit im Range von Märtyrern stehen und entsprechend Lohn erhalten. Es wäre ja schon segensreich genug, den Lohn von zwei Märtyrern zu erhalten; aber es ist noch mehr versprochen. Diejenigen, die darum kämpfen, die Wahrheit des *Iman* (Glaubens) wiederzubeleben, können sogar einen Lohn verdienen, der weitaus größer ist als der von einhundert Märtyrern.

Bestimmte Elemente der Sunna zu beleben ist des versprochenen Lohnes ganz besonders würdig. Es gibt zum Beispiel eine Art verleumderischer Nachrede, die verwerflicher ist als Ehebruch oder Mord (Daylami, 3, 116). Es gibt einen offensichtlichen Unterschied zwischen der Verleumdung gegen eine Einzelperson und gegen eine ganze Gesellschaft, was unter ihnen zu verheerendem Chaos führen kann. In einem solchen Fall kann die Sünde zu weitverbreitetem Übel führen. Zu einer Zeit, in der Muslime zur Verderbtheit *(Ifsad)* aufgefordert und die Macht, der Einfluss und die Verbreitung des Islam verhindert bzw. unterminiert werden, werden diejenigen, die danach streben, jeden Aspekt des *Din* wiedereinzusetzen und wiederzubeleben, definitiv den Lohn vieler Martyrien erhalten. Und wenn ihre aufrichtigen Bemühungen auf die heiligen Tage, Nächte und Monate des Islam fallen, wird ihr Lohn sogar noch größer sein; denn Gott hat im Koran gesagt, dass ER, wem ER will, viel mehr Wohlwollen zukommen lässt.

Diejenigen, die im Dienste Gottes arbeiten, werden für das, was sie tun, begünstigt und gesegnet; und ER kann wiederum SEIN Wohlwollen und SEINEN Segen wie ER will vermehren. In einer Zeit, in der alles getan wird, um dem Islam Widerstand zu leisten, für die Wiederbelebung des islamischen Denkens und Lebens tätig zu sein, daran zu arbeiten, verlässliche Institutionen mit einem aufrichtigen und fähigen Mitarbeiterstab zu etablieren und das islamische Bewusstsein der jungen Leute zu wecken - all das gehört zu einer einzigartigen Aufgabe, die in gewisser Hinsicht eine Fortführung der Aufgabe des Propheten (s) in der heutigen Zeit darstellt. Wenn so bedeutende Persönlichkeiten und spirituelle Führer des Islam wie Abdulqadir al-Dschilani und andere nach so langer Zeit erschienen sind, um moralische Unterstützung zu geben, dann liegt das an der großen Bedeutung und Notwendigkeit der zu erledigenden Pflichten. Dass der Prophet in Träumen erschien und über jene, die sich auf seinem Weg befinden, wacht, sie unterstützt und ihnen frohe Botschaften übermittelt, ist nichts weniger als ein Wunder *(Karama)* der Sunna im Dienste der Sunna. Derartige Vorkommnisse können nie ein Erkennen der Verdienste und Tugenden eines Individuums sein und sollten auch nie als solche gedacht werden. Bestimmte Individuen, Gruppen und Institutionen, die an dieser Aufgabe arbeiten und bedeutende Entwicklungen bewirken, werden jedoch ohne Zweifel einen großen Anteil an der Gnade und dem Segen Gottes haben. In Übereinstimmung mit dem wohlbekannten Ausspruch "Wer (ein Ereignis) bewirkt, gilt als Verursacher" muss dies so sein. Der Grund dafür ist ein anderer Aspekt des gewaltigen Ausmaßes des Göttlichen Wohlwollens. Wenn andererseits diejenigen, die auf diesem Weg gearbeitet haben, die Reinheit, Aufrichtigkeit, Begeisterung und den Schwung, mit dem sie an diese Aufgabe herangehen, nicht beibehalten, werden die Verantwortung und die Treuhandschaft *(Amana)* aus ihren Händen genommen werden. Einige von ihnen werden dann zurückgewiesen, ausgeschlossen und sogar von der Vorsehung verlassen werden, und die Treuhandschaft wird dann an andere verdienstvolle Menschen weitergereicht werden. Nur wenn wir das Wohlwollen Gottes realisieren und zu schätzen wissen, aufrichtig versuchen, alles zu tun, was in unseren Kräften liegt, und aus den uns gebotenen Gelegenheiten das Beste machen, werden wir diese Prüfung bestehen und uns umfangreicherer und größerer Wohltaten Gottes als würdig erweisen.

Möge Gott uns in die Lage versetzen, mit Energie und äußerster Aufrichtigkeit auf dem Weg des *Iman*, des Koran und der Sunna in jedem Moment, der die Belohnung vieler Martyrien herbeiführt, bis zu unserem letzten Tag arbeiten zu können.

6.4

Warum ist *Ilhad*, Atheismus, so weitverbreitet?

Ilhad bedeutet Leugnen Gottes, Nichtglauben an SEINE Existenz, Leugnen und Ablehnung der Vorschriften der Religion und Sich-Abwenden von religiöser Reflektion und religiöser Ernsthaftigkeit, bis jemand denkt, er oder sie sei der Religion vollkommen ledig und nicht von Gott abhängig, sondern gänzlich unabhängig. Daraus folgt, dass für solch eine Person die religiösen Verbote nichts zählen - was früher als widerwärtig und sündhaft angesehen wurde, wird nun nicht mehr so betrachtet, und entsprechend wird das Leben geführt. Es besteht gar kein Zweifel, dass die Wurzel dieses *Ilhad* in der Verderbtheit der Herzen und Gedanken der Menschen liegt. Er breitet sich aus, weil auf Erziehung nicht mehr ausreichender Wert gelegt wird und die jungen Leute vernachlässigt werden; die Bildungseinrichtungen nehmen sie nicht mehr gegen Einstellungen und Ideen, die dem *Ilhad* entspringen, in Schutz - in vielerlei Hinsicht fördern sie sogar diese Einstellungen und Ideen. *Ilhad* wird immer intensiver und schneller auch durch andere Mittel und Wege, die wir im folgenden ansprechen werden, aufrechterhalten.

Das Nichtwissen um die Grundlagen des Glaubens und der Religion ist die Hauptvoraussetzung, unter der *Ilhad* in einer Gesellschaft zu wachsen und sich zu entwickeln beginnt. Leute, deren Verstand, Herz und Seele nicht zur Wahrheit geleitet und dabei unterstützt wurden, fallen von ihr zwangsläufig ab und werden für den *Ilhad* anfällig - und mit Sicherheit können sie sich nur mit Hilfe Gottes und nur durch SEINE Gnade retten. Wenn eine Gesellschaft nicht adäquat auf die Bedürfnisse ihrer Mitglieder reagiert und sie sogar im Hinblick auf die Grundlagen des Glaubens und der Gebräuche in einem Zustand des Nichtwissens belässt, dann werden ihre Herzen und Gedanken offen sein für andere Einflüsse, die stark und rege sind und dazu führen werden, dass sie vom Weg abweichen.

Ilhad erscheint zunächst einmal als mangelndes Interesse an den Prinzipien des Glaubens oder als Gleichgültigkeit ihnen gegenüber. Diese Einstellung täuscht oft vor, positiv zu sein, und beansprucht für sich, den Wunsch nach Unabhängigkeit des Geistes und Freiheit des Denkens zu repräsentieren. Da die Forderungen des Glaubens anstrengend sind, richtet sich die Gleichgültigkeit auf Dinge, die leichter sind. Sie sucht nach irgendeinem Vorwand (wie fadenscheinig auch immer), um sich von den Bemühungen des ehrlichen und ernsthaften Reflektierens zu befreien, und erliegt dann leicht der Versuchung der Nachlässigkeit, dann der Unachtsamkeit, dann des Atheismus und schließlich sogar der Verachtung der Religion. Tatsächlich fußt Atheismus jedoch auf keinerlei stichhaltiger Argumentation und wird auch nicht durch menschliche Intuition oder Erfahrung unterstützt; er gründet sich auch nicht (wie einige Verfechter fälschlich behaupten) auf irgendeine "wissenschaftliche" Wahrheit. *Ilhad* endet (wie er beginnt) in Niedergeschlagenheit, charakteristischerweise träge, aber manchmal aktiv und militant, in einer Atmosphäre des Unmenschlichen und der Rebellion.

Die zahllosen Manifestationen Gottes innerhalb und außerhalb von uns zeugen von der Realität, dass es einen Einzigen und nur Einzigen Schöpfer und Administrator dieses Universums gibt, DER es verwaltet, lenkt und aufrechterhält. Wir können uns jede dieser Manifestationen als eine Art von Gott an uns gerichteten Brief oder für uns verfasstes Buch vorstellen, in dem sich entsprechend unserer menschlichen Auffassungsgabe die Göttlichen Attribute des Schöpfers in gewisser Hinsicht widerspiegeln: SEINE Weisheit, SEINE Barmherzigkeit, SEIN Wissen, SEINE Macht, SEINE Nachsicht usw. SEINE Attribute können überall in SEINEN Werken in diesem weiten Test- und Lehrbereich des Universums ausfindig gemacht werden. Einige Leute jedoch, die mit falschen Einstellungen arbeiten, haben sich beim Verstehen dieser *Ayat* (Zeichen) sogar bei sorgfältigem Beobachten gründlich geirrt. Folglich haben sie die Natur und die Prinzipien und Beziehungen in ihr auf eine Weise dargestellt, dass dies viele Menschen, insbesondere junge, dazu gebracht hat, vom wahren Glauben abzufallen.

Sowohl im Osten als auch im Westen ist viel über die feine Balance und die unzählbaren subtilen Harmonien in der Welt der Natur gesagt und geschrieben worden. Diese harmonische Ordnung kann gar nicht anders als dem Allmächtigen zugeschrieben werden. Die Planeten im Sonnensystem und die Sterne im Universum bewegen sich grenzenlos innerhalb einer zueinander in Beziehung stehenden Komplexität von Strömungen und Umlaufbahnen präziser als irgendein Mechanismus, der von Menschen entworfen und gefertigt wurde. Wenn derartige Mechanismen ohne Umschweife als Beweis intelligenten Entwerfens akzeptiert werden, um wieviel mehr muss das weitaus überwältigendere und kompliziertere Universum als Beweis akzeptiert werden?

Die Natur ist wie eine riesige Fabrik mit (tatsächlicher und potenzieller) Erzeugungskraft. Ihre wirkenden Prinzipien sind erstaunlich subtil und anpassungsfähig, aber dennoch in beruhigenden Mustern und Rhythmen etabliert. Woher bezieht die Natur diese funktionierenden Gesetzmäßigkeiten? Nun gibt es einige, die sagen "Natur hat sich selbst erschaffen"; aber wie kann das jemanden überzeugen? Natürlich ist eins der wirkenden Gesetze eine Maßnahme der sich selbstorganisierenden Kraft. Aber unsere Frage lautet ja nicht "Was ist das Gesetz?", sondern "Woher kommt dieses Gesetz?". Prinzipien sind nicht unbedingt notwendige Attribute einer Sache oder eines Lebewesens und als solche sekundär und abhängig von Substanz und Essenz. Es ist unmöglich, dass Attribute vor oder unabhängig von der generellen Zusammengehörigkeit der Verbindung oder des Organismus, dem sie zugeschrieben werden, existieren können. Wenn also eine Pflanze eine Maßnahme selbstorganisierender Kraft demonstriert, durch die sie zum Beispiel Licht, Feuchtigkeit und Nährstoffe für ihr Wachstum erstrebt, dann ist dies nur deshalb so, weil diese Maßnahme der selbstorganisierenden Kraft in ihren Samen bereits eingebettet wurde. Und ähnlich funktioniert auch das physikalische Prinzip der Anziehungskraft in und anhand von existierenden Massen, Entfernungen und Kräften. Zu behaupten, derartige Prinzipien seien der Ursprung oder die Quelle oder die

Wurzel existierender Dinge oder Lebewesen, ist schlicht und einfach falsch.

Nicht weniger falsch als die Behauptung an sich ist auch die Selbstsicherheit, mit der sie beteuert wird. Die Ansicht zu vertreten, dass dieses außerordentlich subtile und geordnete Universum das Ergebnis willkürlicher Zufälle sei, ist absurd, widersprüchlich und völlig unwissenschaftlich: alles weist tatsächlich einen anderen Weg.

Als Ergebnis umfangreicher Experimente und langen Nachdenkens erklärte Muller die Unzulänglichkeit des Verstandes zur Aufgabe, den Ursprung des Lebens darzulegen: Er etablierte die Absurdität des "Zufalls" als eine mögliche Erklärung. Diese Schlussfolgerung zog er im Namen der Wissenschaft und der Wissenschaftler. Ähnlich wies nach einer 22 Jahre dauernden Serie von Studien das Sowjetische Institut für Chemie unter Vorsitz von Oparin nach, dass die Gesetze der Chemie und der chemischen Reaktionen nicht das geringste Licht auf die Frage nach dem Ursprung des Lebens werfen können und dass die Wissenschaft von einer verlässlichen Antwort auf diese Frage so weit entfernt wie vorher ist. Und als dieses Gremium von Wissenschaftlern (bei aller Bescheidenheit) die Grenzen menschlichen Forschens zugab, taten sie dies wiederum im Namen der gesamten Wissenschaft und aller Wissenschaftler. Und doch hat es diese Arbeit nicht vermocht, den früher durch weniger sorgfältige Wissenschaftler, die ihre Vermutung als abgesicherte wissenschaftliche Theorie darboten, angerichteten Schaden ungeschehen zu machen. Unglücklicherweise werden auch weiterhin allgemeine Ansichten und Maßstäbe durch Vermutungen schlechter Wissenschaftler und nicht durch die von besseren Wissenschaftlern etablierten Realitäten geprägt.

Man bedenke zum Beispiel, wieviele Lehrbücher (d. h. die meistverbreiteten Bücher in Schulen, allgemeine Enzyklopädien, usw.) immer noch die Hypothese abdrucken, dass die Menschen einfach vom Affen abstammten, als sei es keine Hypothese, sondern eine bewiesene Tatsache. In Wirklichkeit vertritt eine wachsende Anzahl von Wissenschaftlern, am meisten insbesondere eine wachsende Anzahl von Anhängern der Evolutionstheorie, die Meinung, die Evolutionstheorie von Darwin sei überhaupt keine wirklich wissenschaftliche Theorie. Viele Kritiker von höchst intellektuellem Format gestehen ein, dass wir immer noch nicht die geringste beweisbare oder auch nur plausible Idee haben, wie denn die angebliche Evolution tatsächlich stattgefunden hat. Kurz gesagt herrscht unter den Experten eine große Divergenz der Meinungen, nicht nur was die wahrscheinlichen Ursachen der Evolution, sondern auch den tatsächlichen Prozess betrifft. Aber die allgemeinen Vorstellungen der Laien und weniger informierten Wissenschaftler hängen auch weiterhin davon ab, was eine spekulative Phantasie war.

Es wurden Untersuchungen vorgenommen und Studien veröffentlicht, die Zweifel hinsichtlich der Idee, dass wir Menschen nichts weiter als entwickelte Affen sein sollen, aufwerfen. Diese in Sprachen des Ostens und des Westens erhältlichen Studien versuchen, ein wahres Bild der Natur als Schöpfung und der Position des Menschen in ihr zu zeichnen. Werke wie *Warum glauben wir an Gott?* haben diejenigen, die früher dachten, es sei in unserer Zeit doch recht eigenartig für Menschen, an Gott zu glauben, ermutigt und unterstützt, nun über dieses Thema vernünftiger nachzudenken.

Vorausgesetzt, dass fundierte und zuverlässige Kenntnisse über die Welt der Natur (zum Unterschied zu spekulativer Phantasie über sie) zum Glauben an einen einzigen, universalen Schöpfer führen, wäre es nicht übertrieben zu sagen, dass beharrliches Festhalten am Atheismus mehr mit Starrsinn, Vorurteilen und einem kindischen Festklammern an Illusionen zu tun hat als (wie behauptet wird) mit der Unabhängigkeit des Geistes und der Freiheit des Denkens. Die jungen Leute bleiben gegenüber der Anziehungskraft dieser Illusion anfällig. Sie verstehen nicht in vollem Umfang die Natur und die Folgen ihres Verhaltens; sie sind sich ihres spirituellen Seins und ihrer eigenen tiefsitzenden Bedürfnisse als spirituelle Wesen nicht voll bewusst; und sie haben noch nicht das Verständnis für die Balance zwischen materiellen und nicht-materiellen Werten, die die menschliche Existenz erst in jeder Hinsicht charakterisieren, entwickelt. Aus diesen Gründen werden besonders junge Menschen durch veraltete Konzepte, die ihnen als "wissenschaftliche" Wahrheiten präsentiert werden, obwohl Wissenschaftler wissen (und dies auch gesagt haben), dass sie nichts dergleichen sind, leicht getäuscht. Und deshalb haben heutzutage Lehren und Lernen der Wahrheit eine größere Bedeutung und Dringlichkeit als andere Aufgaben und Verpflichtungen.

Wenn diese lebenswichtige Aufgabe nicht in Angriff genommen wird, werden daraus die schlimmsten Folgen erwachsen, die in der Zukunft vielleicht nicht mehr beseitigt werden können. Mit einigen dieser bösen Konsequenzen haben wir tatsächlich bereits zu tun. Dies könnte der

Hauptgrund für unsere langjährigen Leiden sein. Denn wir sind eine unglückliche Generation, der gute Lehrer vorenthalten wurden - Lehrer, die die innere Einheit, Harmonie von Herz und Verstand, erlangt hatten, die es geschafft hatten, sich selbst in ihren verborgensten Gedanken und Gefühlen zu kennen, und die andere unbedingt unterrichten wollten und willens waren, eher für das Glück und Wohlergehen anderer zu leiden als für sich selbst. Wir hoffen, dass unter uns derart edel gesinnte Lehrer der Wahrheit auftreten und die Last auf ihre Schultern nehmen - eine wahrhaft menschliche Aufgabe - und die Menschen vom moralischen und spirituellen Leiden vieler Jahre befreien werden. Dann werden jetzige und künftige Generationen zur erforderlichen Stabilität in ihrem Denken und Sinnieren über die bedeutenden Fragen des Lebens gelangen. Sie werden in der Lage sein, den Verlockungen falscher Glaubensvorstellungen und Illusionen zu widerstehen, und von der Sorge vor ständigem Zweifel über die Natur und den Zweck ihres Lebens befreit sein. Sie werden zumindest zum Teil immun gegen die Infektion des Atheismus und des dazugehörigen Ballastes egozentrischen und neurotischen Verhaltens sein. Tatsache ist, dass Atheismus aus Mangel an Kenntnissen und Gelehrsamkeit, aus Unfähigkeit, das innere und äußere Leben zusammenzufassen, und aus Unterernährung des Herzens und der Seele entsteht. Denn der Mensch klammert sich an das, was er gut kennt, und verteidigt es; und er lehnt das ab, was er nicht kennt, und bekämpft es oder versucht zumindest, dafür kein Interesse zu zeigen oder ihm gegenüber gleichgültig zu sein.

Die Massenmedien präsentieren (und zwar in ständiger Wiederholung) Ideen, Lebensstile und Charaktertypen, die zur Hemmungslosigkeit und Selbstvergessenheit ermutigen. Es überrascht deshalb nicht, wenn so viele der jungen Menschen dazu bewegt werden, Hippies oder Punks oder was gerade große Mode ist zu werden; und es ist keine Überraschung, dass sie nach sofortiger Zufriedenstellung und augenblicklichem Vergnügen streben; und es verwundert auch nicht, dass sie sich nicht darum kümmern, ihren Verstand oder Geschmack zu entwickeln, sondern statt dessen Trivialität, Banalität, Auffälligkeit und ordinäres Benehmen bevorzugen.

Menschen schlagen schnell Wege ein, die ihnen als aufregend und attraktiv dargestellt werden. Denn was sie nicht selbst herausfinden konnten - das wird sogar noch eigenartiger und fremder; und es ist ihnen gleichgültig. Es ist deshalb äußerst wichtig, dass wir energisch auf Mittel und Wege drängen, diese Menschen mit den breiten Wegen des religiösen Lebens vertraut zu machen - mit Wegen, die weg von Sorgen hin zu Ausgeglichenheit sowie weg von Finsternis hin zum Licht führen.

Es liegt in der Natur der Jugend, dass sie leicht reizbar und beeindruckbar ist. Die jungen Leute sehnen sich nach grenzenloser Freiheit, und sie haben reichlich unbefriedigte Gelüste und Begierden; ihre übermäßig freizügigen Herzen und Gedanken schaffen Unausgeglichenheit und Disharmonie. Das kann sie in die Irre führen und sie bereitwillig sich zum Atheismus wenden lassen. Sie ziehen unmittelbare Freuden, wie gering oder kurzfristig sie auch sein mögen, der Vielzahl von Kümmernissen und Sorgen vor, in die später ihre Verwöhnung münden wird. Sie stürzen sich auf die Freuden und Vergnügungen, die der Satan ihnen vorführt, und fädeln auf diese Weise ihr eigenes Unglück ein

- so wie eine Motte vom Licht angezogen wird, so fliegen die jungen Leute auf das Feuer des Atheismus zu.

Während der Mangel an Kenntnissen und Nahrung für das Herz und die Seele zunimmt, erschüttern Materialismus und Sinnenlust den Wunsch nach Wahrheit und machen die Erhabenheit der Absicht zunichte. Darin liegt auch die Bedeutung der Geschichte von Faust, der seine Seele so billig an des Teufels Vertreter, Mephisto, verkaufte, nur um in den Besitz der außergewöhnlichen Macht zu gelangen, für eine begrenzte Zeit auf Erden alles das tun zu können, was auch immer er sich wünschte. Als er aber diese Macht hatte, gingen ihm die noblen Ziele, die er zum Nutzen der Menschheit hatte, allesamt verloren, und er verschwendete seine Jahre der Macht mit dem Verfolgen trivialer Vergnügungen. Wenn die Seele tot ist, stirbt zweifelsohne auch das Herz, das Mitgefühl verschwindet und Geist und Verstand geraten durcheinander und werden verwirrt, bis die Person ein hilfloses Opfer ihrer eigenen vorübergehenden Launen oder der schlechtesten, neuesten Mode wird. Jeder, der es sich selbst erlaubt, von körperlichen Leidenschaften und Sinnesfreudigkeit besessen zu sein, wird immer wieder in Krisen gestürzt werden, immer wieder einen anderen Weg einschlagen und immer wieder jeder neuen Denkweise zujubeln, als ob sie die Wahrheit beinhalte, wobei er von einer Ideologie zur anderen pendeln und von Unklarheiten in Zweifel stürzen wird und umgekehrt. Solch eine Person wird am Glauben, an einem ständigen Pflichtbewusstsein und an einem geduldigen und festen Herzen keinerlei Gefallen finden; sie wird in ethischer Erziehung, in Selbstdisziplin, in Kontemplation, im Weiterentwickeln der eigenen Seele und im Stärken der eigenen Moral und Charaktereigenschaften keine Vorzüge sehen. Vollkommen süchtig nach Trivialität und Hemmungslosigkeit wird solch eine Person jede Errungenschaft unserer Vorfahren leugnen und eigensinnig das ignorieren, was wahre Kultur und Zivilisation möglich machen kann: das richtige Verhältnis zwischen Spiritualität und Vernunft sowie zwischen Tugendhaftigkeit und Glück. Da nicht jeder gerettet werden kann, zeugt es von größter Weisheit, wenn wir unsere Bemühungen auf die Erziehung der jungen Leute, in denen die schlimmsten Angewohnheiten des Körpers und des Geistes für eine Befreiung noch nicht so tief verwurzelt sind, richten. Den jungen Leute müssen die fundamentalen Prinzipien des Systems, von dem wir abhängen und zu dem unsere Existenz gehört, beigebracht werden. Sie müssen zu einer systematischen und *Mustaqim* (geradlinigen, ehrenhaften) Denkweise geführt werden. Ohne erfolgreiche Anstrengungen in diese Richtung ist es unmöglich, dass irgendeine Gesellschaft oder Nation überlebt, ohne tiefer in den Verfall der Moral und der spirituellen Werte, von denen ihre Erholung und Rettung abhängen, zu sinken.

Ein weiterer Grund für die Existenz des Atheismus liegt in der bewussten Ablehnung von Einschränkungen und Verboten, was so weit führte, dass das, was verboten war, jetzt erlaubt ist, und was als abscheulich und schädigend galt, jetzt als attraktiv angesehen wird. Dieser ungehemmte, maßlose und schamlose Zeitgeist der Nachgiebigkeit bei allen Vergnügungen hat von Westeuropa seinen Einzug in die muslimische Gesellschaft gehalten. Es handelt sich um eine entartete Form der (hauptsächlich französischen) philosophischen Schule der Existenzialisten, die traditionelle Werte und formale religiöse Erziehung zu Gunsten absoluter Freiheit des Individuums ablehnen. Die Theorie bestand darin, dass das Individuum durch persönliche Erfahrungen zu einem noblen und moralischen Wesen heranreifen und sich entwickeln würde (und könnte). Weder in Westeuropa noch unter den Nachahmern dieser Idee in der muslimischen Welt hat diese Theorie zu vernünftigen, engagierten und einfühlsamen menschlichen Wesen geführt. Sie hat vielmehr Elend und Egozentrik verstärkt und Individuen von ihren Familien und Traditionen sowie von sich selbst isoliert. Individuen, die sich dieser Denkweise hingeben, kultivieren nicht ihre Moral oder ihren Geschmack; hauptsächlich führen sie einfach ein oberflächliches und privates Leben, wobei sie weder die Wahrheit finden noch überhaupt nach ihr suchen, sondern einfach von einem Moment zum anderen in der illusorischen Hoffnung, dass sie das Glück schon finden werden, leben - das falsche Paradies des Hassan Sabbah.

Diese wenigen Überlegungen behandeln das ganze Thema keineswegs erschöpfend. Aber wir hoffen, dass zukünftige Leitbilder, Lehrer und Führer, die über kritisches Urteilsvermögen und Voraussicht verfügen, sie in Erwägung ziehen, um der Verbreitung von Abweichung und Atheismus Einhalt zu gebieten. Alles, was wir hier versuchen konnten, besteht darin, einen kurzen Einblick in das Problem zu gewähren und zu beten, dass einige Menschen ihre Aufmerksamkeit auf die Wahrheit richten, mit sich selbst in einen Wettstreit treten und wieder in den Besitz der Mittel gelangen, um das Gute zu erreichen.

6.5

Wie sollte man auf einen Ungläubigen zugehen und ihn ansprechen, und was sollte man dieser Person als erstes sagen?

Es ist wichtig, zunächst einzusehen, dass sich der Unglaube in seinen Formen und Inhalten unterschiedlich darstellt. Die persönlichen Ansichten und Einstellungen eines Ungläubigen zum Glauben, ja sogar ob das Individuum an alle, an einige oder an gar keine Prinzipien eines Glaubensbekenntnisses glaubt, beeinflussen die Art und Weise, mit der man diesen Menschen behandeln sollte. Wir können die Ungläubigen in drei große Klassen einteilen:

1. Zuerst gibt es diejenigen, deren Unglaube daraus erwächst, dass sie nicht über die Realität dessen nachdenken, an das geglaubt werden soll, dass es ihnen an Interesse mangelt und dass ihre Umgangsformen zu frei und zu ungezwungen sind. Die große Mehrheit dieser Ungläubigen denkt nicht nach bzw. benutzt nicht ihren Verstand und ist unglücklich, wobei ihr Verstand und ihr Geist von ihren körperlichen Gelüsten, von ihrer Sinnlichkeit und von ihrer extremen Genusssucht versklavt werden. Es ist ziemlich schwierig, sich mit ihnen über

irgend etwas, was mit Angelegenheiten des Glaubens zu tun hat, zu unterhalten. Ihr Verhalten kontrollieren Instinkt und blinder Reflex. Sie werden durch den Druck motiviert und geleitet, sich danach zu richten, wie die Massen der Leute zu denken und zu leben wahrgenommen werden.

2. Zweitens gibt es diejenigen, die die Prinzipien des Glaubens bewusst nicht akzeptieren. Egal, was sie dazu brachte, so zu sein, sie sind *Munkir* (Leugner und Ungläubige) und *Mulhid* (Häretiker). Sie bilden in jeder Gesellschaft die Mehrheit.

3. Drittens gibt es diejenigen, die behaupten, es gebe nichts, an das man glauben soll. Im Vergleich zu früher ist ihre Anzahl hoch. Diese Klasse kann man nochmals unterteilen:

a. jene, die alles auf Materie und materielle Ursachen zurückführen und an keine metaphysischen Phänomene glauben; und dann noch eine ganz andere Gruppe, nämlich

b. jene, die akzeptieren, dass einige metaphysische Phänomene doch eine gewisse Realität haben.

Heutzutage ist Unglaube ein hervorstechendes Merkmal jener, die sich gegen religiöse Tradition wenden und in die Irre gehen. Es bildet einen der Gründe, aus denen eine Generation von Menschen nach der anderen in einen Zustand der Depression fällt. Es ist ferner die Quelle anarchistischen und asozialen Verhaltens und der daraus entstehenden sozialen Probleme. Menschliche Gesellschaften erleben die turbulentesten Zeiten, wenn ihr Glaube auf einen Tiefpunkt angelangt ist. Die Freidenker der Renaissance und dann der Mob der Französischen Revolution brachten ihren Unglauben und ihre Verachtung der Religion formal zum Ausdruck und ermöglichten somit seine Verbreitung. Später übernahm ihn eine noch schlimmere Sorte von Ungläubigen und verbreitete ihn als eine Ideologie und zettelte somit Unruhen und Rebellion gegen religiöse Traditionen in der ganzen Welt an.

Unglaube oder Atheismus kann auch ein Thema eher im Bereich der Psychiater als in dem der Soziologen sein, denn das tatsächliche Leben der einzelnen Ungläubigen und Atheisten kann man überzeugend mit den Fallstudien der Geisteskranken, die in den Psychologie-Lehrbüchern dargestellt werden, vergleichen. Indem ich dies sage, kategorisiere ich Unglauben etwas vereinfacht; nichtsdestoweniger werde ich den Standpunkt vertreten, dass es unterschiedlichen Unglauben gibt und er verschiedene Abstufungen hat, so wie es auch beim Glauben der Fall ist. Deshalb ist es wichtig zu betonen, dass nicht jedes an einen Ungläubigen gerichtete Gespräch dessen individuellen Unglauben beseitigen wird; jedes Zurückweisen und Leugnen sollte vielmehr individuell behandelt werden, und das Unterrichten sowie gute Ratschläge *(Irschad)* sollten entsprechend variiert werden. Die wichtigsten Punkte sind die folgenden:

1. Wir sollten versuchen, vorab herauszufinden, zu welcher Klasse der Ungläubigen das anzusprechende Individuum gehört. Mögliche Fehler und falsche Anmerkungen, die eigentlich nicht erwartet werden, können vermieden werden; und zur selben Zeit kann während der Unterhaltung die Aufmerksamkeit auf geeignete Hinweise und gezielte Bemerkungen gelenkt werden. Es lohnt sich, die größtmögliche Sorgfalt und Einfühlsamkeit bei solch einer Vorbereitung walten zu lassen, um eine Verschwendung der Zeit und Bemühungen bei jenen zu vermeiden, deren rücksichtslose und oberflächliche Leidenschaft die atheistischen Ideen sind und die religiöse

Themen überhaupt nicht ernsthaft, sondern eher leichtfertig und frivol betrachten.

2. Es ist wichtig, dass das kulturelle Niveau und der soziale Status eines angesprochenen Menschen im Voraus ermittelt werden, so dass das Niveau der verwendeten Argumente, Begriffe und Ausdrücke angepasst werden kann, um dem Verständnis dieses Menschen entsprechend gerecht zu werden.

Eine negative Reaktion ist zu erwarten, wenn jemand, der nicht so kenntnisreich ist, versucht, Leute zu informieren, die von sich in falscher Selbsteinschätzung glauben, sie verfügten über mehr Wissen. Insbesondere heutzutage ist es wirklich schwierig, jenen einen guten Rat zu geben, die sich bereits als klug betrachten und diesen Eigennutz mit einem hohen Maß an persönlichem Stolz und Einbildung verbinden. Damit nun derartige Menschen aus der Unterhaltung einen Nutzen ziehen, sollte man mit ihnen mindestens auf ihrem eigenen Niveau ihres Kenntnisstandes und ihrer Kultur reden und dies tun, ohne den Eindruck zu vermitteln, dass ihnen einfach irgend etwas erzählt wird.

Da nun unglücklicherweise die verschiedenen ideologischen Gruppierungen ihre eigenen Zeitungen, Zeitschriften und Bücher haben, neigen die Leute dazu, als introvertierte Cliquen zu leben: die unterschiedlichen Terminologien und Methodologien, die sie verwenden, haben als Folge unter ihnen zu großen Differenzen geführt. Darum ist es so wichtig, sich intensiv Gedanken über die Auswahl der Worte, die Art und das Niveau der Argumente und die Weise der Darstellung, in der man mit jemandem in Vertrautheit und angenehmer Atmosphäre sprechen sollte, zu machen. Sonst wird die Unterhaltung nicht viel mehr sein als ein oberflächliches Treffen zweier Menschen, die sich kaum kennen bzw. verstehen, und das kann natürlich für keinen der beiden von Vorteil sein. Man muss sehr viel Wert auf die Klarheit der Argumente legen und darauf achten, welche Terminologie dem Ziel am ehesten gerecht wird.

3. Es ist wesentlich, dass wir mit den Themen, die wir ansprechen wollen, bestens vertraut sind und sogar überzeugende Antworten auf Fragen, die während oder nach unserer Unterhaltung gestellt werden könnten, vorbereiten. Sonst kann irgendein Fehler oder eine falsche Bemerkung, wie gering oder unbedeutend dies uns auch erscheinen mag, alles durcheinanderbringen und zerstören.

Die erhabensten Bemerkungen werden vielleicht von der von uns angesprochenen Person als wertlos beurteilt werden und somit ihre Wirkung verfehlen, wenn sie auf Grund unseres Mangels an Wissen, Erfahrung und sozialen Fähigkeiten, sie darzustellen, als blass, schwach und verschwommen aufgenommen werden. In jedem späteren Gespräch mit demselben Menschen, allein oder in Begleitung anderer, wird sich dieser wohl dem Thema mit einem negativen Vorurteil nähern. Wenn dies also wirklich nicht verhindert wird, dann wird es mit diesem Menschen vielleicht sogar überhaupt keine anschließende Unterhaltung mehr geben. Der Fehler eines Einzelnen, der zu einem derartigen Ergebnis führt, ist äußerst schwerwiegend, egal, wie gut die Absicht war, mit der man an dieses Thema herangegangen ist. Wer weiß schon, wie viele Menschen in ihrem Unglauben bestätigt wurden, weil ein religiöser Ratgeber *(Murschid)* nicht kompetent war! Ein türkisches Sprichwort sagt: Ein unfähiger spiritueller Führer raubt einen den Glauben und ein unfähiger Arzt das Leben. Der Schaden, der von ersterem angerichtet wird, ist sogar noch viel größer als der eines schlechten Arztes. Denn ein unkundiger und unerfahrener Arzt kann einem zwar das vergängliche, materielle Leben zerstören, aber ein schlechter spiritueller Führer kann einem das ewige Leben und seine Segnungen vorenthalten.

4. In einem Gespräch darf niemals die Taktik angewandt werden, jemanden durch dialektisches Argumentieren zum Schweigen zu bringen. Dies provoziert nicht nur persönlichen Stolz, sondern ist auch sinnlos und nicht überzeugend. Um das Licht des Glaubens in die Herzen anderer zu bringen und stärker werden zu lassen, bedarf es einer engen und festen Beziehung zu Gott von demjenigen, der diesen Versuch unternimmt. Ohne dass SEIN Sehen und SEIN Wohlgefallen in Betracht gezogen werden, kann das Bemühen nicht als effektiv für den Zweck angesehen werden, egal, wie erfolgreich die andere Partei durch jene Art bestimmten Disputierens und Debattierens, das die Ungebildeten und Rücksichtslosen so mögen, zum Verstummen gebracht wird. Wenn jedenfalls die Leute vor ihrer Ankunft eine derart kämpferische Debatte erwarten, werden sie in einer spannungsgeladenen und aggressiven Stimmung vorbereitet kommen; der Ausgang solch einer Debatte kann unschwer erraten werden. In dieser Atmosphäre sitzen dann die Leute und diskutieren feindselig und hasserfüllt und gehen verärgert und unbeeindruckt auseinander. Und wenn sie sich dann mit nicht überzeugten und ungerührten Herzen getrennt haben, hegen sie die Absicht, für das, was sie gehört haben, Gegenargumente zu finden. Alles andere ist dann auch schon klar. Sie werden in Büchern nachlesen und Freunde konsultieren sowie alle sonstigen für sie erreichbaren Quellen studieren, um sich zu wehren und alles, was man

ihnen einzupflanzen versucht hat, wieder auszureißen. Ihr Unglaube hat sich deshalb verschlimmert und nicht vermindert - ein Ergebnis, das genau entgegengesetzt dem ist, das der spirituelle Möchtegern-Führer beabsichtigt und sich gewünscht hatte.

5. Während wir reden und erklären, sollten wir unseren Appell an das Herz der anderen Person richten. Jeder einzelne Satz sollte in Liebe und mit Aufrichtigkeit beginnen und enden. Jede Schroffheit gegenüber der anderen Person oder gegenüber ihrer Gedanken macht nicht nur die Effektivität dessen, was wir zu sagen haben, zunichte, sondern kränkt auch.

Ein *Murschid* sollte wie ein mitfühlender Arzt sein, dessen sehnlichster Wunsch es ist, die Krankheit des Patienten zu heilen, und der ihm dabei die bestmögliche Pflege zukommen lässt und die Schmerzen anderer wie eigene empfindet. Wenn die Worte und die Umgangsformen des *Murschid* mit dem Verständnis des anderen harmonisieren und in des anderen Herz wie das Wasser des Lebens fließen, dann wird dieser Murschid die Krankheit mit Sicherheit besiegen.

Wenn der *Murschid* den Gesichtsausdruck und die Körpersprache einer angesprochenen Person aufmerksam betrachtet, wird er in der Lage sein, den Stil und Inhalt seiner Worte so anzupassen, dass er es zum Beispiel vermeiden kann, dieselben Punkte zu wiederholen, was das ganze Gespräch in die Länge ziehen und für den anderen ermüdend und uninteressant machen würde.

Wenn wir während unserer Unterhaltung eine wirkliche Aufrichtigkeit an den Tag legen, wird der andere uns mit dem Eindruck der von ihm wahrgenommenen

Aufrichtigkeit verlassen und dies nie vergessen. Wenn wir im anderen dann den Wunsch wecken, erneut zusammenzukommen, dann werden wir den größeren Teil dessen, was wir beim zweiten Treffen sagen wollen, schon gesagt haben.

6. Die falschen Vorstellungen oder nicht korrekten Bemerkungen der anderen Person sollten nicht in einer Weise kritisiert werden, die ihren Stolz verletzen könnte. Was auch immer einen anderen dazu bewegen könnte, sich zu schämen oder minderwertig zu fühlen, muss - insbesondere im Beisein anderer - stets vermieden werden. Wenn es wirklich unsere Absicht ist, etwas in das Herz der anderen Person zu pflanzen, dann ist es unser eigener persönlicher Stolz oder unser eigenes Ehrgefühl und nicht das der anderen Person, der bzw. das aufs Spiel gesetzt werden sollte. Darüber hinaus ist es unmöglich, Menschen dadurch etwas verständlich zu machen und zur Annahme einer Sache zu bewegen, indem man ihre wunden Punkte entzündet und reizt. Vielmehr kann ein schroffes Umgehen mit ihren Gedanken und Gefühlen sie von unserer Art und Weise zu denken und zu glauben nur noch weiter entfernen.

7. Manchmal ist es weitaus eindrucksvoller und wirksamer, einen Menschen einem Freund mit starkem Glauben, reinem Herzen und scharfem Verstand, der den geraden Weg vorlebt, vorzustellen als eintausend weise Ratschläge zu geben. Diese Option ist jedoch nicht auf jeden Ungläubigen anwendbar. Um sie anzuwenden, muss ein *Murschid* den betreffenden Menschen sehr gut kennen und eine Zeit wählen, zu der er aus einer derartigen Bekanntschaft den größten Nutzen zieht und nicht negativ reagiert.

8. Ein Mensch sollte natürlich nicht Individuen vorgestellt werden, deren Verhaltensweisen nicht seriös sind, deren

Denkweise widersprüchlich und deren Ergebenheit gegenüber dem Schöpfer schwach ist. Und es sollte unbedingt Kontakt mit Leuten vermieden werden, die zwar fromm und gut informiert zu sein scheinen, denen aber die Liebe der Anbetung fehlt und deren Gedanken und Gefühle äußerst wankelmütig sind.

9. Der Person, mit der wir sprechen, sollte unbedingt die Möglichkeit geboten werden zu reden; und wenn sie redet, sollte man ihr mit der gebührenden Aufmerksamkeit zuhören. Die Vorstellungen anderer sollten respektiert und toleriert werden. Wir dürfen tugendhaft streng nur mit uns selbst und fest nur in unserem eigenen Glauben sein. Falsche Strenge mit anderen, insbesondere mit Neulingen, führt nur dazu, dass sie entmutigt und zur Abneigung gegen uns ermuntert werden. Selbst wenn das Anhören von derartigen *batil* (falschen) Ideen unsere Herzen verletzt und unser reines Denken mit Schlamm beschmieren mag, sollten wir in der Lage sein, dies eine Weile zu ertragen, auf dass wir ihre Herzen gewinnen. Wenn wir ihnen andernfalls überhaupt keine Chance geben, sich auszudrücken, und wenn wir nie von der Stelle weichen, dann werden sie für unsere Beredsamkeit kein Verständnis haben oder aus ihr keinen Nutzen ziehen. Mit einer derartigen Verhaltensweise machen wir uns bloß unbeliebt und werden niemals dabei Erfolg haben, jemanden zu lenken und zu führen. Derartiges Handeln ist wie das Transportieren von Wasser in einem bodenlosen Eimer: trotz gewaltiger Anstrengungen erreichen wir letztendlich gar nichts. Wir dürfen nie vergessen, höflich zu sein und den Willen zu haben, denen zuzuhören, von denen wir wünschen, dass sie uns zuhören sollen.

10. Es ist besser, klarzustellen, dass das, was über den Glau-

ben gesagt wird, schon seit undenklichen Zeiten gesagt wird und viele Menschen in derselben Weise gedacht haben. Wir sollten ferner Wert darauf legen, dass eine große Anzahl von Denkern mit Ausnahme von verhältnismäßig wenigen Ungläubigen Menschen mit einem festen Glauben waren; allerdings sollten die Argumente mit Beweisen und Beispielen und nicht mit durch nichts gestützte Behauptungen vorgebracht werden.

11. Innerhalb dieses Rahmens müssen zuerst die beiden Säulen des *Kalimatut-tauhid* (Bekenntnis des Eins-Seins Gottes) klargemacht werden. Wenn wir das Gefühl haben - sei es nun infolge des Gesprächs, das wir mit der jeweiligen Person hatten, oder auf Grund bei ihr anderweitig wahrgenommener Verhaltensweisen und Reaktionen -, dass sie den Glauben angenommen hat, dann können wir zu anderen Themen übergehen. Erst nachdem der Ungläubige aufrichtig zu glauben beginnt, kann man Fragen und Kritikpunkte, die Ungläubige immer wieder versuchen aufzuwerfen, behandeln. Die ersten Dinge müssen jedoch immer die Glaubensgrundsätze sein. Es darf nicht der Fehler gemacht werden, Fleisch dem Pferd und Gras dem Hund anzubieten, wie ein Sprichwort sagt. Selbst wenn ein derartiger Ansatz in gewissen Momenten berechtigt sein mag, stellt er einen fatalen Fehler dar, der auf den Zuhörer mit Sicherheit einen negativen Einfluss ausüben wird.

In der Hoffnung, dass alle, die entschlossen sind, die gegenwärtige und die zukünftigen Generationen dem Strudel des Atheismus, in den sie gefallen sind, zu entreißen, hieraus Nutzen ziehen...

6.6

Was ist *Dschihad*? Und was sind seine größeren und kleineren Aspekte?

Dschihad ist ein arabisches Wort und bedeutet sich abmühen, Anstrengungen zu unternehmen, um sich Not und Entbehrungen zu stellen. Mit dem Islam erlangte es die Bedeutung 'sich auf dem Wege Allahs abmühen.'

Dschihad ist für den Gläubigen eine besondere Pflicht. Aufgrund seiner Wichtigkeit wird Dschihad im Koran fast mit dem Islam selbst gleichgesetzt. Die hervorragendsten Diener Gottes von der Zeit des Propheten Adam an haben, ob sie nun Propheten oder Heilige waren, ihren ausgezeichneten Rang durch Dschihad erlangt, sowohl über die Ungläubigen als auch über ihre eigenen sinnlichen Seelen.

Dschihad hat bei Gott einen hohen Stellenwert; denn ER hat den Menschen erschaffen, damit dieser sich anstrengt, zu seinem wahren Wesen zu gelangen, und auch andere ermutigt, gleiche Anstrengungen zu unternehmen.

Gott legt im Koran fest:

Diejenigen von den Gläubigen - ausgenommen die

Beeinträchtigten -, die nicht in den Krieg ziehen, sind nicht denen gleich, die sich auf dem Wege Allahs mit ihrem Gut und ihrem Leben abmühen. Allah hat diejenigen, die sich mit ihrem Gut und mit ihrem Leben anstrengen, im Rang gegenüber jenen den Vorzug gegeben, die nicht in den Krieg ziehen. Allah hat einem jeden das beste Ergebnis versprochen; und Allah hat denen, die sich abmühen, gegenüber jenen, die nicht in den Krieg ziehen, hinsichtlich eines gewaltigen Lohnes den Vorzug gegeben.

(Koran, 4:95)

Die Menschen haben in dieser Welt verschiedene Berufe, wie zum Beispiel Friseur, Zimmermann, Schneider, usw. Jeder kämpft in seinem Beruf um ein Ziel, durch das seine Position vorteilhaft bestimmt wird. Aber wie sieht das Ende eines Menschen aus? Was auch immer sein Beruf oder seine gesellschaftliche Stellung sein mag: wurde nicht jeder Mensch aus einem Tropfen Flüssigkeit erschaffen, und wird er nicht als eine verwesende Leiche enden? Dies trifft nur auf den Beruf des Propheten nicht zu. Die Arbeit anderer Menschen bringt nach ihrem Tod zwar keine weitere Belohnung mehr, die Belohnung der Prophetenschaft vervielfacht sich jedoch bis zum Tag des Gerichtes. Das Prophetentum umfasst eine gewisse spirituelle Qualität, die durch die Sterblichkeit nicht berührt wird. Das Ziel eines Propheten liegt darin, den Menschen die Möglichkeit zu verschaffen, Gott kennenzulernen, und wer einmal Gott kennt, wird auch in der Lage sein, die Ewigkeit zu erlangen. Der Mensch wurde nicht nur mit dem Ziel im Visier erschaffen, zusammen mit allem in der Welt physischer Zersetzung und Auflösung ausgesetzt zu sein. Sein primäres natürliches Hinstreben ist in Wirklichkeit auf die Ewigkeit gerichtet, und die Propheten sind es, die die Menschheit warnen und erziehen und sie dazu bringen, sich dieses Hinstrebens bewusst zu werden.

Aus der Sicht Gottes ist die Prophetenschaft die heiligste Arbeit, die einem Menschen anvertraut wird, und Dschihad bringt diesen Aspekt zum Ausdruck. Hinsichtlich der Wichtigkeit des Dschihad zeichnet der Koran die Gemeinschaft der Gläubigen, die dem Propheten Muhammed die Treue geschworen hat, besonders dadurch aus, den Dschihad durchzuführen:

> *Fürwahr, diejenigen, die dir den Treueid leisten, leisten nur Allah den Treueid; die Hand Allahs ist über ihren Händen. Wer aber eidbrüchig geworden ist, wird gewiss nur gegen sich selbst eidbrüchig; wer aber das hält, wozu er sich gegenüber Allah verpflichtet hat, dem wird ER gewaltigen Lohn geben.* (Koran, 48:10)

Der Offenbarungsanlass für diesen Vers war Folgendes:

Der Gesandte Gottes hatte den Muslimen die gute Nachricht mitgeteilt, dass es ihnen möglich sein werde, an den Ort zurückzukehren, von dem sie vertrieben worden waren - und für viele war Mekka auch ihr Geburtsort -, und die Riten der Pilgerfahrt auszuführen. Sie waren deshalb als Pilger und mit den Hoffnungen eines Pilgers nach Mekka aufgebrochen. Als sie jedoch Hudaibiya erreichten, erlaubten es ihnen die Polytheisten nicht, den *Tawaf* (das Herumgehen um die Ka`ba) durchzuführen und drohten mit Krieg. Dieser unerwartete Einspruch schockte die Gläubigen, die ihn als einen schweren Schlag gegen die Ehre des Islam bewerteten. Sie wurden nervös, und sie waren so aufgeregt, dass niemand wusste, was man tun solle. Der Gesandte Gottes beauftragte Uthman Ibn Affan, nach Mekka zu reisen, um nochmals zu beteuern, dass ihr Besuch keinerlei bösen Absichten habe. Die Führer Mekkas sperrten Uthman, anstatt seine Delegation willkommen zu heißen, ein und streuten sogar das Gerücht, er sei ermordet worden. Diese Nachricht rief bei den Muslimen Zorn hervor. Das war der Zeitpunkt, zu dem der Prophet die Gläubigen aufforderte, ihm den Treueid zu leisten. Sie taten dies, indem sie seine Hand ergriffen. Daraufhin offenbarte Gott den oben zitierten Vers.

Ein weiterer Vers lautet wie folgt:

> *Allah hat fürwahr von den Gläubigen ihr Leben und ihr Gut erkauft, auf dass für sie das Paradies sei. Sie kämpfen auf dem Weg Allahs, und sie töten und werden getötet. Fürwahr ein Versprechen von IHM in der Thora und im Evangelium und im Koran. Und wer hält seine Verpflichtung besser ein als Allah? So freut euch also über den Verkauf, den ihr mit IHM abgeschlossen habt. Und dies ist der großartigste Erfolg.* (Koran, 9:111)

Dieser Verkauf, wie ihn der Koran nennt, ist die höchste Auszeichnung, weil jeder, der ihn abschließt, von Gott direkt angesprochen wird.

Der Gesandte Gottes sagte: *Ich wünschte mir, ich wäre für die Sache Allahs umgebracht und erneut zum Leben erweckt worden, um erneut umgebracht und zum Leben erweckt zu werden, um nochmals umgebracht zu werden.* (Bukhari, *Iman*, 26; *Dschihad*, 7; Ibn Madscha, *Dschihad*, 3, 18). Der Prophet hat diesen Wunsch in der Tat nur deshalb nicht noch viele weitere Male zum Ausdruck gebracht, um unnötige Wiederholungen zu vermeiden. Ein anderer Ausspruch lautet wie folgt: *Es ist besser, seine Augen für die Pflichten eines Tages offen zu halten, und zwar einzig und allein für die Sache Allahs und gegen die Gefahr der Unterwanderung des Feindes auf einem schmalen Weg, als die ganze Welt und alles, was zu ihr gehört, zu besitzen.* (Tirmidhi, *Fadalu'l-dschihad*, 12). Aus diesem Hadith können wir schließen, dass es besser ist, einen Tag lang für die Sache Gottes und gegen jedwede Gefahr, die die Gemeinschaft befallen könnte, wachsam zu sein, als die Ka`ba zu besitzen - denn die Ka`ba gehört ja zu dieser Welt.

Ein weiterer Hadith teilt uns zu diesem Thema folgendes mit: *Die Belohnung Allahs für die guten Taten eines Menschen wird eingestellt, wenn er stirbt; ausgenommen ist der Dschihad. Die Belohnung für Dschihad vervielfältigt sich bis zum Tag des Gerichtes. Darüber hinaus befreit Allah denjenigen, der auf SEINEM Weg Anstrengungen unternommen hat, von der Befragung in seinem Grab.* (Muslim, *Imara*, 163; Ibn Madscha, *Dschihad*, 7).

Es gibt zwei Aspekte hinsichtlich des Dschihad. Der eine ist das Kämpfen, um die sinnlichen Gelüste und schlechten Neigungen zu besiegen; diesen Aspekt nennt man den größeren Dschihad. Der andere Aspekt ist das Ermutigen anderer, dasselbe Ziel zu erreichen, und wird der kleinere Dschihad genannt.

Die muslimische Armee war auf dem Rückweg nach Medina, nachdem sie den Feind in einer Schlacht besiegt hatte, als der Gesandte Gottes zu ihnen sagte: *Wir sind gerade dabei, vom kleineren zum größeren Dschihad zurückzukehren.* Als die Gefährten fragten, was der größere Dschihad sei, erklärte er, es handle sich dabei um den Kampf mit der sinnlichen Seele (*Kaschful-khafa*, 1, 424).

Das Ziel eines jeden Dschihad, sei es nun der größere oder

der kleinere, liegt darin, dass der Gläubige von allen Sünden geläutert sein und auf diese Weise wahre Menschlichkeit erlangen soll. Die Propheten sind aus diesem Grund gesandt worden. Gott sagt im Koran:

> Wie WIR euch auch aus euren Reihen einen Gesandten schickten, der euch UNSERE Verse rezitiert und euch läutert und euch die Schrift und die Weisheit lehrt und euch das lehrt, was ihr noch nicht wusstet. (Koran, 2:151)

Menschen sind in einem gewissen Sinne wie Rohstoffe, die die Propheten bearbeiteten, reinigten und verfeinerten, indem sie das Siegel von ihren Herzen und Ohren entfernten und die Schleier von ihren Augen hoben. Wenn die Menschen durch die Botschaft der Propheten erleuchtet sind, sind sie in der Lage, die Bedeutung der Naturgesetze zu verstehen, die Zeichen der Existenz und des Eins-Seins Gottes sind, und in die subtile Realität, die den Dingen und Ereignissen innewohnt, einzudringen. Nur durch die Rechtleitung der Propheten kann die Menschheit den hohen Rang erreichen, den sie von Gott erwarten.

Zusätzlich zum Lehren der Zeichen haben die Propheten die Menschen in der Offenbarungsschrift und in der Weisheit unterwiesen. Da der Koran die letzte Offenbarung an den letzten Propheten ist, meint Gott den Koran, wenn ER von der Schrift, und die Sunna, wenn ER von der Weisheit spricht. Wir müssen deshalb dem Koran und der Sunna des Propheten Muhammed (s) folgen, wenn wir wünschen, rechtgeleitet zu sein.

Der Prophet lehrt uns auch, was wir nicht wissen, und die Menschheit wird bis zum Tage des Gerichtes vom Propheten lernen. Wir lernen von ihm, wie wir uns von unseren

Sünden läutern können. Indem sie seinem Beispiel folgten, haben viele große Heilige ihre hohe Stellung als Heilige erlangt. Unter ihnen sagt Ali, dass sein Glaube an die Säulen des Islam so fest sei, dass sein Überzeugtsein selbst dann nicht mehr werden könnte, wenn man den Schleier des Unsichtbaren hebe (Imam Rabbani, *Maktubat*, 1, 157). Von Abdulqadir al-Dschilani wird gesagt, er habe Einblick in die Mysterien des siebenten Himmels gehabt. Diese und viele andere, wie zum Beispiel Fudail Ibn Iyaz, Ibrahim Ibn Adham und Bischr al-Khafi hätten sehr wohl mit der Prophetenschaft betraut werden können, wenn Gott nicht schon ein Siegel auf das Prophetentum gelegt hätte.

Die dunklen Wolken des Nichtwissens sind durch die Führung des Propheten Muhammed (s) vom intellektuellen Horizont des Menschen entfernt worden, und in Wissenschaft und Technik werden als Folge des Lichtes, das er von Gott brachte, noch viele Fortschritte gemacht werden.

Dschihad ist das Vermächtnis der Propheten, und das Prophetenamt hat die Aufgabe, die Menschen dadurch zu Gottes Gnade zu erheben, dass sie geläutert werden. Dschihad ist der Name, der der prophetischen Aufgabe gegeben wurde und dieselbe Bedeutung hat wie das Bezeugen der Wahrheit. So wie Richter Zeugen anhören, um in einem Gericht einen Fall zu entscheiden, so haben auch jene, die Dschihad vollführt haben, Zeugnis von der Existenz und dem Eins-Sein Gottes abgelegt, indem sie sich auf SEINEM Weg angestrengt haben. Der Koran sagt: *Allah hat bezeugt, dass es keine Gottheit außer IHM gibt; und die Engel und die Besitzenden des Wissens, standhaft in der Gerechtigkeit: Es gibt keine Gottheit außer IHM, dem Allmächtigen, dem Allweisen* (Koran, 3:18). Diejenigen, die Dschihad betreiben haben, werden ebenfalls dieselbe Wahrheit im himmlischen Gericht, in dem der Fall der Ungläubigen behandelt wird, bezeugen.

Gott bezeugt SEINE eigene Existenz und SEIN Eins-Sein, und jene, die über einen Wahrnehmungsgrad verfügen, der ausreicht, werden die Realität dieser Aussage erfassen. Die Engel, die von Natur aus absolut rein sind, zeugen auch von dieser unleugbaren Wahrheit sowie jene, die mit Wissen ausgestattet sind und die dritte Gruppe der Zeugen bilden. Selbst wenn jeder die Existenz und das Eins-Sein Gottes leugnen sollte, wäre die Aussage der Genannten ausreichend, um diese Wahrheit festzuschreiben.

Diejenigen, die die Existenz und das Eins-Sein Gottes bezeugen, sollten so weit wie möglich in die entlegensten Gebiete der Welt reisen und diese Wahrheit verkünden. Darin bestand die Aufgabe der Propheten, wie es im Koran berichtet wird, und es sollte auch unsere Aufgabe sein:

> *Gesandte, Verkünder froher Botschaften und Warner, auf dass die Menschen nach den Gesandten nicht etwa gegen Allah ein Argument haben; und Allah ist allmächtig, allweise. Aber Allah bezeugt, was ER dir herabgesandt hat; ER hat es mit SEINEM Wissen herabgesandt. Und die Engel legen Zeugnis ab. Und Allah genügt als Zeuge.*
> (Koran, 4:165-166)

Gott hat aus jedem Volk einen Mann erwählt und ihn zum Propheten ernannt. Von der Zeit des Propheten Adam an wurde jedes finstere Zeitalter in der Menschheitsgeschichte durch die Botschaft eines Propheten erleuchtet - bis hin zur Zeit Muhammeds, der gesandt wurde, um die intellektuellen und spirituellen Horizonte der Menschheit als Ganzes zu erhellen. Der Koran sagt:

WIR haben dich als einen Zeugen und einen Verkünder froher Botschaften und einen Warner gesandt. (Koran, 48:8)

Der Prophet Muhammed (s) wird im Koran als der Prophet *(an-Nabiy)* erwähnt. Die Verwendung des bestimmten Artikels hebt ihn unter den anderen Propheten hervor und weist darauf hin, dass er der Prophet par excellence ist. Er wurde der gesamten Schöpfung, einschließlich der Tiere, Pflanzen und unbelebten Dinge, als Segen gesandt.

Gott spricht Muhammed in vielen Versen des Koran wie im oben zitierten mit den Worten *WIR haben dich gesandt...* direkt an. Das bedeutet, dass er der Prophet ist, der von Gott gesandt wurde, um von SEINER Existenz und SEINEM Eins-Sein Zeugnis abzulegen. Er tat dies in einer Zeit der Unwissenheit, als dies fast jeder leugnete; daraufhin nahmen seine Anhänger an Zahl zu, bis sie in der ganzen Welt zu den Fahnenträgern dieser Wahrheit wurden.

Der Prophet Muhammed (s) überbrachte die gute Nachricht der Glückseligkeit in beiden Welten für diejenigen, die Gutes tun, und Warnungen an diejenigen, die Böses tun. Auf diese Weise kam er der Aufgabe nach, die im Koran Dschihad genannt wird.

Es hat kein Volk gegeben, zu dem Gott nicht einen Propheten gesandt hätte, so dass jedes Volk eine Vorstellung vom Prophetentum hat. Als ein Ausdruck, der zur Beschreibung der Aktivität der Prophetenschaft verwendet wird, ist Dschihad im Herzen eines jeden Gläubigen eingraviert, so dass er eine tiefgreifende Verantwortung für das Verkünden der Wahrheit fühlt, um andere auf den Geraden Weg zu führen.

Der kleinere Dschihad, der gewöhnlich in der Bedeutung des Kämpfens auf dem Wege Gottes verstanden wird, bezieht sich nicht nur auf die Art des Kampfes auf dem Schlachtfeld. Der Ausdruck ist umfassend. Er beinhaltet jede Handlung vom Sprechen bis hin zur Anwesenheit auf dem Schlachtfeld - vorausgesetzt, die Handlung ist um der Sache Gottes willen durchgeführt worden. Ob man spricht oder schweigt, lächelt oder ein griesgrämiges Gesicht macht, sich an einem Treffen beteiligt oder ihm fernbleibt - jede Handlung, die unternommen wird, um das Los der Menschheit zu verbessern, sei es durch Individuen oder Gemeinschaften, geht in die Bedeutung des kleineren Dschihad ein.

Während der kleinere Dschihad von der Mobilisierung aller materiellen Möglichkeiten abhängt und in der äußeren Welt praktiziert wird, bedeutet größerer Dschihad das Kämpfen eines Menschen gegen seine sinnliche Seele. Diese beiden Arten des Dschihad können nicht voneinander getrennt werden. Nur diejenigen, die über ihre sinnlichen Seelen triumphieren, können den kleineren Dschihad ausüben, der dann dem Menschen wiederum hilft, in seinem größeren Dschihad Erfolg zu haben.

Der Gesandte Gottes hat uns gelehrt, wie die beiden Arten des Dschihad ausgeführt werden sollen. Er hat die Prinzipien des Verkündens der Wahrheit etabliert, die bis zum Tag des Gerichtes ihre Gültigkeit besitzen. Wenn wir uns die Art und Weise seines Handelns genauer ansehen, werden wir sehen, dass er äußerst systematisch vorgegangen ist. Das ist ein weiterer Beweis seiner Prophetenschaft und ein wunderschönes Beispiel dafür, wie man in seinem Verhalten dem Weg Gottes folgt.

Der Gesandte Gottes pflegte seine Gebete in den ersten Jahren seiner Prophetenschaft in der Ka`ba zu verrichten. Er hatte dafür noch viel mehr Motive als nur mehr Belohnung von Gott zu erlangen. Seine allererste Absicht war es, den jungen Leuten die Wahrheit zu verkünden, aber ob deren Überheblichkeit war es unmöglich, sie anzusprechen. Sie hätten sich ihm gegenüber wohl ungebührlich benommen. Da er wusste, dass Handlungen beredter sind als Worte, begann er in der Ka`ba zu beten. Als ihre Neugier wuchs, kamen die Jugendlichen zu ihm und befragten ihn über sein Verhalten; und dies gab dem Gesandten Gottes die Gelegenheit, zu ihnen zu predigen.

Während seiner Gebete wurde er oftmals angegriffen. In einem Fall plante Abu Dschahl, den Propheten (s) mit einem großen Stein zu töten, während dieser sich im Gebet zu Boden warf. Abu Dschahl hielt den Stein empor und war bereit, ihn auf den Propheten zu werfen, doch da begann er plötzlich zu zittern, und er wurde bleich vor Angst, während seine Hände bewegungslos über seinem Kopf verharrten. Als er gefragt wurde, was denn passiert sei, antwortete er, dass ein schreckliches Ungeheuer zwischen ihn und den Propheten getreten sei und ihn beinahe verschluckt habe (Muslim, *Munafiq*, 38).

Als bei einer anderen Gelegenheit der Prophet betete, wand Uqba Ibn Abi Mu`ait seinen Turban um des Propheten Hals und versuchte, ihn zu erdrosseln. Als Abu Bakr davon hörte, eilte er zum Ort des Geschehens, um den Propheten zu retten und rief: *Willst du denn einen Mann umbringen, nur weil er sagt: Mein Herr ist Allah?* (Bukhari, *Tafsir, ah-Ghafir*, 40-1; *Fada`ilu as-Sahabi-n-nabiy*, 5). Das war ein Echo auf die im Koran von Gott aufgezeichneten Worte, die in der Zeit des

Propheten Moses von einem Gläubigen ausgesprochen wurden, als er herbeigeeilt war, um ihn vor denen zu retten, die ihn töten wollten.

Der Prophet Muhammed (s) wäre wohl bei einem jener Angriffe dem Märtyrertod zum Opfer gefallen, wenn Gott ihn nicht beschützt hätte. Der Gesandte demonstrierte selbst unter Einsatz des eigenen Lebens öffentlich die Notwendigkeit, die Wahrheit zu verkünden. Abu Bakr pflegte den Koran laut am Fenster seines Hauses zu rezitieren. Diejenigen, die ihn hörten, begannen sich um ihn zu versammeln. Sein Rezitieren zog so viele Menschen an, dass die Führer Mekkas ihn davor warnten, noch weiter zu rezitieren. Ibn Daghinna, der ihn in seinen Schutz gegen die Feindseligkeiten der mekkanischen Ungläubigen genommen hatte, musste sein Beschützen einstellen. Abu Bakr war jedoch fest entschlossen, sein Rezitieren fortzusetzen (Bukhari, *Kafala*, 4). Sei es durch Worte oder durch Handlungen - die Gefährten hörten niemals auf, den Dschihad zu praktizieren, weil sie fest glaubten, dass die Integrität individueller Muslime und der muslimischen Gesellschaft auf ihr derartiges Handeln angewiesen war. Darüber hinaus verstanden sie, dass ein Muslim den Schutz Gottes nur dann sicherstellen kann, wenn er SEINE Religion unterstützt, wie es im Koran heißt: *O ihr, die ihr glaubt, wenn ihr Allah helft, hilft ER euch und festigt eure Schritte.* (Koran, 47:7)

Gottes Hilfe und Schutz sicherzustellen hängt davon ab, SEINE Religion voll und ganz zu unterstützen. Wenn jemand sicher vor dem Abirren sein will, dann muss sein Ziel im Leben darin bestehen, um der Sache Gottes willen zu kämpfen, und seine Handlungen, einschließlich der geringfügigsten - essen, schlafen, einen Beruf wählen und sich dafür ausbilden lassen -, müssen auf dieses Ziel gerichtet werden.

Um zu verstehen, wie dies zu tun ist, wollen wir uns in Erinnerung rufen, wie sich der Prophet und seine Gefährten verhielten:

Die Lebensbedingungen wurden so schwierig, dass es einigen der Gläubigen gestattet wurde, nach Abessinien auszuwandern. Diese Auswanderung war eine Art des Dschihad, wie er zu jener Zeit ausgeführt werden musste. Nach einer zweiten Auswanderung von einigen Gläubigen nach Abessinien, wanderten alle, die in Mekka geblieben oder nach Mekka zurückgekehrt waren, nach Medina aus. In diesem Fall handelte es sich um eine andere Form des Dschihad.

Der Grundstein des islamischen Stadtstaates war gelegt und eine neue Art des Dschihad konnte beginnen. Es war natürlich notwendig, den Gegebenheiten entsprechend zu handeln; manchmal war es erforderlich zu rennen und manchmal, langsam zu gehen. Somit musste das Durchführen des Dschihad seine eigenen Gesetzmäßigkeiten haben. Die Gläubigen übten erst dann Vergeltung für die Angriffe der Ungläubigen gegen sie, als die Erlaubnis, sie zu bekämpfen, in Medina offenbart wurde. Sie waren unaufhörlich schikaniert und gequält worden, hatten sich aber als Antwort mit nur einem passiven Widerstand zufrieden gegeben. Das wurde so fortgesetzt, bis der folgende Vers in Medina offenbart wurde:

> *Erlaubnis wird denen gegeben, die bekämpft werden, dieweil ihnen Unrecht zugefügt wurde; und Allah hat fürwahr die*

Macht, ihnen beizustehen. Denjenigen, die aus ihren Häusern zu Unrecht vertrieben wurden, nur weil sie sagen: "Unser Herr ist Allah." Und wenn Allah nicht die einen Menschen vor den anderen geschützt hätte, dann wären gewiss Klöster und Kirchen und Synagogen und Moscheen, in denen der Name Allah häufig genannt wird, zerstört worden. Und Allah wird wahrlich helfen, wer IHM hilft. Allah ist fürwahr stark, allmächtig.
(Koran, 22:39-40).

Nachdem die Gläubigen jahrelang jede Art von Verfolgung ertragen hatte, reagierten sie auf diese Anordnung mit Begeisterung. Es war nun ihre Pflicht, das Schwert zu ergreifen, und es gab niemanden, der sich verweigert hätte, als der Ruf erscholl, gegen die Ungläubigen zu kämpfen. Nur die Heuchler, also jene, die unfähig sind, sich von Sünden zu reinigen und so die Aufrichtigkeit des Glaubens zu erlangen, vermochten es nicht, auf den Befehl zur Ausführung des Dschihad zu reagieren. Sie bildeten eine verabscheuungswürdige Gruppe von Unruhestiftern, die entweder faul in ihren Häusern saßen oder von den Schlachtfeldern flohen. Sie waren die Sklaven ihrer sinnlichen Seelen und hingen übermäßig an gewissen niederen Begierden. Im Gegensatz dazu eilten diejenigen, die aufrichtig an Gott und SEINEN Gesandten glaubten, auf die Schlachtfelder, wann immer sie dazu aufgerufen wurden zu kämpfen. Da für sie Dschihad das Mittel war, Gott und die Ewigkeit zu erreichen, waren sie so begeistert, als ob sie in den Himmel eingeladen worden wären.

Jeder Mensch betrachtet den Tod als etwas Unangenehmes, und dies galt bis zu einem gewissen Maß auch für einige Gefährten des Propheten. Der Koran sagt:

Vorgeschrieben ist euch der Kampf, und er ist euch ein Abscheu; und es könnte sein, dass ihr etwas hasst, und es ist gut für euch; und es könnte sein, dass ihr etwas liebt, und es ist schlecht für euch. Und Allah weiß, und ihr wisset nicht. (Koran, 2:216)

Solch eine Abneigung ist eine ganz natürliche Charaktereigenschaft des Menschen; nichtsdestoweniger haben die Gläubigen in Wirklichkeit Gott und SEINEM Gesandten niemals den Gehorsam verweigert, und als Gegenleistung gewährte Gott ihnen Erfolge und Siege. Diese Siege gaben den Gläubigen neue Kraft und Energie, und weil sie eine gewisse Anziehung auf die Nachbarstämme hatten, bereiteten sie den Ungläubigen große Sorge.

Die Gläubigen bewahrten sich durch das Mittel des Dschihad ihren Glauben leidenschaftlich und aktiv. Wie ein Baum seine Blätter so lange behält wie er Früchte hervorbringt, so kann ein Gläubiger die Kraft und Energie so lange bewahren wie er den Dschihad praktiziert. Wann auch immer man einen hoffnungslosen Pessimisten antrifft, wird man sehr schnell feststellen, dass es sich um jemanden handelt, der den Dschihad aufgegeben hat. Derartige Menschen sind ihres Geistes beraubt und in Pessimismus versunken, weil sie damit aufgehört haben, die Wahrheit zu verkünden. Wer den Dschihad unaufhörlich ausübt, wird nie seinen Enthusiasmus verlieren und immer versuchen, den Radius seiner Aktivitäten zu erweitern. Jede gute Tat mündet in eine neue, so dass Gläubige niemals des Guten beraubt werden: *Und jene, die sich für UNS abmühten, leiten WIR gewiss auf UNSEREN Wegen; und Allah ist fürwahr mit denen, die rechtschaffen handeln.* (Koran, 29:69)

Es gibt so viele Wege, die zum Geraden Weg führen, wie die

Anzahl der Atemzüge in der Schöpfung, einschließlich die der Menschheit. Wer auch immer sich um der Sache Gottes willen abmüht, den wird ER auf einen dieser Wege führen und davor bewahren, in die Irre zu gehen. Und wer auch immer von Gott auf SEINEN Geraden Weg geführt wurde, führt ein ausgewogenes Leben und überschreitet die Grenzen weder in seinen menschlichen Bedürfnissen und Aktivitäten noch in seiner Anbetung oder seinen sonstigen religiösen Pflichten. Eine derartige Ausgewogenheit ist ein Zeichen wahrer Rechtleitung.

Wie groß die in den Kämpfen mit den Ungläubigen gebrachten Opfer auch gewesen sein mögen, so machen sie dennoch alle den kleineren Dschihad aus. Dieser Aspekt des Dschihad ist nur kleiner, wenn man ihn mit dem größeren Dschihad vergleicht. Der kleinere Dschihad sollte niemals unterschätzt werden: Er versetzt den Gläubigen in die Lage, entweder den Titel eines heiligen Kämpfers des Islam *(Ghazi)* oder den Rang eines Märtyrers *(Schahid)* zu erlangen, was ihm konsequenterweise die Pforten des Paradieses öffnet und ihm die Anerkennung durch Allah sichert.

Der kleinere Dschihad ist das Bemühen um die bestmögliche Erfüllung religiöser Pflichten. Was den größeren Dschihad betrifft, so ist er wirklich viel schwerer zu schaffen, denn er fordert von uns, gegen all unsere eigenen destruktiven Triebe und Gemütszustände wie Arroganz, Rachsucht, Eifersucht, Egozentrik, Eingebildetheit und sinnliche Begierden zu kämpfen.

Obwohl ein Mensch, der den kleineren Dschihad aufgibt, für eine spirituelle Verwilderung anfällig ist, mag er sich doch davon erholen. Alles im Universum preist und glorifiziert Gott mit jedem Atemzug und ist dementsprechend ein

Zeichen für die Existenz und das Eins-Sein Gottes: ein Mensch kann durch eins dieser Zeichen vielleicht zum Geraden Weg geführt werden. Aus diesem Grund sagt man, dass es so viele zum Geraden Weg Gottes führende Wege gibt wie die Atemzüge aller SEINER Geschöpfe. Ein Mensch, der sich vom kleineren Dschihad abwendet, ist verwundbar für irdische Schwächen. Stolz, Konsumsucht und Bequemlichkeit können ihn nach einem Sieg gefangennehmen, und vielleicht sieht er dies als eine Zeit des Ausruhens und der Nachgiebigkeit gegenüber solchen Dingen an. Dies sind einige der Gefahren, die auf jemanden warten, der sich vom kleineren Dschihad abgewandt hat. Und aus diesem Grund hat uns der Prophet (s) durch seine Gefährten gewarnt: Nachdem er nach einem Sieg nach Medina zurückgekehrt war, sagte er: *"Wir kehren gerade vom kleineren Dschihad zum größeren zurück"* (*Kaschful-khafa*, 1, 424).

Die Gefährten des Propheten waren einerseits auf den Schlachtfeldern so wild wie Löwen und andererseits so aufrichtig und demütig wie Derwische bei der Gottesanbetung. Jene siegreichen Kämpfer pflegten die meisten ihrer Nächte im Gebet zu Gott zu verbringen. Als es einmal während eines Kampfes Nacht wurde, mussten sich zwei bei der Wache ablösen. Einer der beiden brachte sein Gebet zu Ende, während der andere schon begann, zu Gott zu beten. Als der Feind diese Situation erkannt hatte, schoss er einen wahren Pfeilhagel auf letzteren ab. Er wurde getroffen und blutete stark; aber er brach sein Gebet nicht ab. Als er seine Andacht beendet hatte, weckte er seinen Freund, der ihn erstaunt fragte, warum er ihn denn nicht früher geweckt habe. Seine Antwort lautete: *Ich rezitierte gerade die Sure 'Die Höhle', und deshalb wollte ich die tiefe Freude, die ich in diesem Gebet fand, nicht unterbrechen.* (Ibn Hanbal, *Musnad*, 3.344; 359).

Die Gefährten fielen in einen tranceartigen Zustand der Ekstase, wenn sie beteten, und sie rezitierten den Koran, als ob er ihnen gerade offenbart würde; und deshalb spürten sie noch nicht einmal die Schmerzen, die die Pfeile, die in ihren Körper eindrangen, hervorriefen. Dschihad fand in seinem kleineren und größeren Aspekt in ihnen einen vollkommenen Ausdruck.

Der Prophet verband diese beiden Aspekte des Dschihad in perfekter Weise in seiner eigenen Person. Er bewies auf den Schlachtfeldern einen monumentalen Mut. Ali, der einer der Mutigsten im Islam war, bekennt, dass die Gefährten sich in den kritischsten Augenblicken des Kampfes hinter dem Propheten in Sicherheit brachten. Um ein Beispiel zu nennen: Als die muslimische Armee in der ersten Phase der Schlacht von Hunain zurückwich und sich zu zerstreuen begann, trieb er sein Pferd in die Reihen der Feinde und schrie laut, um seine Soldaten, die sich auf der Flucht befanden, wieder zurückzurufen: *Ich bin ein Prophet, wahrlich, ich lüge nicht; ich bin der Enkel von Abdul-Muttalib, wahrlich, ich lüge nicht!* (Bukhari, *Dschihad*, 52, 61, 67)

Wie er der Mutigste aller Menschen auf den Schlachtfeldern war, so war er auch der Eifrigste in der Anbetung Gottes. Er wurde von Liebe und Gottesfurcht in seinem Gebet verzehrt, und diejenigen, die ihn sahen, fühlten eine große Hochachtung vor ihm. Er fastete häufig mehrere Tage hintereinander. Manchmal verbrachte er die ganze Nacht im Gebet, und seine Füße schwollen infolge der langen Zeitdauer des Stehens im Gebet an. Einmal dachte Aischa, sein Verweilen im Gebet dauerte doch extrem lange, und so fragte sie ihn, warum er sich unter Berücksichtigung dessen, dass seine Sünden doch schon alle vergeben worden seien, so vielen Strapazen aussetze. *Soll ich denn nicht ein Diener sein, der Allah dankbar ist?* lautete seine Antwort (Bukhari, *Tahadschdschud*, 6).

Der Prophet war so mutig, dass er, als eine Anzahl von Polytheisten so nahe bei ihm und Abu Bakr war, als sie sich in der Höhle von Thaur verbargen, dass sie sie fast entdeckten, einfach sagte: *Bekümmere dich nicht; Allah ist zweifelsohne mit uns* (Bukhari, *Fada`ilus-sahaba*, 2). Andererseits war er derart gutherzig, dass er heftig weinte, wenn er den Koran rezitierte oder ihm zuhörte. Er bat einmal Ibn al-Masud, einen Abschnitt zu rezitieren. Ibn al-Masud entschuldigte sich und sagte, er könne nicht jemandem den Koran rezitieren, dem er offenbart werde. Der Gesandte Gottes bestand jedoch darauf und sagte, dass er sich sehr darauf freue, jemand anderem bei der Koranrezitation zuzuhören. Daraufhin begann Ibn al-Masud die Sure *an-Nisa* zu rezitieren. Als er beim Vers ankam *Aber wie, wenn WIR von jedem Volk einen Zeugen bringen und dich als Zeugen wider jene bringen?* (Koran, 4:41), bat der Prophet ihn aufzuhören, weil er aus Furcht vor Gott nicht mehr standhalten könne. Ibn al-Masud erzählt den Rest der Geschichte: *Der Gesandte Allahs vergoss in solch einem Maße Tränen, dass ich mit dem Rezitieren aufhörte* (Bukhari, *Fada`ilul-Qur`an*, 32, 33, 35). Der Prophet war so gutherzig wie mutig. Er sagte, er bitte Gott täglich mindestens siebzigmal um Vergebung, und drängte seine Gemeinschaft wiederholt, sie müsse Gott um Vergebung bitten (Bukhari, *Da`wat*, 3).

Wer beim größeren Dschihad Erfolg hat, wird mit ziemlicher Sicherheit auch beim kleineren Dschihad Erfolg haben; umgekehrt ist dies aber keineswegs der Fall. Wer beim größeren Dschihad versagt, kann nicht erwarten, im kleineren erfolgreich zu sein.

Aischa erzählt: *Eines Nachts bat mich der Gesandte Allahs um Erlaubnis, sein freiwilliges Mitternachtsgebet verrichten zu dürfen.* (Er war ein so feinfühliger Mensch, dass er sogar von seinen Frauen die Erlaubnis einholte, Gott während der Zeit, die ihnen gehörte, anbeten zu dürfen.) Aischa fährt fort: *Ich sagte: Wie sehr auch immer ich deine Gesellschaft wünsche, noch mehr wünsche ich, dass du das tust, was du wünschst. Dann vollzog er seine Gebetswaschung (Wudu) und begann mit dem Gebet.* Er rezitierte den Vers *"Fürwahr, in der Schöpfung der Himmel und der Erde und im Wechsel der Nacht und des Tages sind gewiss Zeichen für die Einsichtigen"* (Koran, 3:190) *immer und immer wieder und vergoss Tränen bis zum Tagesanbruch* (Ibn Kathir, *Tafsir, Al-Imran*, 190).

Der Gesandte Gottes stand manchmal auf, um zu beten, ohne dabei seine Frau zu wecken, da er ihren Schlaf nicht stören wollte. Aischa berichtet wieder: *Eines Nachts wachte ich auf und sah, dass der Gesandte Allahs nicht da war. Da ich dachte, dass er bei einer anderen seiner Frauen war, wurde ich sehr eifersüchtig. Als ich dabei war aufzustehen, berührte in der Dunkelheit meine Hand seinen Fuß. Er befand sich gerade in der Gebetsniederwerfung und sagte in seinem Gebet: O Allah, ich suche Zuflucht vor DEINEM Zorn bei DEINEM Wohlgefallen; ich suche Zuflucht vor DEINER Bestrafung bei DEINER Vergebung. O Allah, ich suche Zuflucht vor DIR bei DIR, ich suche Zuflucht vor DEINER Pein bei DEINER Gnade, vor DEINER majestätischen Erhabenheit bei DEINER Barmherzigkeit, vor DEINER unaufhaltsamen Macht bei DEINEM Mitgefühl; und ich bin nicht in der Lage, DICH zu preisen wie DU DICH preist* (Muslim, *Sala*, 22; Haythami,

Madschma`uz-zawa`id, 10, 124; Tirmidhi, *Da`wat*, 81).

Die Gefährten des Propheten waren sich der Verpflichtung, ihm in jeder ihrer Handlungen zu folgen, sehr wohl bewusst und taten ihr Bestes, seiner Gesellschaft im Jenseits würdig zu sein. Einige von ihnen wurden bei dem Gedanken, von ihm im nächsten Leben getrennt zu sein, ganz verzweifelt - so verlor zum Beispiel Thauban seinen Appetit. Er konnte an keinem einzigen der Feldzüge der Propheten teilnehmen. Nach der Rückkehr des Propheten besuchte ihn jeder, und auch Thauban war unter ihnen. Er war so blass, dass Allahs Gesandter nicht anders konnte als ihn nach seiner Gesundheit zu fragen. Die Antwort Thaubans lautete: *O Gesandter Allahs, ich bin von der Angst erfüllt, von dir im Jenseits getrennt zu sein. Du bist der Gesandte Allahs, und somit wirst du das Paradies betreten, aber ich weiß nicht, ob ich es verdienen werde; und selbst wenn Allah es mir gestatten wird, dann wird dein Aufenthaltsort weit über meinem liegen. In diesem Fall wird es mir nicht möglich sein, jemals in deiner Nähe zu sein. Ich weiß nicht, wie ich das ertragen können werde, zumal ich doch sehe, dass ich es noch nicht einmal aushalte, drei Tage von dir in dieser Welt getrennt zu sein. Thauban wurde seiner Sorgen entledigt, als er die folgende gute Nachricht vom Gesandten Allahs hörte: Ein Mensch wird immer in der Gesellschaft dessen sein, den er liebt* (Bukhari, *Adab*, 96; Muslim, *Birr*, 1650).

Jemanden zu lieben bedeutet, seinem Vorbild in diesem Leben zu folgen, und die Gefährten des Propheten schenkten dem mehr Beachtung als alle andere Menschen.

Umar (r) war eifrig darauf bedacht, Familienbande mit dem Gesandten Gottes zu knüpfen. Er versuchte dies durch das Verheiraten mit Fatima, aber sie wollte nicht ihn, sondern nur Ali heiraten. Später heiratete er während der Zeit seines

Kalifats Umm Kulthum, die Tochter Alis. Wenn er gewollt hätte, hätte er die Tochter eines jeden Herrschers der damaligen Zeit heiraten können, aber sein einziger Wunsch war es, mit der Familie des Propheten verbunden zu sein. Der Grund war einfach der, dass er den Gesandten Gottes hatte sagen hören, dass keine genealogischen Verbindungen im Jenseits von Vorteil sein würden außer solche mit seiner Familie.

Umar war dem Gesandten Gottes zutiefst ergeben. Der Prophet ergriff oft seine Hand und sagte: *Wir werden auch im Jenseits so sein* (wie die beiden Hände zusammen). Trotzdem wünschte er auch Familienbande mit ihm, und deshalb gab er seine Tochter Hafsa dem Propheten (Friede sei mit ihm!) zur Frau und heiratete des Propheten Enkelin Umm Kulthum. Einmal sagte Umars Tochter Hafsa zu ihm: *Mein lieber Vater, manchmal kommen Gesandte aus dem Ausland, und manchmal empfängst du Botschafter; ich denke, du solltest lieber deine Kleidung erneuern. Umar war von diesem Vorschlag geschockt und entgegnete: Wie kann dann meine Gesellschaft mit meinen beiden Freunden, dem Propheten und Abu Bakr, Bestand haben? Ich muss ihrem Beispiel so genau folgen, dass es mir möglich sein wird, mit ihnen im Jenseits zu sein.*

Der Gesandte Gottes und seine Gefährten waren im größeren Dschihad erfolgreich, und ihre Ergebenheit gegenüber Gott war sehr stark ausgeprägt. Sie verbrachten so viel von ihrer Zeit in Gebeten, dass diejenigen, die sie sahen, dachten, dass sie gar nichts anderes mehr täten. Das war natürlich überhaupt nicht der Fall, denn sie führten ein vollkommen ausgewogenes Leben.

Sie waren zutiefst aufrichtig in ihren Handlungen; sie taten alles nur um der Sache Gottes willen und versagten niemals dabei, sich selbst zu disziplinieren. Umar hielt einmal gerade eine Predigt, als er plötzlich ohne ersichtlichen Grund die folgenden Worte einwarf: *O Umar, du warst ein Hirte, der deines Vaters Schafe weiden ließ.* Als er nach dem Gebet gefragt wurde, warum er dies gesagt habe, antwortete er: *Mir war eingefallen, dass ich der Kalif war, und da befürchtete ich, ich könnte Stolz empfinden.* Eines Tages sah man ihn, wie er auf seinem Rücken einen Sack trug. Als er nach dem Grund gefragt wurde, lautete seine Antwort: *Ich fühlte in mir einen gewissen Stolz, und da hatte ich den Wunsch, dieses Gefühl loszuwerden.*

Umar Ibn Abdul-aziz schrieb an einen seiner Freunde einen Brief und zerriß ihn dann. Als man ihn fragte, warum er dies getan habe, erklärte er: *Ich war stolz auf seinen beredten Stil, und deshalb habe ich ihn zerrissen.*

Nur ein Dschihad, der von derart perfekten Seelen ausgeführt wird, führt zu effektiven Resultaten. Wer noch nicht in der Lage ist, sich von Stolz, Eigennutz und Unaufrichtigkeit zu befreien, wird sehr wahrscheinlich der Sache des Islam großen Schaden zufügen, und ich möchte ausdrücklich betonen, dass derartige Menschen niemals das erhoffte Ergebnis erlangen werden.

Es gibt im Koran einige Verse bzw. Abschnitte, die die beiden Arten des Dschihad beschreiben. Einer davon ist die Sure an-Nasr:

> *Wenn Allahs Unterstützung kommt und der Sieg, und wenn du die Menschen scharenweise in die Religion Allahs eintreten siehst, dann lobpreise deinen Herrn und bitte IHN um Vergebung; ER nimmt fürwahr Reue gnädig an.* (Koran, 110:1 - 3).

Als die Gläubigen den kleineren Dschihad durchführten - sei es durch Kämpfen auf dem Schlachtfeld oder durch Verkünden der Wahrheit - sowie das Rechte zur Pflicht machten und das Falsche verboten, kamen Gottes Unterstützung und Sieg, und die Menschen begannen, dem Islam in Scharen beizutreten. In diesem Moment ordnete der Allmächtige an, dass SEINE Lobpreisungen verherrlicht und SEINE Vergebung erstrebt werden sollen. Da aller Erfolg und Sieg von Gott kommt, muss allein ER gepriesen und angebetet werden.

Wenn der Mensch den Triumph über den Feind mit dem Triumph über seine sinnliche Seele verbinden kann, dann wird er den Dschihad in vollkommener Weise ausgeübt haben. Von Aischa wird berichtet, dass der Gesandte Gottes nach der Offenbarung der Sure an-Nasr oft das folgende Gebet gesprochen hat: *Ich verherrliche DICH mit Lobpreisungen, o Allah; ich strebe nach DEINER Vergebung, und ich wende mich in Reue an DICH* (Tirmidhi, Da`wat, 81).

Der Prophet drückt diese beiden Aspekte des Dschihad zusammen in einem seiner Aussprüche wie folgt aus: *Die Augen von zwei Personen werden niemals das Höllenfeuer sehen: Die Augen eines Soldaten, der an den Grenzen und auf den Schlachtfeldern Wache hält, und die Augen eines Menschen, der aus Furcht vor Allah Tränen vergießt* (Tirmidhi, Fada`ilus-sahaba, Dschihad, 12).

Es ist der kleinere Dschihad, ohne zu schlafen an den Grenzen und auf den Schlachtfeldern Wache zu halten, während das Läutern von Sünden durch Vergießen von Tränen aus Furcht vor Gott der größere Dschihad ist. Jeder Gläubige, der im Dschihad Erfolg hat, wird den Qualen des Höllenfeuers entgehen. Dschihad sollte jedoch in seiner

Gesamtheit betrachtet werden. Diejenigen, die sich unter dem Deckmantel des Verkündens der Wahrheit mit Sophisterei befassen und etwas vorschlagen, was sie in Wirklichkeit gar nicht durchführen wollen, werden in den Reihen der Muslime nur Probleme verursachen. Da sie nicht fähig sind, sich selbst zu disziplinieren und sich Eigennutz, Großspurigkeit und den Wunsch, andere zu beherrschen, abzugewöhnen, bringen sie in die Sache des Islam nur Disharmonie. Andererseits reduzieren diejenigen, die in fast totaler Abgeschiedenheit leben und versuchen, ein gewisses hohes Niveau des Geistes zu erreichen, ohne sich dafür einzusetzen, die Wahrheit zu verbreiten, den Islam lediglich zu einem spirituellen System wie gewisse Aspekte des Yoga dies tun. Derartige Menschen argumentieren, dass die allererste Pflicht eines Muslim darin bestehe, spirituelle Reife zu erlangen, um somit vor der Hölle gerettet zu werden; sie bedenken aber nicht, dass diejenigen, die sich selbst als vor der Hölle sicher betrachten, die Betrogenen sind. Niemand kann sicher sein, gerettet zu sein, und Gott ordnet an, dass wir IHM so lange wie wir leben dienen sollen: *Und bete deinen Herrn an, bis dass die Gewissheit zu dir kommt.* (Koran, 15:99).

Ein Gläubiger sollte sich weder als von den Höllenqualen befreit betrachten noch die Hoffnung auf Gottes Gnade und Vergebung aufgeben. Er sollte vor Gottesfurcht beben, wie es Umar tat, aber seine Furcht sollte ihn nicht davon abhalten, auf das Betreten des Paradieses zu hoffen, denn der Koran sagt: *Und für den, der das Stehen vor seinem Herrn fürchtet, sind zwei Gärten.* (Koran, 55:46).

Um noch einmal zusammenzufassen, was bisher gesagt wurde:

Wahrer Dschihad beinhaltet sowohl die kleineren als auch die größeren Aspekte, und weder in der Vergangenheit noch in der Gegenwart haben alle vernünftigen muslimischen Gelehrten und Führer die beiden jemals voneinander getrennt. Sie haben nie aufgehört, selbst in Gefängnissen die Wahrheit zu verkünden, und haben nie im Dienen Gottes nachgelassen: Sie haben ihre Nächte vor ihrem Herrn verbracht und sich im Gebet niedergeworfen und gestanden. Jede Handlung von ihnen hat ihren Glauben gestärkt und sie dazu gebracht, an Glauben und Kraft zuzunehmen, sowie noch aktiver auf dem Wege Gottes zu werden. Sie haben ihr ganzes Leben lang in der Überzeugung verbracht, dass Gott stets über sie wacht. Das Ergebnis war, dass Gott als Gegenleistung dafür, dass sie IHN durch ihre Taten zufriedengestellt haben, ihnen immer geholfen und ihre Taten mit großem Erfolg gekrönt hat. Der Soldat im Dschihad muss in seinem Glauben und bei seinen Handlungen absolut aufrichtig sein und die Absicht haben, nur nach der Anerkennung Gottes zu streben. Er wird sich jedem in Aufrichtigkeit, gutem Willen und Gutherzigkeit nähern und niemals auf Sophisterei in seinen Predigten zurückgreifen oder nutzlose Informationen an seine Zuhörer weitergeben.

Dschihad bedarf einerseits der Selbstbeherrschung und andererseits des Verkündens der Wahrheit. Es sind sowohl das Besiegen sinnlicher Begierden als auch das Ermutigen anderer, dasselbe zu tun, erforderlich. Ersteres zu vernachlässigen zieht Anarchie in der Gesellschaft nach sich, letzteres Trägheit. Es ist heutzutage notwendig, ein wahres Verständnis über den Islam im Allgemeinen, und über Dschihad im Besonderen zu erreichen. Das kann nur durch striktes Befolgen der Sunna des Propheten Muhammed (s) realisiert werden.

Wie glücklich sind diejenigen, die sich auf dem Wege Gottes abmühen, um sich selbst wie auch andere zu retten; und glücklich sind in der Tat die, die sich unter dem Vorwand, andere zu retten, nicht selbst vernachlässigen.

6.7

Es gibt Leute, die sagen, dass Muslime um der Eroberung und Ausbeutung willen in Territorien eingedrungen sind und sie diese besetzt haben wie es auch westliche imperialistische Mächte getan haben. War dies so?

Hierbei handelt es sich um verschiedene Behauptungen, die von den Feinden des Islam aufgestellt wurden, um den Islam in Zweifel zu ziehen und den Verstand der Muslime, die ihre eigene Geschichte nicht so gut kennen, durcheinanderzubringen.

Wie sollte denn zunächst einmal vor vierzehnhundert Jahren jemand, der in Mekka oder Medina lebte, sich damit befassen, seinen eigenen Clan oder Stamm auszubeuten? Gibt es irgendeine historische Aufzeichnung über irgendjemanden, der sein eigenes Land besetzte, in dieses einmarschierte und dieses Land und seine Blutsverwandten ausbeutete? Wenn die Länder und Völker, von denen behauptet wird, sie seien ausgebeutet worden, zudem noch jene des Hedschas gewesen sein sollen, die doch arm, unfruchtbar und karg waren, wer sollte dann den Wunsch gehabt haben, sie zu jener Zeit einzunehmen und auszubeuten? Den edel gesinnten Muslimen, die ihr Leben riskierten, um die Botschaft des Islam zu anderen Völkern zu bringen, die den größten Teil ihres Lebens weit weg von ihren Kindern, ihren Familien und ihrer Heimat verbrachten, um gegen zehn- oder zwanzigmal so große Armeen zu kämpfen, und die zutiefst betrübt waren, wenn sie dafür nicht auf dem Schlachtfeld starben und deshalb nicht mit den ruhmreichen Gefährten des Propheten als Märtyrer für den Islam zusammen sein konnten, imperialistischen Kolonialismus vorzuwerfen, ist sowohl unerhört als auch absurd. Wir fragen uns, welches weltliche Ziel jene Muslime für ein derartiges Bemühen, Entbehren und Opfern erreichten!

Diejenigen, die mit den schlimmsten Absichten (und schlimmsten Folgen) des Imperialismus einmarschierten, besetzten und ausbeuteten, sind machthungrige Individuen oder Nationen, von Alexander bis Napoleon, von den Römern zu den Deutschen und von der russischen Diktatur bis zur amerikanischen Weltmacht. Wo auch immer derartig motivierte Eroberungen sich ereigneten, sie verdarben die Moral und verursachten Chaos, Konflikte, Tränen, Blutvergießen und Verwüstung. Heute machen sich die Erben dieser Art von Eroberern wie ein unverfrorener Dieb, der den Hauseigentümer täuscht, um seinen Diebstahl aus eben diesem Haus zu verbergen, daran, den Islam, seinen Propheten und seine ruhmreichen Gefährten zu besudeln.

In keiner Epoche der Geschichte und in keiner Gegend der Welt haben Muslime - als Muslime, als Individuen oder kollektiv als Regierung oder Nation - Menschen ausgebeutet oder andere, die unter dem Herrschaftsbereich der muslimischen Regierung standen, dazu veranlasst.

Zu einer Zeit, in der muslimische Armeen von einem Triumph zum anderen zogen, sagte der Kalif `Umar: *"Es ziemt sich für mich, auf dem Niveau der ärmsten Muslime zu leben."* Und so verhielt er sich auch. Wen hätte dieser Kalif eines so großen Staates ausbeuten sollen, da er doch für seinen eigenen Lebensunterhalt jeden Tag nur ein paar Oliven nahm?

Als nach einer Schlacht ein Muslim aufgefordert wurde, den Besitz eines feindlichen Soldaten, mit dem er gekämpft und den er getötet hatte, an sich zu nehmen, sagte er: *"Ich habe an dieser Schlacht nicht teilgenommen, um Beute zu machen."* Und indem er auf seine Kehle zeigte, fuhr er fort: *"Was ich mir wünsche, ist durch einen Pfeil hier getroffen zu werden und als Märtyrer zu fallen."* Und dies geschah dann auch wirklich so. Wen hätte dieser Muslim ausbeuten sollen, da er doch nur den brennenden Wunsch hatte, als Märtyrer zu sterben?

Bei einer anderen Schlacht kämpfte ein muslimischer Soldat mit einer führenden Persönlichkeit des Feindes, die viele Muslime getötet hatte, und tötete sie. Der Befehlshaber der muslimischen Armee sah ihn an seinem toten Feind vorbeigehen. Der Befehlshaber ging zu dem toten Soldaten und rief den Muslim, der ihn getötet hatte. Der Muslim wollte dem Ruf nicht Folge leisten, aber der Befehlshaber rief ihn im Namen Gottes zurück. Der Muslim fühlte sich daraufhin verpflichtet zu gehorchen, verbarg aber sein Gesicht hinter einem Stück Tuch. Zwischen dem Befehlshaber und dem Muslim, der sein Gesicht verbarg, entwickelte sich folgendes Gespräch:

- Hast du ihn um der Sache Gottes willen getötet?

- Ja.

- Gut! Nimm also dieses Tausend-Dinar-Stück!

- Aber ich tat es doch um der Sache Gottes willen!

- Wie ist dein Name?

- Was bedeutet dir schon mein Name? Vielleicht wirst du ihn jedem weitererzählen und dadurch veranlassen, dass ich des Lohnes *(Thawab)* für diese Tat im Jenseits verlustig werde?

Sollte es nun überhaupt noch möglich sein, dass derartige Männer Menschen Leute ausplündern und überall in der Welt Kolonien errichten? Ehrlich gesagt werden wohl diejenigen, deren Hass und Feindschaft gegen die Muslime solch ein Niveau erreicht haben, dass sie derartig offensichtige Unwahrheiten behaupten, nie die Wahrheit sehen und hören bzw. nachdenklich und vernünftig werden!

Wir wollen uns einmal anschauen, was denn Ausbeutung und Imperialismus überhaupt sind.

Imperialismus, oder in anderen Worten Kolonisation, ist eine Herrschaftsform, bei der ein reiches und mächtiges Land über andere Länder, deren Handel und deren Politik die Kontrolle ausübt und sich auf Kosten der anderen noch reicher und noch stärker macht. Die Art und Weise der Ausbeutung ist jedoch nicht immer dieselbe. In der heutigen Welt kann man von folgenden Formen reden:

1. Absolute Invasion und Souveränität. Das bedeutet, ein Land zu erobern und seine Ureinwohner zu enteignen sowie die direkte Herrschaft und Souveränität der Invasoren zu etablieren. Beispiele hierfür sind die Amerikaner und die Indianer, die britischen Siedler und die Aborigines in Australien sowie die jüdischen Siedler und die Palästinenser

in Palästina.

2. Militärische Besatzung. Das bedeutet, eine Nation durch den Einsatz von Waffengewalt zu unterwerfen und auf diese Weise in das Leben dieser Nation einzugreifen und sich einzumischen, um ihr Land und ihre Ressourcen zu kontrollieren, wie also zum Beispiel die Briten in Indien regierten.

3. Einmischung und Intervention. Das bedeutet, sich in die internen und nach außen gerichteten Angelegenheiten sowie in die Wirtschaft und Verteidigung eines Landes offen oder im Geheimen einzumischen. Hier gelten als Beispiel alle Länder der Dritten Welt, die eindeutig von den Industriestaaten manipuliert und kontrolliert werden.

4. Austausch von Intellektuellen. Das ist die gebräuchlichste und gefährlichste Art des Imperialismus in der heutigen Zeit. Die jungen, intelligenten und begabten Leute der auszubeutenden Länder werden ausgewählt, mit Stipendien versehen, im Ausland ausgebildet und in verschiedene Lobbies und Logen eingeführt und als Mitglieder aufgenommen, um später in der Administration des jeweiligen Landes Einfluss zu gewinnen und somit sein Schicksal zu beeinflussen. Auf diese Weise werden entweder einheimische oder ausländische Leute, die mit den Ausbeutern im Ausland verbunden sind, in entscheidende Positionen des Staatsapparates eingeschleust, und die Burg wird von innen erobert.

Im vergangenen Jahrhundert wandten die westlichen Imperialisten diese letztgenannte Eroberungsmethode in großem Stil an und gewannen unglaublichen Einfluss und Erfolg. Auf diese Weise erreichten sie sanft und ohne offenes

Erzeugen von Feindschaft bei dem Volk, das sie unterwerfen wollten, ihre Ziele. Die Völker der muslimischen Welt sitzen heutzutage mehr oder weniger alle in der Falle und werden somit missbraucht und ausgebeutet.

Zu welcher Art von Imperialismus auch immer die Länder gehören, leiden sie unter einer ganzen Anzahl von Folgen:

1. Durch verschiedene Integrationsmethoden werden die Leute ihren eigenen Werten, ihrer nationalen Kultur und ihrer Geschichte entfremdet; auf diese Weise stürzen sie in Identitätskrisen und leiden unter Ziellosigkeit; weder kennen sie ihre eigene Vergangenheit noch sind sie in der Lage, ihre eigene Zukunft zu gestalten.

2. Enthusiasmus, Anstrengungen und Eifer, ihr eigenes Land zu unterstützen und zu entwickeln, werden gedämpft. Die Industrie steht unter der Abhängigkeit von den imperialistischen Ländern; Wissenschaft und Bildung werden unproduktiv und zweitrangig gehalten; an Stelle von Freiheit des Lernens und Forschens wird eine mentale Attitüde des Imitierens etabliert.

3. Die Leute sterben nicht und erwachen nicht zu neuem Leben, sondern erleiden eine mörderische Abhängigkeit von Ausländern. Die Leute werden durch leere Phrasen wie Fortschritt, Verwestlichung, Zivilisation und ähnliches ruhig gestellt und getäuscht.

4. Alle Institutionen des Staates werden durch ausländische Hilfe, d.h. durch massive finanzielle und kulturelle Schulden, unterwandert. Import und Export sowie Entwicklung stehen unter vollständiger Kontrolle oder Sanktionierung der ausbeutenden Länder.

5. Während keine Anstrengung unterlassen wird, die Masse der einfachen Leute in Armut zu halten, werden die herrschenden Klassen daran gewöhnt, extravagant und luxuriös zu leben. Auf diese Weise wird das Gefühl der Unzufriedenheit unter das Volk gesät, und die Leute werden zu Konflikten und zum gegenseitigen Bekämpfen veranlasst, wodurch sie für immer anfällig für Einfluss und Intervention von außen werden.

6. Da Einfallsreichtum des Verstandes und des Geistes unterdrückt wird, neigen Bildungseinrichtungen zur Imitation ausländischer Gedanken, Inhalte und Themen; die Industrie wird auf das Zusammensetzen schon hergestellter Teile reduziert, und die Armee tendiert dazu, zum Schrotthaufen der imperialistischen Länder zu werden; um die Industriezweige jener Länder am Leben zu halten, wird teures Material eingekauft.

Wir fragen uns, ob es wirklich rational und möglich ist, die islamischen Eroberungen mit dem imperialistischen Herrschaftssystem, das derartig katastrophale Folgen mit sich bringt, zu vergleichen.

Zunächst einmal hat der Islam niemals einen großen Exodus der Leute aus ihren Häusern und Ländern herbeigeführt oder die Leute durch das Anlegen von Ketten an Händen und Füßen am Arbeiten gehindert. Er hat den Leuten die Freiheit gelassen, ihre Anschauungen und ihren Glauben ohne Einschränkungen zu praktizieren, und sie genauso beschützt wie er die Muslime beschützt. Die muslimischen Gouverneure und Herrscher wurden wegen ihrer Gerechtigkeit und Integrität respektiert, und Gleichheit, Frieden und Sicherheit wurden zwischen den verschiedenen Gemeinschaften etabliert. Wenn es anders gewesen wäre, hätten sich dann die Christen in Damaskus in ihrer Kirche versammelt und zu Gott um den Sieg der Muslime gegen das christliche Byzanz, das Damaskus von den Muslimen zurückerobern wollte, gebetet? Wenn die Muslime sich nicht so verhalten hätten, hätten sie dann so viele Jahre lang die Sicherheit in einem so riesigen Staat, in dem man mehr als sechs Monate brauchte, um von einem Ende zum anderen zu reisen, aufrechterhalten können? Man kann gar nicht anders als die muslimischen Herrscher und die dynamische Energie, die sie sich so verhalten ließ, zu bewundern, wenn man sie mit den Herrschern der heutigen Zeit vergleicht, die noch nicht einmal in einem kleinen Land Frieden und Sicherheit aufrechterhalten können, obwohl ihnen sämtliche Mittel des Transports, der Telekommunikation und der militärischen Unterstützung zur Verfügung stehen. Viele Gelehrte und Intellektuelle, die den Wert der Dynamik des Islam, der einst die globale Souveränität des Islam herbeiführte und die Basis unseres ewigen Seins im Jenseits bilden wird, erkennen, teilen uns ausdrücklich mit, dass die Muslime sich wiederbesinnen und sie wiedererlangen sollten. Als die Muslime Länder eroberten, eroberten sie auch die Herzen der dort lebenden Menschen. Sie wurden von den Einwohnern mit Liebe, Respekt und Gehorsam empfangen. Es hat kein einziges Volk, das den Islam akzeptiert hat, jemals darüber Beschwerde geführt, dass es durch das Eintreffen der Muslime kulturell behindert oder ruiniert worden wäre. Ein offensichtlicher Kontrast zu den Eroberungen des christlichen Westens.

Die Muslime der Anfangszeit des Islam schätzten das Wissenspotenzial und die Leistungsfähigkeit der Geisteswissenschaften der Länder, in die sie kamen. Sie nutzten und unterstützten jede Gelegenheit für die Gelehrten und

Wissenschaftler, dass sie weitermachen sollten. Unabhängig davon, welcher Religion jene Leute angehörten, achteten die Muslime sie sehr und brachten ihnen in ihrer Bevölkerungsgruppe großen Respekt entgegen. Sie verhielten sich nie so wie es die Amerikaner gegenüber den amerikanischen Indianern, die Franzosen gegenüber den Algeriern, die Briten gegenüber den australischen Aborigines oder die Niederländer gegenüber den Indonesiern taten. Sie behandelten ganz im Gegenteil die Menschen der von ihnen eroberten Länder so als ob sie aus ihrem eigenen Volk kämen und ihrer eigenen Religion angehörten und verhielten sich ihnen gegenüber wie Brüder.

Der Kalif Umar sagte zu einem koptischen Ägypter, der von einem mekkanischen Adligen geschlagen worden war: "Geh und schlage ihn in derselben Weise!" Als Umar hörte, dass Amr Ibn al-As die Gefühle eines gebürtigen Ägypters verletzt hatte, wies ihn Umar zurecht, indem er sagte: "Menschen sind als freie Wesen geboren. Warum machst du sie zu Sklaven?" Als Umar die Schlüssel für die Al-Aqsa-Moschee entgegennahm, besuchte er die Priester in verschiedenen Kirchen in Palästina und unterhielt sich mit ihnen. Als er einmal in der Kirche war, war es gerade Zeit für eines der Gebete. Der Priester bat Umar mehrmals, das Gebet in der Kirche zu verrichten. Umar sagte jedoch: "Andere Christen könnten dir später Vorwürfe machen, dass du Umar hast in der Kirche beten lassen." Deshalb verließ er das Kirchengelände und betete auf dem Erdboden. Dies sind nur einige wenige Beispiele, die darauf hinweisen, wie sensibel, tolerant, gerecht und menschlich die Muslime gegenüber anderen Menschen waren. Zu einer Einstellung derart ernstgemeinter Toleranz ist außer den Muslimen kein anderes Volk oder keine andere Gesellschaft gelangt.

6.8

Was bedeutet *Tanasukh* (Reinkarnation)? Steht dies in irgendeiner Art und Weise im Einklang mit den Lehren des Islam?

Tanasukh bezieht sich auf die Seelenwanderung, eine Lehre, dass die Seele nach dem Tod weiterwandert, um in einem anderen Körper zu leben, dann wieder stirbt und wieder in einen anderen Körper wandert, usw. Diese Lehre nennt man Reinkarnation oder Metempsychose. Es handelt sich natürlich nicht um eine islamische Lehre.

Der Glaube an diese Lehre der endlosen Zyklen von Geburt, Tod und Wiedergeburt kann in irgendeiner Form in fast allen primitiven oder hochentwickelten Gesellschaften vorgefunden werden. Abweichungen innerhalb dieser Lehre existieren gemäß örtlicher und regionaler Unterschiede des Glaubens und der volkstümlichen Kultur. Besonders in den stark materialistischen Gesellschaften ist es in gewissen kleinen Zirkeln von Menschen, die behaupten - ob es nur ein Witz ist oder wirklich Ernst, ist nicht klar -, dass der Geist der Toten weiterwandert, wobei er manchmal physische Formen annimmt, und die Lebenden beeinflussen kann, bis dieser Geist sich in seinem neuen Körper niederlässt, schon fast Mode, einen pseudo-religiösen Glauben zu haben. Es wäre hier nicht angebracht, auf Einzelheiten der verschiedenen Formen und Modeerscheinungen dieser Lehre einzugehen; sinnvoller wäre es dann schon vielleicht, ihren wesentlichen Gehalt darzustellen und sie aus dem Blickwinkel des Islam zu betrachten.

Ein Argument für das enorme Alter der Lehren der Reinkarnation ist der Beweis in der Literatur des Altertums, in den Geschichten der Metamorphose - zum Beispiel Ovids schillernde Übertreibungen dieses Namens, in denen Götter menschliche und tierische Gestalt annehmen, Menschen in eine Vielfalt von verschiedenem Aussehen schlüpfen, usw. Aber diese Geschichten bilden noch keine Lehre; die Lehre hat nicht einfach etwas mit einer farbenprächtigen Veränderung der Form zu tun, sondern mit einem Glauben, dass jede einzelne Seele jede Ebene der Schöpfung, jede belebte oder unbelebte und empfindungsfähige oder empfindungslose Spezies der Lebensform durchlaufen muss. Wenn wir darüber nachdenken, werden wir sehr schnell feststellen, dass die Lehre wirklich eine eigenartige, ausführliche Abhandlung über die Unsterblichkeit der Seele darstellt. Mit anderen Worten: der Kerngedanke der Lehre ist die Intuition, dass die Seele unsterblich ist. Dieser Kerngedanke ist richtig, aber nicht der Rest. Die Lehre mag auch aus der Beobachtung der Ähnlichkeit in physischen und anderen Wesensmerkmalen zwischen Eltern und Nachkommen entstanden sein. Mit anderen Worten: die biologischen Phänomene der Vererbung, perfekt eindeutig durch die Gesetzmäßigkeiten der Genetik erklärt, erhalten eine weniger eindeutige, ja sogar eigenwillige irrationale Erklärung durch die Lehre der Reinkarnation.

Man sagt, dass diese Lehre im Stromgebiet des Nils entstanden sei und sich von dort in andere Gebiete und zu anderen Völkern bis zum Beispiel hin nach Indien ausgebreitet habe und von dort wieder zurück in Richtung Westen bis nach Griechenland. Hier hat die Beredsamkeit der Philosophen die Lehre in eine (wie uns scheint unglaubliche) Quelle des Trostes und der Hoffnung für Menschen, die sich wie alle Menschen nach der Ewigkeit sehnten, rationalisiert. Unter den größeren Religionen wurde die Lehre anfangs durch die Kabbalisten in das Judentum eingeschleust, durch die List jüdischer Denker in das Christentum und schließlich in die Vorstellungen einiger Sufis - trotz der starken Bemühungen muslimischer Theologen, eine derartig verzerrte Darstellung zu widerlegen.

Um eine Lehre zu untermauern, führt jeder Apologet für sie einen Beweis an. Die Kabbalisten erwähnen zum Beispiel die (im Alten Testament aufgeführte) Umwandlung der Niobe in eine Marmorstatue und der Frau Lots in eine Sandsäule; andere beziehen sich auf die wortwörtliche Umwandlung der Juden in Affen und Schweine.

Ein weiteres Argument erklärt den Instinkt und die Intelligenz bei Tieren sowie die Pracht des Pflanzenreiches und wie einst menschliche Intelligenz und Vitalität in sie geschlüpft sind. Die Idee entwürdigt die Menschheit und beschämt ihre Befürworter: Es ist wirklich schwer zu akzeptieren, dass eine derartige Behauptung, selbst wenn sie ganz spontan aufgestellt wurde, von Leuten mit auch nur etwas Verstand in die Welt gesetzt wurde. Es besteht zwar überhaupt kein Zweifel daran, dass es für Pflanzen und die unbelebte Schöpfung ein Programm und ein vorherbestimmtes Schicksal gibt. Aber es ist doch wohl ziemlich weit hergeholt, die Harmonie und Ordnung, die wir bei Pflanzen und im Mineralreich beobachten, auf Seelen zurückzuführen, die vorher als oder in Menschen gelebt haben. Pflanzen und Bäume haben tatsächlich eine Art Leben, ein Pflanzenleben nämlich, eine Richtung des Wachstums hin zu Licht und Feuchtigkeit, aber das bedeutet nicht, dass dies die Aktivität einer Seele einer menschlichen, hingeworfenen Seele oder die Seele auf ihrem Weg durch die Ebenen der Schöpfung ist.

Trotz Bemühungen, dies zu erhärten, hat niemand jemals irgendeine Botschaft von einer Pflanzenart erhalten, die bestätigt, dass sie eine Seele in sich habe, die vormals einem Menschen gehörte; auch haben wir noch nie von einem Menschen einen Bericht vernommen, dass er zuvor die Seele einer Pflanze oder eines Tieres war. Es ist zwar richtig, dass es von Boulevardzeitungen und ähnlichen Medien verbreitete Behauptungen von Menschen gibt, die sich an frühere Leben erinnern und sogar Ereignisse aus ihren früheren Leben erzählen. Wenn es sich bei diesen Behauptungen nicht um vollkommen absurde und lächerliche Phantastereien handelt, kann man ihren Inhalt leicht als Erinnerungen dessen erklären, was der betreffende Mensch gesehen oder gelesen hat und dann - wissentlich oder nicht - wie in irgendeiner ganz normalen menschlichen Fiktion verarbeitet und transformiert hat.

Die Tatsache, dass Niobe und die Ehefrau des Propheten Lot in Marmorstatuen bzw. Sandsäulen umgewandelt wurden, ist weder - selbst wenn man es mal so wortwörtlich akzeptiert - ein Beispiel noch ein Beweis für Reinkarnation. Was uns in diesem Fall vorliegt, ist die Umwandlung von etwas Körperlichem; das hat nichts mit der Umwandlung der Seele zu tun. Was versteinerte Körper angeht, so ist dies kein obskures Phänomen: derartige Körper, die durch die vollkommene Trockenheit vulkanischer Asche erhalten blieben, sind in großer Zahl gefunden worden. Pompei wurde durch einen plötzlichen Vulkanausbruch zerstört und blieb jahrhundertelang unter der Asche des Vesuv begraben. Die dort vorgenommenen Ausgrabungen legten zahlreiche Niobe-ähnliche versteinerte Körper frei. In diesen Ruinen und in den versteinerten Gesichtern und Körpern - so beschäftigt mit ihren zügellosen Sünden und so sicher in ihrer Arroganz - können wir, wenn wir wollen, die Zeichen Göttlichen Zorns und Göttlicher Strafe lesen. Vielleicht sind diese Menschen in ihrem Lebensweg in Asche erstarrt und auf diese Weise erhalten, damit zukünftige Generationen Zeuge werden und Acht geben können. Sie als Beweis für Reinkarnation zu interpretieren ist einfach unhaltbar.

Der Glaube an Reinkarnation in Ägypten, Indien und Griechenland entwickelte sich infolge der Verdrehung des einstmals soliden Glaubens an das Jenseits und aus der Sehnsucht nach der Unsterblichkeit der Seele. Weder im Ägypten des Ahen-Aten noch im Griechenland des Pythagoras wusste irgend jemand etwas von der Reinkarnation, die dieser verzerrt dargestellte Glaube mit sich brachte. Gemäß Ahen-Aten beginnt für den Menschen im Himmel ein neues Leben, wenn sein Leben im Diesseits ein Ende gefunden hat. Sobald jemand stirbt, macht sich seine Seele auf die Reise, um das Höchste Gericht zu erreichen. Sie steigt so hoch, dass sie die Gegenwart des Osiris erreicht und hofft, mit den folgenden Worten Rechenschaft abzulegen: "Ich bin in DEINE Gegenwart gekommen, da ich frei von Sünden war, und mein ganzes

Leben lang habe ich nach bestem Können alles getan, was fromme Menschen erfreute. Ich habe kein Blut vergossen, und ich habe nicht gestohlen. Ich habe keine Zwietracht gesät und auch keine gewollt. Ich habe keinen Ehebruch begangen noch in irgendeiner Weise Unzucht getrieben." Diejenigen, die so sprechen können, werden zu seiner Gemeinschaft zählen, und diejenigen, die es nicht können und deren schlechte Taten schwerer wiegen als ihre guten, werden in die Hölle geschleudert und von Dämonen gequält.

Ein derart fundierter Glaube, der sich auf Ahen-Atens Religion bezieht, wird auch durch Grabinschriften wie folgt bestätigt: "Was DU getan hast, ist zuviel, und unsere Augen können das meiste nicht wahrnehmen. O Einer, Einziger Gott! Niemand besitzt so viel Macht wie DU. DU bist es, DER dieses Universum nach DEINEN Wünschen erschaffen hat, nur DU allein. DU bist es, DER die Welt für die Menschen und für alle Tiere, ob groß oder klein, ob sie auf der Erde auf ihren Füßen gehen oder mit ihren Flügeln hinauf in den Himmel fliegen, passend gestaltet hat. Und nur DU allein bist es, DER sie am Leben erhält und ernährt. Dank DEINER wird alles Schöne ins Leben gerufen. Alle Augen sehen DICH durch ihr Dasein. Fürwahr, mein Herz gehört DIR. (DU bist in meinem Herzen.)" Die Vorstellungen, die oben wortwörtlich zitiert wurden, waren die Dinge, an die man vor viertausend Jahren in Ägypten als Wahrheit glaubte.

Im Alten Griechenland war der Glaube an die Wiederauferstehung und die Unsterblichkeit der Seele gleichermaßen fundiert. Der große Philosoph Pythagoras glaubte zum Beispiel, dass die Seele beim Verlassen des Körpers ein ihr eigenes Leben hat; jede Seele hat in der Tat diese selbe Art von Leben, selbst bevor sie die Erde verlässt. Sie ist mit einigen Verpflichtungen auf Erden beauftragt; wenn sie irgend etwas Böses begeht, wird sie bestraft, in die Hölle geworfen und von Dämonen gequält werden. Andererseits wird sie als Gegenleistung für das Gute, das sie tut, in einen hohen Rang erhoben und mit einem glücklichen Leben gesegnet werden. Wenn man die Veränderungen berücksichtigt, die mit der Zeit in den Ansichten des Pythagoras aufgetreten sind, können wir aber dennoch immer noch sehen, dass es fundamentale Ähnlichkeiten mit dem islamischen Glauben an die Wiederauferstehung gibt. Platos Ansichten sind auch nicht sehr verschieden. In seiner berühmten Abhandlung 'Der Staat' sagt er, dass die Seele beim Verlassen des Körpers das materielle (körperliche) Leben ganz und gar aufgibt; sie steigt auf in ein angemessenes Reich - ein spirituelles -, das angefüllt ist mit Weisheit und Unsterblichkeit; die Seele ist aller Knappheit, allen Mangels, allen Irrtums, aller Furcht und aller Leidenschaft und Liebe, die sie während des Lebens auf der Erde heimsuchten, ledig; und dann, wenn sie aller schlechten Folgen der menschlichen Natur ledig ist, wird sie mit ewigem Glück gesegnet.

Im Wesentlichen ist die Lehre der Reinkarnation mit ihren verschiedenen Formen innerhalb der unterschiedlichen Glaubenslehren bei genauem Hinsehen eine verdrehte Version eines fundierten Glaubens. Mit Ausnahme des Islam hat jede Glaubenslehre derartige Verfälschungen erlitten. Zum Beispiel ist das Christentum, ehemals eine von Gott offenbarte Religion, verfälscht und Jesus in den Rang Gottes erhoben worden. Ohne die erhellenden und klärenden Koranverse sowie den Einfluss des Islam wäre die formale

Position des Christentums in dieser Angelegenheit wohl nicht als abweichende erkannt worden. Wenn das Christentum die Einheit von Seele und Körper lehrt, dann verdankt es dies den andalusischen muslimischen Gelehrten. Einer der berühmtesten christlichen Philosophen ist der heilige Thomas von Aquin. Den größten Teil seiner neuen Ideen und Synthesen hat er den islamischen Lehren entnommen. Er sagt in seinem hervorragenden Buch *Summa Theologica* (Teil I, Frage 90, Artikel 4), dass der Schlüsselbegriff des Menschen darin bestehe, dass Seele und Körper in einem zusammenpassenden Aufbau vereint seien. Er fügt hinzu, dass die Seelen der Tiere sich mit den Körpern der Tiere entwickelten, dass aber die Seelen der Menschen irgendwann in einer frühen Phase der Entwicklung besonders erschaffen seien (Artikel 3) und er deshalb die abstrakten Spekulationen der neuplatonischen Schule ablehne.

Auf vergleichbare Weise waren ohne Zweifel durch skrupellos falsche Übersetzungen aus der Originalsprache und sich anschließende weitere Änderungen die alten ägyptischen, indischen und griechischen Religionen nicht wiederzuerkennen. Die Lehre der Reinkarnation kann durchaus eine derartige Abänderung einer ursprünglich soliden Konzeption der Unsterblichkeit der Seele und ihrer Rückkehr zum Gericht Gottes sein.

Nachdem die Reinkarnation im Glauben der alten Ägypter festgeschrieben war, wurde sie zu einem der zentralen Themen von Liedern und Legenden in der ganzen Umgebung der Nilgegend. Und als sie durch eloquente Ausdrücke griechischer Philosophen weiterbearbeitet worden war, wurde sie mit der Expansion des griechischen

Einflusses ein weitverbreitetes Phänomen.

Die Hindus betrachten Materie als die geringste Manifestation von Brahma und meinen, dass die Konvergenz von Körper und Seele eine Erniedrigung der Seele und ein Abstieg ins Schlechte sei. Der Tod wird jedoch als eine Erlösung angesehen, als eine Trennung von menschlichen Unzulänglichkeiten und eine mögliche Chance zum Erlangen einer ekstatischen Vereinigung mit der Wahrheit. Die Hindus praktizieren Polytheismus. Ihr höchster Gott ist Krischna, von dem man glaubt, er sei in menschlicher Gestalt erschienen, um das Böse zu vernichten. Ihr zweithöchster Gott ist Vischnu, was etwas bedeutet, das den menschlichen Körper durchdringen kann. Dem Hinduismus zufolge ist Vischnu neunmal in verschiedenen Formen (Mensch, Tier, Blume) in diese Welt hinabgestiegen. Man erwartet, dass er auch noch ein zehntes Mal herabkommt. Da sie glauben, dass Vischnu das nächste Mal in der Gestalt eines Tieres in diese Welt kommen wird, ist das Töten eines jeden Tiers absolut verboten. Nur während des Krieges ist das Töten von Tieren erlaubt; und die Fanatiker dieser Religion essen normalerweise überhaupt kein Fleisch. Gemäß den Veden, dem wichtigsten religiösen Buch der Hindus, ist die Seele ein Teil, ein Fragment von Brahma; sie wird niemals in der Lage sein, von den Leiden und Sorgen freizukommen, es sei denn, sie kehrt zu ihrem Ursprung zurück. Die Seele erlangt die Gnosis, indem sie sich selbst vom Ego und von aller Lasterhaftigkeit, die zum Ego gehört, isoliert und zu Brahma läuft, so wie ein Fluss in ein Meer fließt. Wenn die Seele Brahma erreicht und sich mit ihm vereint, erlangt sie absoluten Frieden, absolute Ruhe und absolute Stille - eine andere Version dessen, was im Buddhismus das Nirwana ist: Es gibt ein Nachlassen aktiven

Suchens, eine Passivität der Seele im letzteren, während im Hinduismus die Seele dynamisch ist.

Einige jüdische Sekten übernahmen die Reinkarnation und machten sie sich zu eigen. Nachdem die Juden, die ungeheuer lebensfroh, aber dennoch auch von der Unsterblichkeit der Seele fasziniert sein können, den Glauben an Auferstehung und Gericht zurückgewiesen hatten, konnten sie kaum noch etwas anderes tun als die Reinkarnation anzunehmen. Die Kabbalisten brachten es später zu Wege, die Reinkarnation durch gewisse Klosterorden jener Region in die Kirche von Alexandria einzuschleusen. Die Lehre hatte eine nur unerhebliche Auswirkung auf die Manifestation des Islam, wurde aber unglücklicherweise nichtsdestoweniger durch die Ghulat-i Schi`a (eine extremistische Gruppe der Schi`a) unter die Muslime gebracht.

Jede alte, neue und vorübergehende Annahme der Lehre der Reinkarnation hat ein gemeinsames Charakteristikum, eine gemeinsame Wurzel: den Glauben an die Inkarnation. Es gibt ein übereinstimmendes Versagen des Intellekts sowohl hinsichtlich des Begreifens als auch des Akzeptierens der absoluten Transzendenz Gottes: durch dieses Versagen verdorben, wurden die Menschen davon überzeugt zu glauben, dass sich das Göttliche mit dem Körperlichen vermengt und das Körperliche bzw. der Mensch sich mit dem Göttlichen vermengen wird bzw. kann. Dieses Versagen ist mit Ausnahme des Islam, der durch Gott seine strikte Reinheit des Glaubens bewahrt hat, fast universal. Der zentrale Punkt in jeder dieser verfälschten Religionen ist eine Inkarnation oder Reinkarnation - Aten im Atenismus, Brahma im Hinduismus, Esra (Uzair) im Judentum, Jesus im

Christentum und Ali in der Ghulat-i Schi`a-Gruppe, die als außerhalb der islamischen Gemeinschaft stehend angesehen wird. Behauptungen, dass einige der Schriften und Äußerungen einiger muslimischer Sufis die Lehre der Reinkarnation unterstützten, sind entweder ganz einfach böswillig oder das Ergebnis absurd wörtlichen Verstehens des äußerst symbolhaften und esoterischen Diskurses der Sufis. Die Gelehrten des Islam, mit Sicherheit bei den neunzig Prozent der Sunniten, haben alle einmütig und unmissverständlich die Reinkarnation als vollkommen gegensätzlich zum Geist des Islam zurückgewiesen. Das trifft auf Gelehrte auf jedem Wissensgebiet zu - Rechtsprechung, Theologie, Koranexegese *(Tafsir)* oder Hadithkommentierung. Der Grund hierfür liegt auf der Hand: die absolute Zentralität des Glaubens im Islam, dass jedes Individuum gemäß seiner individuellen Vorherbestimmung lebt und stirbt, seine individuelle Last trägt, individuell auferweckt und für seine Absichten und Handlungen und deren Folgen zur Rechenschaft gezogen werden und individuell gemäß derselben Kriterien das (absolut gerechte) Urteil Gottes entgegennehmen wird.

Nachstehend geben wir in Form einer Auflistung von Punkten die Kardinalgründe dafür wieder, warum der Islam im ganzen die Lehre der Reinkarnation zurückweist. Der Glaube an den Islam erfordert einen Glauben an die Auferstehung und das Gericht, wenn jeder individuellen Seele gemäß ihrer individuellen Aufzeichnung des Lebens Gerechtigkeit zuteil wird.

1. Wenn jede einzelne Seele verschiedene Male lebt, in welcher Form bzw. Persönlichkeit wird sie dann von den Toten auferweckt, zur Rechenschaft gezogen und belohnt

oder bestraft?

2. Diese Welt ist um des Prüfens und Versuchens willen erschaffen worden, um damit der Seele zu nützen. Ein Schwerpunkt der Prüfung liegt im Glauben an den *Ghaib* (das Unsichtbare). Nach der Lehre der Reinkarnation werden jene, die ein schlechtes Leben geführt haben, einer niedrigeren Form des Lebens (Tier, Baum, usw.) zugeteilt. In diesem Fall werden sie aber die Folgen ihres früheren Lebens kennen, und das Leben als Prüfung verliert seinen Sinn.

Um dies zu umgehen, müssen diejenigen, die an diese Lehre glauben, noch eine weitere Lehre der Vergesslichkeit haben - die Seele vergisst ihre vergangene Existenz. In diesem Fall ist das Haben (oder Nichthaben) einer früheren Existenz in der Praxis ohne Folgen für jede lebende Kreatur. Die Lehre widerspricht sich eindeutig selbst und hat keine Auswirkung auf die Lebensführung außer das Individuum zum Annehmen seines Zustandes, was auch immer für einer das sein mag, zu bewegen, ohne sich aktiv für die Erlösung einzusetzen.

3. Wenn jedes Individuum einen schmerzhaften Zyklus von Transmigrationen durchlaufen soll, um ewige Glückseligkeit zu erlangen, dann ist Gottes Versprechen, die Bösen und Sündigen zu bestrafen und die Guten und Rechtschaffenen zu belohnen, für das Leben des Einzelnen bedeutungslos. Das ist aber hinsichtlich der Vorherbestimmung Gottes nicht annehmbar, und Gott ist weit davon entfernt, leere Versprechungen zu machen oder Sinnloses zu tun.

4. Der Koran und auch andere Offenbarungsschriften Gottes erklären, dass (aufrichtig bereute) Sünden vergeben werden.

Das beweist, was für einen unnötigen und hinderlichen Kunstgriff diese Lehre, dass die Seele unzählige Zyklen erleiden muss, um Vergebung zu erzielen, darstellt. Wie viel besser sind da die Vorstellungen von Barmherzigkeit und Vergebung Gott, dem Wohltätigen, Barmherzigen Schöpfer, angemessen.

Im Islam gibt es keine Sünde, die Gott nicht nach SEINEM Willen vergeben kann. Gott, der Allmächtige, offenbart und verspricht im Koran, dass ER denen vergeben wird, die bereuen, was sie falsch gemacht haben, und aufrichtig beabsichtigen, es nicht wieder zu tun. In dieser Hinsicht sieht Gott nicht, wie groß oder klein die Sünden sind, oder wie spät die Reue erfolgt. Dies mag bedeuten, dass einem Sünder, der sein ganzes Leben lang Gott nicht gehorcht und sich gegen IHN auflehnt, durch einen einzigen Akt wahrer, mit absoluter Aufrichtigkeit und sicherem Verstehen des Dienens und der Abhängigkeit von Gott durchgeführter Reue vergeben werden kann. (Aber kein Individuum kennt ja seine Zukunft, und niemand weiß, wann sein letztes Stündlein schlägt - wie unklug ist es dann also, die Reue zu verschieben!)

5. Lange und ermüdende Zyklen der Wiedergeburt stehen im Gegensatz zur Barmherzigkeit, Gunst, Gnade und Vergebung Gottes, des Allbarmherzigen. Wenn ER will, nimmt ER einfache, wertlose und minderwertige Dinge und macht daraus die reinsten, besten und allerwertvollsten. SEINE Segnungen und SEINE Großzügigkeit sind in der Tat unendlich.

6. Unter den Anhängern der Propheten hat es sehr viele gegeben, die ein lasterhaftes Leben geführt hatten, die sich danach aber innerhalb einer unglaublich kurzen Zeit

besserten und dann für spätere Generationen zu verehrten Vorbildern der Tugendhaftigkeit wurden. Nach dem Kennenlernen der Propheten und nach dem Annehmen der Göttlichen Botschaft übertrafen sogar einige von ihnen frühere Anhänger und wurden noch mehr als diese verehrt. Das deutet darauf hin, dass man durch die Gnade Gottes leicht und schnell zum Gipfel gelangen kann, selbst wenn jemand zuvor zu jenen gehört hatte, die offensichtlich für die Hölle bestimmt waren. Es zeigt weiterhin, wie überflüssig die Lehre des Abstufens der Seelen in höhere Ebenen des Seins ist: die Lehre hat vielleicht sogar den Effekt, Anreize zu moralischen Anstrengungen zu verringern.

7. Zu glauben, dass Gott, der Allmächtige, für jedes Individuum eine individuelle Seele erschaffen hat, ist Teil des Glaubens an SEINE Allmacht. Statt dessen aber zu glauben, dass eine begrenzte Anzahl von Seelen von einem Körper zum anderen wandern, stellt die These auf, dass der Allmächtige gar nicht allmächtig ist. Die schiere Unermesslichkeit des Lebens, seine unbegrenzte Vielfalt und seine Ablehnung bloßer Wiederholung der Form ist überall offensichtlich: Gott ist tatsächlich allmächtig. Es gibt ungefähr 5 oder 5,5 Milliarden Menschen in der Welt. In jüngster Zeit haben wir gelernt, wie wir beweisen können, dass jedes Individuum absolut einzigartig ist - eine Vorstellung, die in vielen Koranversen betont wird -, indem wir nämlich die Fingerabdrücke oder Gen-Codes betrachten. Kein Gen-Code oder Fingerabdruck eines Individuums ist wie der andere - ein so zuverlässiges Faktum, dass es in der Kriminaltechnik angewandt wird, um Kriminelle zu identifizieren. Ein weiteres Beispiel ist die Beobachtung eines deutschen Professors von Millionen Formen von

Schneeflocken vor dreißig Jahren - nicht eine von ihnen ist hinsichtlich Aussehen oder Muster der anderen gleich. Es ist kaum vorstellbar, wieviele Schneeflocken in einer Jahreszeit an einem Berghang fallen, geschweige denn wieviele überhaupt schon gefallen sind. Wie unsinnig ist es also zu behaupten, der Allmächtige könne keine unbegrenzte Anzahl individueller Seelen erschaffen und sie mit einer unbegrenzten Zahl von Körpern versehen.

8. Da es insgesamt etwa 5,5 Milliarden Menschen auf der Erde gibt, könnten da nicht einige von ihnen zumindest einige Markierungen oder Zeichen an sich gehabt haben, oder einen Beweis bzw. etwas Überzeugendes, das von ihren Erinnerungen, Abenteuern und Erfahrungen in verschiedenen Formen und Körpern berichtet? Müsste es nicht bei einigen von jenen, die schon mehrere Male in diese Welt gekommen sind oder sogar ihre Zyklen beendet haben, eine Ansammlung von Wissen, Erfahrung und Kultur geben? Wenn dies nur bei einem einzigen von einer Million so wäre, könnten wir da nicht erwarten, dass es eine große Anzahl von Menschen geben müsste, die jetzt mit außergewöhnlicher Tugendhaftigkeit und Kompetenz leben? Sollten wir nicht einige wenige von ihnen sogar in unseren eigenen Ländern kennengelernt haben? Wenn dies zutrifft, wo sind sie dann?

9. Wenn ein Körper in ein Alter erster physischer Reife (sagen wir mal drei oder vier Jahre) kommt, können wir da nicht erwarten, dass die Seele sozusagen mit allen Errungenschaften und Leistungen früherer Leben hervortritt? Könnten wir nicht Wunder erwarten? Es hat einige ganz wenige Wunder in der aufgezeichneten Geschichte gegeben, aber ihre besonderen Gaben bedürfen

nicht des Ergebnisses von vielen vorher geführten Leben. Es kann ebenso als eine besondere Kombination genetischer Charakteristika, die zu einer bestimmten Zeit und an bestimmten Orten auftraten, was Gottes Gnade und Gunst zuzuschreiben ist, zusammen mit der höchsten Anstrengung des Individuums, seine Gabe in der Tradition und im Zusammenhang, in der sie steht, zu verstehen, erklärt werden.

10. In keiner anderen belebten oder unbelebten Daseinsform ist jemals eine typisch menschliche Fähigkeit entdeckt worden. Aber eine solche Entdeckung sollten wir erwarten können, wenn es ein Fünkchen Wahrheit in der Lehre der Reinkarnation gäbe. Wenn eine niedere Form des Lebens sozusagen die Folge (Strafe) für bestimmte schlechte Taten in einem früheren Leben ist, dann muss doch eigentlich das (vom Bösen übertroffene) Gute in diesem Leben auch weitergereicht werden. Mit anderen Worten: Ein gewisser Teil des früheren Lebens des Individuums sollte im nächsten Leben beibehalten werden. In diesem Fall würden wir davon ausgehen, dass die Grenzen bestimmter Formen ständig gesprengt werden - so müssten zum Beispiel Pflanzen, von denen man nie wusste, dass sie es tun, plötzlich Eigenschaften zeigen, die im Zusammenhang mit dem Tierleben stehen. Aber bei der Barmherzigkeit Gottes, die Zoologie und Botanik haben trotz all ihrer vielen willkommenen Fortschritte in der jüngsten Zeit noch keine derartigen Monster entdeckt.

11. Wenn es die Folge der Taten in einem früheren Leben ist, dass man Mensch oder Tier ist, was existierte dann zuerst: Mensch oder Tier, das Höhere oder das Niedere? Befürworter der Lehre können sich nicht entscheiden oder

Einigkeit über irgendein Aussehen der ersten Kreatur erzielen, denn jede Generation beinhaltet eine vorangegangene Generation, auf dass die nachfolgende Generation als Folge der vorangegangen angesehen werden kann. Und wenn eine Generation ein Übel ist - wie einige, die an die Reinkarnation glauben, auch glauben - warum hat das Ganze dann überhaupt angefangen? Warum hat das Leben überhaupt angefangen? Die Lehre führt eindeutig immer wieder ins Absurde.

INDEX

A

Abdulqadir al-Dschilani, 259, 289

Aberglaube, 129, 148

Abessinien, 180, 181, 295

Abraham, 155

Abschieds-Pilgerfahrt, 239

Abu Bakr, 14, 65, 178, 180, 189, 294, 304

Abu Dharr, 10, 66

Abu Dschahl, 293

Abu Sufyan, 181

Adab, 256

Adam, 51, 64, 155, 283, 290

Adonis, 147

Afrika, 63, 212

Ahen-Aten, 323

Aischa, 178, 184, 190, 300, 302, 306

Alexander, 164, 311

Ali, 289, 300, 303, 329

Amerika, 238

Anatolien, 156, 167, 210

Anthropologie, 149

Arafat, 239

Aralsee, 209

Arche Noah, 237

Asch`ariten, 204, 205

Astronomie, 108, 136

Astrophysik, 136

Atheismus, 15, 130, 153, 261, 262, 267, 271

atlantischer Ozean, 210, 213

Atom, 145

Ausbeutung, 63, 138, 310, 313

Azerbeidschan, 213

B

Babylon, 156

Badr, 87

Balance, 106, 123, 218, 219, 230, 263, 267

Banu Makhzum, 177

Banu Mustaliq, 186

Banu Quraiza, 187

Batil, 281

Bilal, 65, 165

Biologie, 108, 136

Bir´a Ibn Malik, 222

Brahma, 327, 328

Buddha, 146, 157
Buddhismus, 148, 327
Bukhara, 213
Bukhari, 15, 27, 50, 65, 163, 167, 184, 213, 252, 303

C
Cäsar, 164
Chemie, 108, 136, 265
China, 146, 170
chinesische Mauer, 210
Chosroes, 166, 167
Christ, 147, 156
Christentum, 147, 156, 181, 321, 325

D
Dadschal, 252
dalala, 195, 196, 197
Damaskus, 167, 210, 317
Darwin, 266
Dhimma, 166
Din, 255, 258
Dionysus, 147
Dschahiliya, 27, 77, 172, 185
Dschihad, 246, 283, 285, 287, 291
Dschuwairiya bint Harith, 186

E
Eins-Sein Gottes, 289, 290, 299
Einstein, 123
Embryo, 86, 118, 129
Endometrium, 118
Engels, 130, 251
Ephesus, 156
Erklärungen, 126, 152
Europa, 59, 164, 238
Evangelium, 156
Evolutionstheorie, 266
Existenzialisten, 271

F
falsch, 148, 151
Fard, 256, 257
Faschismus, 137
fasten, 56, 244, 250
Faust, 270
Feudalismus, 59
Fiqh, 72, 176
Fötus, 136
Frau des Pharao, 160
Freidenker, 274
freier Wille, 233
Freiheit, 2, 12, 62, 73, 187
Führung, 37, 42, 163, 289

G

Gabriel, 45, 115, 184, 207
Galaxi, 230
Ganges, 41, 146
Gebet, 47, 55, 200, 210, 244, 300
Gefährten, 10, 28, 116, 214, 240, 311
Gerechtigkeit, 48, 107, 215, 329
Ghazi, 298
Ghulat-i Schi`a, 328, 329
Glückseligkeit, 27, 179, 238, 330
Gomorrha, 156, 236
Grabenschlacht, 167

H

Hadith, 27, 34, 79, 158, 255
Hadithu-l-Qudsi, 256
Hadsch, 56
Hafsa, 189, 304
Hanbal, 10, 65, 148, 252
Harmonie, 12, 22, 31, 102, 322
Harun ar-Raschid, 64
Haschemiten, 177
Hassan Sabbah, 272
Heuchler, 87, 296
Himmel, 42, 143, 200, 323
Hinduismus, 327, 328
Hira, 34, 100, 167
Hitler, 164
Hölle, 3, 47, 164, 203, 247, 332
Hubble, 122
Hud, 169, 238
Hudaibiya, 86, 285
Hypothese, 115, 120, 266

I

Ibn Abbas, 126
Ibn al-Masud, 301
Ibn Madscha, 286, 287
Ibn Kathir, 302
Ibrahim Haqqi, 11
Identität, 73, 162
Ifsad, 258
Ilhad, 261, 262
Imam Aschari, 151
Imam Malik, 70
Imam Maturidi, 151
Imam Schafi, 252
Iman, 10, 27, 65, 98, 200
Imperialismus, 311, 315
Indien, 146, 314, 321, 323
Inkarnation, 328
Inspiration, 2, 90, 106, 143
Intellekt, 10, 143
Interregnum, 151, 153
Intuition, 106, 110, 112, 262, 320

Irak, 159, 165, 166, 213
Iran, 213
Irschad, 275

J
Jerusalem, 65
Jesus, 147, 156, 239, 325, 328
Judaismus, 157
Juden, 173, 188, 217, 321, 328
Jupiter, 157

K
Ka`ba, 285, 287
Kabbalist, 321, 328
Kalam, 2, 11
Kalimatut-Tauhid, 216, 282
Kant, 134
Kapitalismus, 59, 137
Karama, 259
Kern, 161
Khadidscha, 34, 172, 177
Khaibar, 187
Kirche, 59, 147, 210, 318, 328
Kirkuk, 159
Konstantinopel, 167, 168
Kontemplation, 13, 55, 104, 112, 270
Kommunismus, 59, 137
Konfuzius, 146, 148, 157

Koran, 2, 10, 77, 132
Krischna, 327
Kufr, 148, 158, 181, 221

L
Leistungsfähigkeit, 317
Lenin, 130
Liberalismus, 137
Lincoln, 73
Lot, 156, 169, 236, 238, 322
Lyra, 121

M
Makrokosmos, 117, 161, 228
Maria, 156, 160
Marokko, 170, 210
Märtyrer, 248, 311, 312
Marx, 130
Masdschid al Haram, 86
Materialismus, 2, 109, 130, 270
Maturidi, 151, 207
Mau-Mau, 159
Meditation, 100
Median, 156
Medina, 65, 166, 180, 189, 211, 310
Mekka, 100, 166, 295, 310
Mephistoles, 270
Mikrokosmos, 117, 228

Milch, 32, 119, 136
Miradsch, 37
Mitgefühl, 22, 81, 161, 204, 270
Moralist, 114
Moschee al Aqsa, 66
Moses, 156, 294
Mu`awiya, 210
Mucay, 158
Muhammed, 9, 10, 15, 27, 33, 34, 59, 129, 163, 177, 239, 255, 288, 308
Mulhid, 274
Munkir, 274
Murschid, 33, 277, 279, 280
Muslim, 27, 108, 191, 245, 307, 312
Mustahabb, 256
Mustaqim, 271
Muzdalifa, 239
Mythologie, 78
Mystiker, 256

N

Nafi, 70, 212
Nafs, 35, 223, 257
Napoleon, 164, 311
Newton, 123
Neyam-Neyam, 158
Nicäa, 156
Nil, 42
Niobe, 321, 322
Nirwana, 327
Noahs Arche, 237

O

Offenbarung, 12, 34, 52, 93, 129, 146, 168, 184, 306
Olymp, 146
Oparin, 265
Orientalist, 77, 88
Ovid, 320

P

Palästina, 211, 314, 318
Paradies, 27, 52, 203, 207, 216, 227, 245
Parametrium, 118
Pädagog, 114
Persien, 165, 167, 222
Phänomen, 41, 115, 136, 150, 274, 320, 327
Philosophie, 2, 4, 147, 149
Physik, 108, 123, 136
Plato, 157, 325
Polytheismus, 153, 327
Prophetentum, 53, 175, 284, 289
Psychologie, 90, 138, 275
Pythagoras, 323, 324, 325

R

Ramadan, 100
Reinkarnation, 319, 322, 328-330, 335,
Religion, 1, 32, 86, 129
Rida, 257
Römer, 86, 147

S

Saduddin Taftazani, 200
Safiya, 187, 188
Salih, 238
Salman, 165
Samarkand, 213
Satan, 247, 269
Sauda Bint Zam`ah, 188
Säugetiere, 85, 136
Schamanismus, 148
Schafi`i, 252
Schahid, 298
Scharia, 51
Schirk, 156
Schu`aib, 169
Sklaverei, 61, 64, 71-73, 187
Sozialismus, 59
Soziologie, 138
Sokrates, 157
Sodom, 156, 236

Sonnensystem, 121, 123, 263
Straße von Gibralter, 209
Suhaib, 165
Sufis, 11, 116, 321, 329
Sunna, 79, 175, 255-260, 288, 308
Suraqa, 166
Syrien, 156, 211

T

Tafsir, 64, 176, 329
Tag des Jüngsten Gerichts, 51
Tahtawi, 252
Tanasukh, 319
Tasawwuf, 23
Taschkent, 213
Tawaf, 285
Tawus Ibn Qaisan, 70
Thauban, 303
Thomas von Aquin, 326
Tirmidhi, 67, 213, 252, 303, 306
transzendent, 31, 48, 82
Trinität, 147, 156
Tunesien, 210

U

Ubada Ibn Samit, 166
Umar Ibn Abd al-Aziz, 68

Umar Ibn al-Khattab, 34, 189, 208
Umaiyaden, 183
Umm Habiba, 177, 181-183
Umm Haram Bint Milhan, 166
Umm Kulthum, 304
Umm Salama, 177, 180
Umma, 94, 166, 168, 172, 255
Unabhängigkeit, 71, 105, 262, 267
Unsichtbaren, 23, 289
Ursache und Wirkung, 15, 17, 197, 201, 233
Uqba Ibn Nafi, 212, 215
Uterus, 86, 118, 136
Uthman Ibn Affan, 285

V
Veden, 327
Venus, 157
Vischnu, 327

W
Wadschib, 256
Waraqa Ibn Naufal, 207
Weisheit, 26, 38, 92, 146, 263
Weltraum, 121
Wissenschaft, 2, 24, 85, 265
Wudu, 35
Wunder, 88, 91, 135, 259, 333

Y
Yahya, 156

Z
Zaid Ibn Amr, 34, 208
Zaid Ibn al-Harith, 66, 72
Zainab Bint Dschahsch, 177, 183
Zakat, 56, 68
zentrifugal, 84
zentripedal, 84, 136
Zivilisation, 1, 52, 70, 108, 150, 238
Zukunft, 24, 97, 107, 122, 135, 218, 315
Zypern, 166